欧洲一体化进程中的区域治理研究

The Study
on Regional Governance
in the Process
of European Integration

王 苹 / 著

汕頭大學出版社

图书在版编目（CIP）数据

欧洲一体化进程中的区域治理研究 / 王苹著 . -- 汕
头：汕头大学出版社，2022.5
ISBN 978-7-5658-4653-3

Ⅰ．①欧… Ⅱ．①王… Ⅲ．①欧洲一体化－研究
Ⅳ．① D85

中国版本图书馆 CIP 数据核字（2022）第 063146 号

欧洲一体化进程中的区域治理研究
OUZHOU YITIHUA JINCHENG ZHONG DE QUYU ZHILI YANJIU

著　　者：王　苹
责任编辑：黄洁玲
责任技编：黄东生
封面设计：黑眼圈工作室
出版发行：汕头大学出版社
　　　　　广东省汕头市大学路 243 号汕头大学校园内　邮政编码：515063
电　　话：0754-82904613
印　　刷：廊坊市海涛印刷有限公司
开　　本：710mm×1000mm　1/16
印　　张：12.5
字　　数：196 千字
版　　次：2022 年 5 月第 1 版
印　　次：2023 年 5 月第 1 次印刷
定　　价：50.00 元
ISBN 978-7-5658-4653-3

序

很高兴看到王苹的《欧洲一体化进程中的区域治理研究》书稿就要刊印了，这部书稿记录了她这些年点点滴滴的努力。

王苹是吉林大学的本科生，毕业后在我的门下攻读国际政治专业的硕士和博士。她给我比较深的印象是聪慧、努力、认真。她是个漂亮的湘妹子，有敏锐的头脑，在读本科期间就活跃在学校和学院的新闻报道领域，还在吉林省的某些报刊做过编辑，对她来说，采访、写报道稿都是信手拈来的事。在做学术时，她体现出超于他人的努力和认真，一个问题交给她，她都会将相关文献梳理得很清晰。记得我们师门在研究全球化问题时，很多资料的梳理都是由她来完成的，而且她多次将梳理文献时的思考进行归纳整理，在我的硕士课堂上讲授给同学们。

在 21 世纪初期，国际政治领域中研究全球化问题的学者并不是很多，而且大多是侧重宏观理论研究的，我们师门也在跟踪全球化研究的前沿。为了使理论研究不空泛，我们将全球化理论研究与欧洲一体化的发展实践结合起来，曾共同撰写了《欧洲一体化与全球政治》一书，试图将欧洲的发展经验扩展到全球层面去观察。王苹则侧重在区域治理方面进行研究。她具体梳理了欧洲一体化进程中区域合作治理的状况，分析了欧洲区域超国家性机构、国家政府性行为体与次国家行为体，共同参与区域治理的政治决策过程。同时，透过共同农业政策的发展可以看到，欧洲地区民族国家的发展，同区域治理中政策的演进密切联系在一起，国家之间的发展界限被打破，多种类型的行为体参与区域治理的过程，构成了国际社会秩序变革与国际政治结构性调整的主要内容。

虽然当前的欧盟遇到很多的困难，如债务危机、难民问题、宗教冲突以及目前的新冠危机等，这些问题使欧洲一体化发展的榜样性光环已然不再，但是欧盟发展到今天仍然有很多值得总结的区域治理的经验，比如区域大国如何能够抛开历史恩怨而达成内部团结？如何能够在区域构建起较为坚固的、经济与社会的、跨国的和超国家的合作与权力的架构？在区域国家发展差异的基础上如何能够达成共同农业政策？这些问题都是王苹这部书稿想要回答的问题，并期望本书稿的研究不仅能够对其他地区的区域合作治理有所启示，而且对目前欧洲区域治理面临的问题能有所反思。

当然，由于书稿写作的时间拖得很长，一些相关问题的阐述还有完善的空间，希望王苹能够再接再厉，在此成果基础上，不断有新的思考贡献给大家。也借此机会，祝愿王苹的女儿健康成长，祝王苹家庭事业双丰收！

刘雪莲

2020 年 11 月 10 日于长春

目　录

绪　论

一、选题背景与意义

人类社会的发展进入到 21 世纪，经济全球化带来的现代社会的历史性发展进程，正在方方面面广泛而深入地影响着世界各国人们的生活与节奏。区域一体化与全球化，业已成为世界经济社会发展中的两大主要的历史性潮流。[1] 与这两大历史性潮流相伴随而来的，是世界政治中既有的秩序控制机制以及治理的目标和方法，正在发生深刻的变革。"人们普遍感到，当前正处于历史进程的一个转折点，一个重大关头"[2]，似乎在"走向和平、扩大人权、达至更高生活水准的机会较之激烈的集团冲突、堕落的社会体制、恶化的环境状况的机会"要更

[1]　伍贻康.国家、区域化和全球化 [J].太平洋学报，2000（4）：23.

[2]　詹姆斯·罗西瑙.没有政府的治理 [M].张胜军，刘小林，等，译.南昌：江西人民出版社，2001：1.

大[1]，或者呼声更高。

就国际政治和国际关系领域而言，一个十分突出而至关重要的影响在于，民族国家或者国家行为体，在经济全球化的历史时期，以及区域经济政治一体化的潮流进程中，所经受的观念上和现实中的深刻变革。用国内学界学者的话来讲，尽管自近代以来，民族国家一直是人类政治生活的核心，但是经济全球化"极大地改变了统治和治理的主体、结构、方式、过程和意义"，传统的民族国家政治权力结构运作体系和过程发生了重大的改变，特别是"对 17 世纪中叶以后形成的威斯特伐利亚主权国家体系"提出了严峻的挑战。[2] 虽然国家行为体依然是人类社会政治生活的中心与主要背景，也同样寄托着人们理想的政治生活秩序状态的图景，但是"不可阻挡的经济全球化进程"对领土、主权和人民等要素的冲击，"正在从根本上动摇人们心目中的国家形象"[3]。

英国著名学者、国际政治经济学奠基人、已故的伦敦政治经济学院国际关系学首席教授苏珊·斯特兰奇（Susan Strange）曾在其代表作《权力流散：世界经济中的国家与非国家权威》一书中提到，世界经济过程的权威在很长一段时间里，一直由国家政府垄断，人们也由于国家对其日常生活的充分干预，而产生了国家权力十分强大的印象，可是，在现时代的政治经济结构性架构之中，非国家行为体正广泛而普遍地"介入世界经济的主体结构和次级结构中"，影响着世界经济过程的结果。[4] 尽管她的这种分析，主要侧重于从国际经济秩序格局和结构化控制的角度，来谈国家行为体的权威消散，以及非国家行为体权力的凸显，对于国

---

[1] James N. Rosenau. Governance, Order and Change in World Politics [M] // James N. Rosenau and Ernst-Otto Czempiel.Gvoernance Whithout Government. New York: Cambridge University Press, 1992: 4.

[2] D. 赫尔德，J. 罗西瑙等 . 国将不国 [M]. 俞可平，等，译 . 南昌：江西人民出版社，2004：译者前言 .

[3] D. 赫尔德，J. 罗西瑙等 . 国将不国 [M]. 俞可平，等，译 . 南昌：江西人民出版社，2004：译者前言 .

[4] 苏珊·斯特兰奇 . 权力流散：世界经济中的国家与非国家权威 [M]. 肖宏宇，耿协峰，译 . 北京：北京大学出版社，2005：6-7.

家及政治社会本身所具有的权力塑造和主动性并未特别地强调，但是从其一般性的国家意义及其作用影响的方面来看，国家行为体在新的时代环境与背景条件下，其基本职责权力功能和权威合法性来源等已然无可争辩地发生了明显或隐藏的变更。

伴随着全球化和区域化的发展，国家行为体发生了怎样的功能方面的变革，其地位与作用又有着怎样的调整与改进，面对新的地缘政治经济环境不同国家之间如何协调与合作，在既有的历史及人文社会基础上，如何发挥出不同国家之间较为一致的动力及权力运转潜能等，已然成为了一个时代性的话题与重要的研究议程。

在传统的威斯特伐利亚主导的国际关系体系中，国家行为体始终是国际政治与国际关系中的核心，甚至是唯一重要的活动者。然而，进入到全球政治与全球治理时代，世界经济政治的发展开始蕴藏有新的秩序性变革的因子。"全球治理提出的一个重要现实基础是非国家行为体的出现及其作用的加强。"[1] 尽管国家行为体在国际关系中心的转移中始终居于主导性的地位，掌握着最终的军事强制性力量，但是世界地缘经济政治的区域集团化格局正在初步显现，经济及政治文化层面上的交流渐成主流和显性的一面，追求和平与发展仍为主要的方向和大多数人民的愿望，国家间的合作同时蕴藏于综合国力的较量之中。国际政治的市场化与社会化的内在发展逻辑，推动非国家行为体逐步走向国际舞台的前沿，扮演着日益重要而引人瞩目的角色。[2]

伴随着经济全球化的发展，区域一体化在应对全球化的挑战过程中应运而生。国家的职责与功能作用发生重大变化，单一的国家无法完成共同面临的任务和挑战，同时，国内政治经济事务与国际政治经济事务更为密切地联系在一起。区域一体化反映的是，国家行为体之间力图寻求适应新形势和环境需要的道路。不同的区域有着非常不同的道路需求。但是在国家行为体自身功能性变化，以及由此带来的同非国家行为体之间合作治理的问题却是相通的。全球化时代经济的发展

[1] 刘雪莲. 论全球治理中的行为体 [J]. 长白学刊. 2006（5）：26.

[2] 苏长和. 非国家行为体与当代国际政治 [J]. 欧洲. 1998（1）：5.

带来严峻的社会分化及利益不均衡问题，现代化的发展相伴随的是贫富的悬殊，以及底层民众利益表达渠道的拓宽要求。这一系列的现实性问题，单靠传统意义上的国家政府权威难以疏通和管理。

在区域化的面向上，共同的经济发展问题既需要国家政府间层面上的合作与协调；同时，也需要一定的超越于既有国家政府权威之上的超国家性机构组织的制度建设来保障实施；最后，还需要有次国家层面上各类行为体的参与及配合。在已有的区域一体化的实践经验中，欧洲区域的发展最为引人注目，除经济层面上的有效运作机制外，在国家社会领域欧洲区域的一体化建设已然取得了非常重大的突破，通过伙伴关系等原则上的法律规定，在国家行为体的壁垒之间，打通了国内行为体与超国家性机构组织之间沟通与交流的空间。

诚然，欧洲国家一体化的成功根植于其国家内在的特定属性，且发展到目前的欧盟未来走向扑朔迷离，但是从区域治理的视角来看，欧洲区域各个国家行为体在整个世界面临现代化及后现代化发展的历史背景下，如何完成内部团结的基础上，构筑起对外而言较为坚固的经济社会乃至政治外交上的合作与权力架构，从而协调区域内秩序与世界秩序发展潮流之间的关系，这个才是区域内各国行为体最为根本性的利益抉择。对于不同区域内的任一国家行为体而言，都面临着区域化的过程中处理国家之间、同超国家性组织机构之间，以及同次国家层面上，受到区域化影响或带有区域性色彩的行为体之间的关系问题。

本书以欧洲区域的一体化进程现象为研究对象，初步探讨欧洲区域内的国家行为体如何从国家之间的关系处理上，发展出超国家性的机构组织框架，并在处理国家政府层级与超国家性层级之间，行为体关系的过程中，以何种方式解决次国家层面上，行为体同国家行为体和超国家性机构之间达成的协定不一致或难以协调之处的问题。换言之，围绕着超国家性机构组织从国家行为体之间博弈与协调之中的衍生、国家行为体与超国家性机构组织之间关系的制度化稳固后的建设、次国家层面行为体同超国家和国家双层决策之间矛盾与冲突的解决途径三个方面的内在逻辑线索，来对欧洲区域一体化进程中国家行为体与非国家行为体之间共同构成的治理状态、机制和问题解决途径，做一初步的论述和阐析。

"中国在亚洲将同各国积极探讨建立不同形式的自由贸易安排，加强宏观经济、金融政策协调，探索建立区域性投资实体、债券市场、金融合作体系等机制化的建设，以整合资源，开展务实合作。"[1]2004 年博鳌亚洲论坛上，中国国家领导人胡锦涛的讲话预示着中国在当前的区域经济合作计划中，正努力扮演积极参与者的角色；2011 年 9 月 6 日国务院新闻办发布《中国的和平发展》白皮书，其中强调中国将奉行睦邻友好的地区合作观，"密切经贸往来和互利合作，推进地区经济一体化进程，完善现有区域次区域合作机制"，"把中国人民的利益同世界各国人民的共同利益结合起来，扩大同各方利益的汇合点，同各国各地区建立并发展不同领域不同层次的利益共同体，推动实现全人类共同利益"。[2] 由此观之，对于区域一体化建设的经济层面的机制性建设探讨，必须要超越以往的西方发达国家对国际政治及国际关系基本状态的理解和认知，在面对新兴国际行为体的发展态势时，研究欧洲地区的一体化进程中值得关注与借鉴之处，无疑将对发展中国家处理好区域性合作事宜，以及如何对待国内外双向层面上的交流与共同促进等问题，有着充分的现实性意义与理论实践价值。

二、文献综述

对欧洲一体化进程进行的研究，有从经济学的角度进行的研究，有从历史学的角度进行的研究，有从法律的角度进行的研究，我们在此主要从国际关系学的角度，尝试探讨其所反映出来的国家间关系存在方式的新动态。

从区域治理的视角和研究路径来分析欧洲的一体化进程，属于一个较新的分析领域和研究范畴。自 20 世纪 90 年代治理与善治概念在西方学界大行其道以来，中国学界也在政治学领域对该主题有着丰富而突出的研究。以早期俞可平先生对治理概念及其相关理论的介绍和引介为代表 [3]，国内学界在对治理（governance）与统治（government）概念进行有效区分之后，日益从不同的视角、学理层面甚

---

[1]　"胡锦涛：中国将积极参与区域经济一体化进程"，http//news.sina.com.cn/c/2004-04-24/09512391817s.shtml.

[2]　http://news.xinhuanet.com/politics/2011-09/06/c_121982103_4.htm.

[3]　俞可平 . 治理与善治 [M]. 北京：社会科学文献出版社，2000.

至于不同的学科领域，就治理的理论议题和现实问题展开了热烈的分析、研究和讨论。[1]

（一）西方学术界相关研究状况

较早对治理理论的学理性研究进行政治学意义上的综合性探讨与总结的丹麦学者安妮·梅特·卡娅尔教授（Anne Mette Kjaer），在其专著中主要将治理的研究范畴领域区分在了政治学学科下的公共行政管理、国际关系和比较政治三大子学科中。[2] 在这三大子学科之外同时兼容了另一个较为突出而显著的研究领域，即对欧洲地区区域一体化研究领域内的治理视角及研究议程的兴起。2006 年，研究欧洲区域一体化中的治理路径的著名德国学者贝阿特·科勒 - 科赫（Beate Kohler-Koch）在其综述类文章中明确提到，自 20 世纪 90 年代以来，接续着 80 年代开始在欧洲一体化进程研究领域中引入政策分析的概念模式，治理的分析框架一改欧洲一体化运动在 60 年代早期至 80 年代中期之前的那种强调国家主权让渡与否以及对欧洲区域的机构组织产生怎样作用，即将欧洲共同体或欧盟视为某种因变量的分析方法与思路，开始考察区域范围内建立起的国家间或超国家性的机构组织和机制会对欧洲民族国家政策本身和内部的政治生活产生怎样的影响。[3]

从时间的序列上来看，学者马库斯·杰克特福克斯（Markus Jachtenfuchs）的文章《对欧洲一体化的治理路径》较早提出两种不同的欧洲一体化研究路径：

---

[1]　如行政管理学领域 2009 年在北京召开的"政府职能与管理方式创新"研讨会；2010 年吉林大学行政学院举办的"当代中国社会公正与政府治理"国际学术研讨会 2010 年 3 月中国社会科学院世界经济与政治研究所国际政治研究室与《世界经济与政治》编辑部在北京共同举办的"联合国：全球挑战与治理"学术研讨会；同年 7 月由中国政法大学政治与公共管理学院和全球化与全球问题研究所共同主办的"公共权力与全球治理"学术研讨会等。

[2]　Mette Kjaer Anne. Governance[M]. UK: Polity Press, 2004: 4-7.

[3]　Beate Kohler-Koch and Berthold Rittberger. Review Article: The 'Governance Turn' in EU Studies[J]. JCMS, 2006: 第一节最后一部分；中译文可参鉴 [德] 贝阿特·科勒 - 科赫 波特霍尔德·利特伯格 . 吴志成，潘超，编译 . 欧盟研究中的"治理转向"[J]. 马克思主义与现实，2007（4）：89-90.

传统的将欧洲政体的塑造视为因变量的经典一体化理论和以治理路径为代表的将其视为自变量的研究。该文章从历史的和知识学的角度，对治理的路径进行了梳理，并对其所包含的民主与合法性议题进行了关注。杰克特福克斯指出，尽管20世纪70年代中期开始，有关欧洲一体化研究的国际关系理论视角呈衰落之势，但是以政策为导向的欧洲区域机构组织研究方向仍在70—80年代占据了主流。在宏观的国际关系大理论研究缺失的背景下，许多实证性的发现及理论性的洞察，仍丰富了20年来的学术界。[1] 该文指出，伴随着1985年欧洲内部市场项目计划的启动，一方面为传统的一体化理论，如现代政府间主义和新功能主义等视角提出了如何解释欧洲治理组织形式发展的挑战；另一方面，随着区域性决策机制的成长，相关研究及其兴趣点变得日趋重要且普遍高涨，比较政治与政策类等特定领域内的分析，开始超越那种单一的而将眼光投注于欧洲一体化进程的研究本身。国内与国际政治的研究壁垒正在被破除。以往有关欧洲区域性治理方式会以何种式样出现，以及为何会出现的疑问与猜想，自20世纪80年代中期之后，开始为现实的"欧洲化"（Europeanization）了的区域政治系统架构所取代。[2] 围绕欧盟或欧共体的研究议题已不再仅仅局限于应该是什么样子，或可以成为什么样子的问题之中，而更多地开始关注这种特殊的跨国性质的国家联盟政策体系，将会带给成员国内部事务以怎样的影响。由此而引发的有关欧盟的政策制订、规制性政策制定的兴起，以及所谓新治理模式（new mode of governance）等面向，共同构筑了时下最新前沿性的欧洲一体化的理论研究议程。[3]

区域治理的研究议题实质，内涵于治理视角与欧洲化的研究理念之中。在有关"欧洲化"（德文 Europaeisierung）等问题的研究方面，贝阿特·科勒-科赫教授及其团队认为，欧洲区域治理议题来源于欧盟或欧共体政策与公共职能执行之间关系的研究，它正日益成长为一个热门议题，且兴趣点不断提升、争议范围

---

[1]　Markus Jachtenfuchs. The Governance Approach to European Integration[J]. Journal of Common Market Studies, 2001, 39(2): 247.

[2]　欧洲化的实质即在于欧洲区域的新治理形式的出现及新型政治关系秩序的过渡过程。

[3]　Markus Jachtenfuchs. The Governance Approach to European Integration[J]. Journal of Common Market Studies, 2001, 39(2): 249-250.

及程度不断扩大且日趋激烈。[1] 同杰克特福克斯学者的研究观点相近，贝阿特·科勒-科赫教授同样认为，20 世纪 90 年代是治理研究的欧盟议题占据主导性地位的时期，不仅如此，在同政治学的关系及相关学科的交融上、在同国际关系经典理论之间的相互补益及丰富上、在对欧洲地区一体化政策体系特点所做出的描述和分析总结上，治理理论研究的视角都有提供一个独立而新颖的分析路径和议程。

具体而言，在同政治学及其相关子学科的关系上，治理的视角研究首先源自对欧盟一体化发展在政策制定及执行领域内的研究，重点关注区域治理的民主性、合法性与有效性，这一点同国内政治的政府功能及其民主决议制度等方面的研究有着高度的相关性与一致性，只不过由于缺乏完整的高度集中的中央权威型政府，欧盟的治理研究在借鉴政治学下公共政策、比较政治制度等学科的相关知识架构的同时，更多的还将以国际间的有效合作为基础性的问题指向。由此观之，治理理论的欧洲一体化研究路径，对国际关系（政治）学、行政管理学及比较政治学等子学科之间的跨学科合作与交融起着一定的桥梁性作用。[2]

其次，在同经典国际关系理论与传统的一体化理论之间关系上，正如杰克特福克斯所指出的，经历了近 30 余年充满活力的治理理论研究路径对欧洲一体化研究的推动，治理视角下欧洲的一体化理论研究与传统的经典国际关系和一体化理论研究之间更多的是一种互补，而非竞争性的关系。[3] 尽管二者之间存在着明显的差异，但前者注重于欧洲政治组织体系发展带来的影响，后者注重于欧洲治理机制本身的形成过程与发展路径，因而从长时段与完整性方面来看，二者的结

————————

[1] 贝娅特·科勒-科赫，托马斯·康策尔曼，米歇勒·克诺特. 欧洲一体化与欧盟治理 [M]. 顾俊礼，潘琪昌，周弘，等，译. 北京：中国社会科学出版社，2004：348-349.

[2] Markus Jachtenfuchs. The Governance Approach to European Integration[J]. Journal of Common Market Studies, 2001, 39(2): 246. Beate Kohler-Koch and Berthold Rittberger. Review Article: The 'Governance Turn' in EU Studies[J]. JCMS, 2006. Francesc Morata; 赵欣红，译. 欧盟的区域治理 [J]. 欧洲问题研究论坛，2003（2）：1-7.

[3] Markus Jachtenfuchs. The Governance Approach to European Integration[J]. Journal of Common Market Studies，2001, 39(2): 246.

合才能更为充分地反映出欧洲区域一体化发展的全貌。而就这些理论本身，其研究对象所指及其带来的创新和突破则在于，治理理论研究的路径和视角促使国际和国内政治的分野及无政府状态和等级秩序之间的隔阂，开始重新建构并在一定程度上弥补了这种二分法的不足。欧盟或欧共体的区域治理作为一种问题解决的指向性路径，关注于国家在无政府状态下实现合作的可能与途径、操作，并且探讨除国家权威之外国际空间中的新型权力组织形式。因而，国家的边界逐渐开始让位于跨国性的社会行为体在国际空间中的活动与新秩序的创制。[1] 这是欧洲一体化及其区域决策机制发展的治理理论研究路径与经典国际关系和一体化理论相较，最大的特点与创新。

在对欧洲地区一体化政策体系基本特点的描述与分析上，杰克特福克斯与科赫基本认定，欧洲的区域性政策决议体系是以多层级治理相互嵌套而成的一种网络治理模式。大量的非正式、松散的结构贯穿于等级制的规则之中，在欧盟的多层级治理体系下，最核心的实质性概念就是网络。[2] 网络的治理体系形式，从纵向与横向两个方面划分出国家的权威格局，国家不仅仅是一个参与者同时也是特定议题支持者的培育场，国家和社会行为体聚集一起共同以问题解决为导向，考虑政策制定和财富分配的效用最大化。[3] 这种网络式的治理模式描述与总结，一方面基本反映了欧洲区域层级治理体制的基本结构性特征，另一方面大量的研究也一定程度上验证了欧洲工业化国家的这种网络式的治理特点。[4]

总结西方学者以治理的理论和视角对欧洲一体化及其区域范围内机构制度建设所做的研究成果，其主体思路在于同传统经典的国际关系或一体化理论相比较

------

[1] 贝阿特·科勒 - 科赫，波特霍尔德·利特伯格. 欧盟研究中的"治理转向"[J]. 吴志成，潘超，编译. 马克思主义与现实，2007（4）：89.

[2] Markus Jachtenfuchs. The Governance Approach to European Integration[J]. Journal of Common Market Studies, 2001, 39(2): 254.

[3] 贝阿特·科勒 - 科赫，波特霍尔德·利特伯格. 欧盟研究中的"治理转向"[J]. 吴志成，潘超，编译. 马克思主义与现实，2007（4）：91.

[4] 吴志成. 治理创新——欧洲治理的历史、理论与实践 [M]. 天津：天津人民出版社，2003：382.

的基础上，侧重于对欧盟或欧共体自 20 世纪 80 年代中期发展以来，所形成的带有一定自主决定影响力的组织形式进行分析和探讨，不仅在欧洲区域组织机制的基本特征及决策领域内的各种互动形式方面有了丰富的研究，而且，在逐渐深化不同政治学子学科以及扩展政治学本身就国家—社会之间关系的民主化和合法性问题上也有了较为系统的论述。[1] 这些论述及研究提供给我们一种以区域性的治理路径来研究和探讨欧洲一体化发展的新取向。

（二）国内相关研究状况

除西方学者外，近些年来国内学界从区域治理模式的角度，对欧洲一体化或欧盟发展进程进行研究的文献著作日益增多。据中国知网上的搜索显示，对欧洲地区的区域治理研究大致呈现出以下几种态势：

首先，南开大学周恩来政府管理学院的吴志成教授及其团队，在国内较早引介欧洲一体化进程中的治理研究。自 2003 年发表专著《治理创新 —— 欧洲治理的历史、理论与实践》一书以来，以欧洲和治理为主题的文章逾十余篇[2]，其中吴教授独立署名文章有《一体化与区域治理：追寻欧洲和平的路径》（2008）、《欧洲一体化与欧洲治理的影响探析》（2009）、《欧洲治理的多维分析》（2010）；与其研究团队共同署名文章有：《全球化视阈中的治理理论分析》（2006）、《比较视角下的欧洲一体化与欧洲治理：欧洲一体化与治理国际学术研讨会综述》（2007）、《欧洲化：研究背景、界定及其与欧洲一体化的关系》（2007）、《欧

---

[1] 除上述文献外另有参见：Fritz W. Scharphf Gary Marks, Philippe C. Schmitter and Wolfgang Streeck. Governance in the European Union[M]. London: SAGE Publications, 1998.2 Dieter Kerwer Burkard Eberlen. New Governance in the European Union: A Theoretical Perspective[J]. JCMS, 2004, 42. Ulrike Rueb ed. European Governance—Views from the UK on Democracy, Participation & Policy-making in the EU[M]. London: the Federal Trust, 2002.2 Liesbet Hooghe Gary Marks, Kermit Blank. European Integration from the 1980s: State-Centric v. Multi-level Governance[J]. Journal of Common Market Studies. 1996.34(3): 342-378.

[2] 检索中国知网 2003—2010 年以欧洲为主题词的该团队文章 35 篇，以欧洲和治理为主题词的文章 18 篇。

洲化及其对成员国政治的影响》（2007）、《欧盟超国家制度安排的政治合法性分析》（2007）、《战后欧洲治理机制的历史演进》（2008）、《金融危机背景下欧盟的体制改革及其前景》（2010）、《欧盟制度对政策制定谈判的影响》（2010）、《全球化背景下全球治理面临的新挑战》（2011）；其团队翻译作品有：《社会进程视角下的欧洲区域一体化分析》（科赫2005）、《转型视角下的欧洲联盟治理》（科赫2006）、《欧盟研究中的"治理转向"》（科赫、利德伯格2007）；其中被引率较高的有：《西方治理理论述评》《欧洲联盟的多层级治理：理论及其模式分析》《欧盟治理与制度创新》《社会进程视角下的欧洲区域一体化分析》（译文）、《全球化视阈中的治理理论分析》《欧洲化及其对成员国政治的影响》《欧洲化：研究背景、界定及其与欧洲一体化的关系》《转型视角下的欧洲联盟治理》《欧洲一体化进程中的欧洲认同论析》等。从这些研究成果中我们可以看到，南开大学在国内对欧洲治理的理论前沿研究业已形成了较为重要的一方阵地，并在丰富和接续既有国外研究领域上做出了较大努力和显著成效。

其次，在已有的国内学者的研究中，欧洲一体化及其区域治理的研究，大致可以区分出来欧盟的机构及其政策制度的特征结构分析、国外欧盟欧洲问题研究引介和与全球化的视域相联系起来的欧洲区域治理模式及其价值示范效应三个方面内容的研究面向。例如，在欧盟的机构及其政策制度的特征结构分析上有《制度同构理论与欧洲一体化 —— 以欧盟监察专员制度的建立为案例》（陈菲，《世界经济与政治》，2009）、《欧盟超国家制度安排的政治合法性分析》（吴志成、赵晶晶，《国际政治研究》，2008）、《论欧盟治理结构的多元性》（胡昕蕾，《法制与社会》，2008）、《欧盟治理与制度创新》（吴志成、李客循，《马克思主义与现实》，2004）、《文本·结构·功能 —— 软法之于欧盟宪政的地位描述与作用分析》（韩秀义，《时代法学》，2008）、《欧洲一体化进程中的行政趋同分析》（谭功荣，《国家行政学院学报》，2007）等文章成果的出现；在国外欧盟欧洲问题研究引介上有《转型视角下的欧洲联盟治理》（贝阿特·科勒-科赫，《南开学报》，2006），《三种欧盟概念及其对应的欧洲公民社会角色》（贝阿特·科勒-科赫，《德国研究》，2009），《欧洲治理与体制一体化》（贝阿特·科勒-科赫，《南开学报》，2008），《欧洲治理的不同路径及其对国家制度的影响》（克里斯多夫 - 尼尔，《南开学报》，2009），《欧洲化和一体化 ——
欧盟研究中的概念》（赖纳·艾辛，《南开学报》，2009），《政治学对欧洲学
讨论的贡献》（贝阿特·科勒 - 科赫，《德国研究》，2007），《欧盟的区域治理》
（Francesc Morata，2003）等；在与全球化视域相联系的欧洲区域治理模式及其
价值示范效应上主要有：《区域治理：地区主义视角下的治理模式》（杨毅、李
向阳，《云南行政学院学报》，2004），《欧盟软力量探析 —— 欧盟治理模式
的效应评价》（伍贻康，《世界经济与政治》，2008），《欧盟治理模式的特征
和发展态势》（伍贻康，《世界经济研究》，2008），《透析欧盟治理困境》（卢
静、衡孝军，《国际问题研究》，2008），《规范分析视角下的欧盟新型治理模
式："社会对话"》（郑春荣，《欧洲研究》，2008），《欧洲一体化进程中的
欧盟治理》（文峰，《暨南学报（哲学社会科学版）》，2010），《欧盟治理的
变量与困境》（牛海彬，《现代国际关系》，2004），《欧盟模式与世界权力结
构变化》（周灿灿，《东方企业文化》，2010）等。

最后，在对欧洲区域基本治理模型有所掌握之外，国内学界目前初步开始就
欧洲一体化及其区域治理过程中某种类型行为体或相关机制的研究展开了探索。
这里面较为主要的有，关于利益集团方面的文章、关于公民社会和民主建设方面
的文章、关于开放与协调机制或"社会伙伴程序"方面的文章等，如《浅析欧洲
议会党团体制》（王明进，《欧洲研究》，2005），《浅析欧盟利益集团的形成
与发展》（彭萍萍，《当代世界与社会主义》，2010），《走向"地方的欧洲"：
欧洲地方治理的发展及其启示》（喻锋，《国家行政学院学报》，2010），《协
合民主下的欧盟治理》（程同顺、高飞，《教学与研究》，2010），《欧盟治理
与公民社会组织研究综述》（胡爱敏，《中共济南市委党校学报》，2010），《开
放协调机制 —— 欧盟应对成员国多样性的新治理模式》（朱贵昌，《国际论坛》，
2010），《欧洲跨国政党联盟的功能》（王明进，《中共天津市委党校学报》，
2008），《欧盟"社会伙伴程序"的形成及其内涵》（吕亚军，《经济与社会发
展》，2008），《"欧洲化"对德国福利社团游说功能的影响》（鲁茉莉，《欧
洲研究》，2007），《欧盟治理中的公共领域与市民社会》（伍慧萍，《德国研
究》，2008）等。

　　总览国内外学界的研究，国外学界当前的学术前沿在于结合国际关系与政治学研究的话语背景，探讨欧洲区域一体化的进程中，国家行为体所发生的变化以及未来总的发展趋势，特别强调民族国家在主权有限让渡的情况下，如何同其他国家以及非国家行为体之间的合作与协调；国内学界虽然基本处于引介西方学界有关欧盟治理模式研究的阶段，但在区域一体化及相关治理理论的探索方面仍不乏自身特点。在这其中需要弥补的是，其一，在于从更为整体性的视角下来看待欧洲的一体化进程，而不仅仅只局限于欧盟或 20 世纪 80 年代以来的欧洲一体化；其二，需要从一个制度化的机构相互关联性角度来考察欧洲的区域治理基本模型和组织操作机制，单从某一个机构或组织的运转及功能来谈欧盟或欧共体的特点，显然局限性较大；其三，在有关区域国家间治理合作的问题上，如何协调并处理好国家行为体与非国家行为体之间的关系，实质牵涉到跨国性的合作该如何在区域范围内建立的问题，该问题既是治理视角研究欧洲区域一体化建设的重点，同时也是政治学与国际关系学跨学科研究的理论前沿性交界点。立足于此，本书的主要分析将围绕从整体的和系统化的治理视角，来探讨欧洲一体化过程中，区域性政治决策体系建设中的国家行为体与非国家行为体之间的关系机制。希望以此同国际学界接轨的同时，与国内学界的研究探讨亦保持较为同步的研究态势，并在某些方面能有所补益。

三、研究主题与思路

　　本书研究的主题在于，透过欧洲一体化进程中的区域治理方式与方法，探寻全球化时代国际政治关系的结构性转换，以及由此引带出的国际社会国家间关系存在方式即国际秩序的变革。全篇文章的思路分为五个部分，第一部分提出全球化时代背景下的区域治理问题。概括提炼区域治理提出及其存在和发展的全球化历史背景，论述以治理视角研究并探寻区域层面上，国家间合作及解决共同面临的人类生存与发展困境问题的必要性。提出一般意义上国家参与区域治理的困境、会面临的国家权益及国家主权的护持在认识上的问题，以及所引发的国家制度性转型的关注。尝试以治理视角作为切入点，展开欧洲地区一体化的秩序性建设的论述和证明，依照区域治理理论中有关制度建设及其变更和影响的观念，主要提出有关国家行为体在区域治理中发生变化及如何采取新的行动与合作模式的问题、议题，并论述以欧洲地区及其相关国家所发生的变化作为参研对象的合理性与可行性。第二部分论证区域治理在欧洲一体化进程中的存在。以历史发展为基轴线索，阐释了欧洲地区的一体化起源、进展及其从区域治理的视角来看的成就，特别论述了不同国家参与一体化进程当中，所起到的作用和发生的变化，获得的新的利益进展等情况，反过来验证第一章问题提出的真实性与必要性，对欧盟或欧共体动态发展演进的进程做一学理性的问题领域内的探讨，提出制度为区域治理之核心的论断，引出后一章的欧洲地区区域治理基本制度构成的理论模型探讨问题。第三部分着重以欧洲区域制度化建设为主要内容，结合已有的研究，描述并总结出欧盟及欧共体所体现出来的多层级性及其特殊的超国家与次国家相结合的治理属性模式，着重通过对委员会、欧洲议会和理事会的机构相互间关系状态的描述，来对欧盟及欧共体的机构所反映出来的区域治理的制度性运作和治理机制的核心内涵，即国家主权和权益的护持 —— 由区域治理中的机制所决定的围绕国家利益而展开的国家行为体主体地位的稳定性，做论证和说明。第四部分从以欧洲基本建设性的制度机制下的共同农业政策的启动、具体实施和政策制定等过程情况为案例，分析并论述演化出来在具体的政策领域内，国家行为体及非国家行为体之间，如何对区域性的制度机构构成影响与被影响的关系，并共同对地区区域性的治理事务产生建构性的意义与效能，同时反过来，探寻已然一定程度上成型的区域制度的治理框架模式又是如何牵引、指导成员国及各个不同层级的行为体之间展开交往及互动，并提供信息沟通和决策跟进的渠道，从而在面临重大的改革或变迁的时刻，实现内外主体之间的共同进步及互利，一定程度上完成对共同农业政策的改革及稳定的目标、助益于欧盟的总体框架内农业领域的计划任务。第五部分重点阐述区域治理的多层级及其产生带来的多行为体模式与全球治理的以国家为主导的多行为体共同治理的目标，以及框架设计之间的关联与相通性，同时重点分析了欧洲地区之所以呈现出较为成熟的区域治理形态的历史文化及国家行为体本身制度化靠近的几项因素追源，就欧洲地区的区域治理特征所能带来的对其他地区或全球治理而言的启示与限度，在国家行为体与制度之间关系的处理问题上的解答有哪些进行了提炼。最后的结论部分是对国家行为体在区域治理的框架体系内，所发生的能动性变化作用和受到的影响等问题进行的总结和回答，欧洲地区所提供的民族国家框架在制度变迁和行为体分化的意义上，为全球化时代国际社会应对跨国性危机和公共性事务问题的解决，提供了一个较为清晰的工具式理论前景和分析理路。对于国家行为体而言，首先是在面向区域发展的基础和出发点上，才能完成自身同周边国家之间的合作深化及战略利益与安全的升级。从全球性的国际政治基本规律来讲，周边国家的区域治理发展能够为世界性的全球治理问题的开展提供基础操作的条件，同时在模型上也为国际社会的多层级制度特性的发扬构筑理念的实践土壤。因此对区域治理基本形态的关注，同时也是对国际整体层面上国家之间有可能呈现出的有效治理态势进行的核心化思考。欧洲的多层级制度设计及在欧盟体系内国家行为体与多种类型行为体的互动模型，不仅丰富并解答了我们对区域层面上公共性事务治理的可能与样貌，同时也为全球性公共事务的跨国交流与联系、国际层面上国家行为体参与国际合作所应关注的层面及制度建设时的相关因素考量，提供了借鉴意义和参考性的价值。

四、核心概念与方法

（一）核心概念

1. 欧洲一体化

在本书里，"一体化"概念主要选自法布里斯·拉哈的界定："一个渐变的进程，通过该进程，某一分子纳入到一个整体中，其间它不断地与其他分子磨合、协调和相互作用。"[1] 在地理层面上，选取的欧洲主要指包括乌拉尔山脉以西、

---

[1]　法布里斯·拉哈．欧洲一体化史：1945-2004[M].彭姝祎，陈志瑞，译．中国社会科学出版社，2005：9.

马罗基角以北、罗卡角以东、诺尔辰角以南的区域范围；[1] 在一体化的语境中，主要指二战结束后，参与到当代国家间经济政治合作进程中的具有一定区域范围代表性的欧洲国家。在拉哈的一体化概念框架下，欧洲一体化意指欧洲国家通过新型的经济政治秩序化进程，逐渐趋于在同一政治机构下运作的建制经历。其强调的重点在于两个及以上国家行为体单元不断趋于向同一个政府组织的机构建制的趋近。它以国家的建制及其机构秩序特征为基本蓝图或前提，以等级性质和统一强制力的国家的区域化结合为其组织化特点或潜在的逻辑目的，"我们看到不同的分子彼此接近、互相靠拢、变为同质，以实现围绕着共同价值、标准和机构（即相对于内部而言，也相对于外部而言）而存在的'整体'的协调与统一……而且，相互间的联系程度如此之紧密，以至出于这样一个共同体的整体利益需求（同一性原则），它们之间的'不同'渐渐被它们自己和外部世界抹去了。"[2] 这种一体化的状态、进程及结果呈现出某种一步步深化的递增的特征，在终极的目标上为控制力的增强。

2. 区域治理

与一体化所不同的是，区域治理是指，在治理的语境下，各个国家在一定的区域范围内，以保留自身主体性权威及自主性权力为前提，借助特定的机构与机制的制度化设定，实现彼此间共同合作解决共同面临的困境、问题、矛盾的过程或状态。在本书中，"治理"概念的意涵主要参考全球治理委员会、国际关系著名学者詹姆斯·罗西瑙、较早对治理理论进行系统化总结的丹麦学者安妮·梅特·卡娅尔（Anne Mette Kjaer）、国内最早系统引介治理理论思想的著名学者俞可平先生等国内外学界对此概念的界定，意指在经济全球化所带来的全球性公共事务凸显、全球化时代中国际社会的民众性力量不断壮大的背景下，多种类型行为体依其自身的利益与立场、价值的设定，共同参与到公共性事务的解决、机制性建

---

[1] 世界地图册 [M]. 中国地理出版社，1990：20-21.

[2] 法布里斯·拉哈 . 欧洲一体化史：1945-2004[M]. 彭姝祎，陈志瑞，译 . 中国社会科学出版社，2005：9-10.

设过程之中的状态。其核心内涵包括治理的公共性、主体的多元化、议题的指向性、规则的动态性以及治理的秩序性五个方面的内容。[1] 在区域层面上的全球治理语境里，主要指国家之间通过机制性的设立与协调合作，促进多种类型的行为体协助解决由单一民族国家行为体无法完成的经济发展与社会稳定的任务和职责功能。由于这种机制性建设不可避免地将涉及国家传统的主权控制能力上的转移与变化，因而，区域治理的实质性意义在于对国家之间旧有的关系存在方式产生促动性的变革作用。与一体化进程相较，区域治理的基本状态更多地依赖由主体间的协商和共识所达成的秩序规范来作为机制运行的保障与根基，就这一点而言，区域治理的终极目标着重于各类不同行为体之间的包括价值层面上的共识及针对特定问题解决的行动效力的达成，而一体化的终极目的则更多地放在带有强制力色彩的国家式国际秩序的生成。

3. 行为体与行为主体

在本书中，主要从国际关系和国际政治的领域内来谈行为体的存在及其活动方式与意义的问题。一般意义上的行为体，包括个人、机构组织、团体等，相对应的，在国际关系和国际政治领域，行为体主要包括国家行为体与非国家行为体两大类 [2]，而国家行为体又包括中央政府级的行为体与次级政府的行为体，非国家行为体涵盖的范围宽泛，包括跨国性政府行为体、非政府组织、跨国公司和公民社会等。不同的行为体依据其参与的活动领域、自身的价值偏好、所处的立场状态等，其在区域治理中所发挥的作用与功能均有所不同。然而，行为体与行为主体之间最大的区别在于是否有参与到区域性的政策制定过程之中，影响到区域治理的决策化进程，进而是否及多大程度上能够决定治理的状态、绩效及演进。换言之，政策的决策领域的融入是行为体转成行为主体的一项核心指标。

如果说行为体参与且仅仅是指参与到已有的决策执行过程之中，而对其具体

---

[1]　王苹 . 治理五性：近年来国内治理研究状况简评 [J]. 长春教育学院学报，2009（1）：48-50.

[2]　李少军 . 国际政治学概论 [M]. 上海：上海人民出版社，2002：91-108.

的活动界限及其权威性地位没有明确或正式的定位的话，那么行为主体则是从法律意义上来讲由上升到法律层面上的规定所赋予的行为体以活动的范围、界限和尺度。就政策制定与行为体和行为主体之间的关系而言，"政策是行为主体制定的，而且还需要由行为主体来运用，行为主体制定和运用政策工具还要有相应的合法性"[1]。在欧盟机构中主要指在法律意义上赋予非国家行为体以行为主体地位的条约款项。在欧洲的区域一体化进程中，其多元行为主体的区域治理特性在条约及政策中的法律性规定，主要体现在 1988 年欧洲理事会在布鲁塞尔通过的以结构基金改革为主要内容的凝聚政策计划中。其中不仅开创性地提出了伙伴关系原则，并且明确提到欧洲区域的政策程序的设计与执行角色，必须要涵盖包括各类社会合作伙伴及其他非政府组织的行为体参与，以确保政策干预的所有权和透明度。[2] 这是首次由国家行为体的政府权威认定下，非国家行为体可以超越国家政府的管辖边界，在区域层面上的治理活动中同超国家行为体如欧盟委员会等机构进行直接沟通和联系的法律性认可。

4. 主权让渡

在政治学与国际政治学中，国家主权有着其明确的内涵，即对内的最高和最终的政治权威以及对外的享有独立自主的平等地位。[3] 传统的主权观念认为，主权具有不可转让、不可分、神圣不可侵犯和至高无上性，如最早提出主权概念的法国思想家让·布丹（Jean Bodin）、英国哲学家霍布斯，以及法国启蒙思想家卢梭等人对主权学说的阐释。[4] 然而，进入到现代社会，越来越多的人们开始注意到并承认，国家并非一个单独存在的自在体，而是完全属于一个更大的国际社会范畴内的一种人类共存的组织形式，换言之，国家及其主权属性的存在当且仅

[1] 王小进，何奇频. 欧盟区域经济合作机制的经验与教训 [J]. 教育经济研究，2008（7）：166-175.

[2] 张晓静. 欧盟凝聚政策的演变及其收敛效应 [J]. 国际经贸探索，2009.25（10）：35.

[3] 李少军. 国际政治学概论 [M]. 上海：上海人民出版社，2002：94.

[4] 赵伯英. 主权观念和欧盟成员国的主权让渡 [J]. 中共中央党校学报，1999.2：85.

当其处于同其他国家之间的交往关系活动之中才得以成立并获得承认。[1] 国家的主权在国内与国外两个层面上的权威性都取决于某种意识形态认同方面的共识。而根据《布莱克维尔政治学百科全书》中依照不同国家具体统治方式与管理形式的阐发，引出内部的主权在特定的领域内存在可分性的命题。[2] 在本书中，主权的让渡直接来源自这种可分式的主权观，即在保证国家统一的基础上，为了更好地获得国内外对本国主权意志和国家权威的认同，可以依照一定的功能性的需要来对特定领域内的国家管理权限或职能进行跨国性的让渡。在欧洲当代的一体化发展进程中，这种主权让渡的观念特别适应于欧洲民族国家的区域治理建设活动。在区域治理的范畴下，主权的最终归属权仍存在于国家，但主权的行使范围及具体的权限可以被划分和出让，例如，国家对超国家行为体及机构的主权让渡主要是指，赋予超国家行为体以拟定区域范围内特定领域中各类行为体重新规范行动规则的权力，由此完成区域性的治理机构对各类行为体行为在规则与秩序上的机制设定。而在国家行为体达成共识的领域及权力范围中，国家行为体及其他所有非国家行为体，必须共同遵守一致的法制行为规定，只不过这些规定的法理合法性的来源，则来自国家行为体最初所享有的主权的某个方面内容。在全球化时代的语境和背景下，国家主权首要面临的是国家内部利益的维护问题 [3]，如果离开了国家利益的出发点单纯地谈国家主权，将难以理解各种类型的国际组织、条约合作等活动与现象的展开与出现。因此，从这个意义上来讲，国家主权及其让渡不仅是可能的，而且也是适应时代性发展的要求与必需。对于国际关系和国际政治的研究而言，将这种国家主权的实现放置于动态的国际交往和合作化机制建构

---

[1]　"当今世界上，任何国家都不可能置身于国际社会之外。国家的独立性只有置于国际关系中才是有意义的。"赵伯英 . 主权观念和欧盟成员国的主权让渡 [J]. 中共中央党校学报，1999.2：85. 关于国家的关系性存在的命题，同样可参见秦亚青 . 关系本位与过程建构：将中国理念植入国际关系理论 [J]. 中国社会科学，2009（3）：69-86.

[2]　赵伯英 . 主权观念和欧盟成员国的主权让渡 [J]. 中共中央党校学报，1999.2：85.

[3]　刘雪莲 . 全球化与国家主权 [J]. 东北亚论坛 . 1998（1）：23-27.

的实践当中来认识，是一种全新的认识方式和世界观。[1]

5. 国际秩序变革

秩序，其最简单和通常意义上的含义是指"某些东西按照某种格局而相互联系在一起，它们之间的关系不是随意性的，而是基于某个明确的原则"[2]。在国际关系中，国际社会中的基本秩序或曰传统的经典秩序形态为，以单个的基于军事政治安全力量为核心利益与价值指向的国家行为体交往体系与基本力量对比格局。而在全球化的时代背景下，这种传统的国际关系结构与力量对比，逐渐受到新兴国际社会性力量即非国家性行为体发展及国际公共性事务出现所共同构成的挑战。在本书中，国际秩序的变革形式通过区域治理的方式来加以体现和证明。其最终的状态为，以国家为单元的秩序结构形式开始转变成为倾向于以民众之间共同利益构成的国际社会共有价值目标及追求下，以地理区域范围内的机制性建设为依托的国际政治关系结构性调整。通过这种国家之间新式的合作倾向和立场、状态，实现国际社会朝向多级化的秩序方向发展和变更的国际关系基本状态形式的转换。

（二）研究方法

1. 规范分析与文本分析

本书围绕的中心议题，在于探讨国家应该如何参与到公共性问题和事务的解决进程中去。在以治理理论为主要研究视域的部分，采用逻辑推演和应然的价值判断分析为基本的研究方法。抽象出一有关国家行为体伴随国内外形势变化，而借助区域性决策制度在解决公共性问题的同时，重构并实现国家权益的区域治理中层理论框架。其中包括了区域治理的公共性政策启动时期的大国参与效应；多种行为体在区域性公共政策的机构特性关照下，展开互动与参与策略；国家行为

---

[1]　Qin Yaqing. International Society as a Proces: Institutions，Identities, and China's Peaceful Rise[J]. The Chinese Journal of International Politics. 2010.3. 129-153.

[2]　赫德利·布尔. 无政府状态与世界秩序[M]. 张小明，译. 北京：世界知识出版社，2003：2.

体本身的权力与利益，在区域治理的发展进程下呈现出重新构建的变化特征等。在对欧洲地区一体化发展现象及事实的了解、理解、判断和分析上，主要借助于已有的文本文字资料及对其阅读后形成的感性认知和形象化处理，来完成理解和逻辑上的推演和评判。

2. 整体动态式系统分析与形象分析

对于整个欧洲一体化的区域治理表现这一问题而言，将区域治理的内容融入到自二次世界大战结束后欧洲区域的一体化进程之中，力求在较为整体性的系统观察框架下，对欧洲区域治理在特定历史时间段上的表征及其自身受内在因素和外界压力的影响所发生的变化做一动态的较为完整的梳理和总结。

3. 案例分析法

以具有典型代表性的共同农业政策为例，论证国家为主体的多层级区域治理制度架构下，超国家性质的机构、国家层面的政府部门和次国家层级的政府，以及地区层面和区域层面上各类利益集团或社会活动组织共同构成的多行为体区域治理决策状态与过程。

4. 历史唯物主义研究法

在对区域一体化的发展动力、原因及其未来发展趋势的判断上，主要遵循历史唯物主义的分析法，在经济全球化的客观历史背景下分析建立在一定物质经济基础之上的欧洲区域的政治社会制度变迁，以及由此社会历史性的政治制度反映，并从正反两个方面影响着区域内人类社会的物质经济生产活动的观点，预测未来人类社会的发展继续朝着不平衡的区域化和多极化方向演进，同时由自然内在的发展逻辑和人类区域性制度建设努力共同决定的更为突出国家内部及国际关系之中社会整体公平与公正性的发展方向。

五、创新与不足之处

本书力图从整体视角下欧洲一体化进程中的区域治理在全球化时代的演进、

发展及其特征形态等方面的研究出发，探寻现代国际关系中国家行为体之间构成政治秩序的国际社会结构性变迁的表现、方式及影响有哪些。立足于当代欧洲区域一体化进程的发展，文章主要论证了经济全球化对传统国际关系及国际社会领域内各项事务的冲击和挑战，提出了国际社会正走向以区域性建设为代表的国家间共同合作治理全球性社会公共事务的命题。在对以欧洲大陆民族国家为主导的当代区域一体化进程及其区域治理状态进行论述的基础上，重点论证了欧洲区域治理不断扩大和深化的发展演进历史、以国家行为体与非国家行为体共同参与为基本特征的区域治理存在方式和决策运作机制、共同农业政策领域内多层级多元行为主体的区域治理特点和对国家行为体区域式发展的影响等方面内容。文章的主要创新之处有：①对欧洲民族国家行为体参与的区域治理模式进行了高度抽象化与理论化的理解与阐释；②就欧洲区域治理中国家行为体之间政治关系的结构性变化及其对全球化时代国际关系与国际社会秩序变革的影响，进行了论证与概述；③提炼出了欧洲区域治理中，共同农业政策领域内多元行为主体的层级互动形态，以及国家行为体在其中获得内在结构与对外关系上新发展的内涵要义；④对欧洲区域治理的全球性价值与经验性启示做出了总结。文章的不足之处在于：①由于远离欧洲的具体实践经验，在理解材料及准确把握欧共体和欧盟一体化过程中的政策决议过程及行为体的具体参与程度上有难度，恐存在暂时未能克服的缺失；②致力于从区域治理的视角出发，勾勒出欧洲地区一体化进程中的国际政治关系结构性变革的主线，但在对欧洲区域治理整体状态的理论化与抽象化的面向上，以及在对共同农业政策领域内的具体事例熟悉程度上存在有待继续深化之处。

第一章　全球化时代的区域治理：
国家行为体的国际关系变革

　　人类社会的发展进入到 21 世纪，正面临着一个全新的发展和变革的时期。许多全然不同的事物和新问题的出现，促使我们重新思考国家的未来及国际社会中政府间合作的方式与实现途径。"我们在组织和管理全球政治的路途上已经走到了一个十字路口。"[1] 在以往我们所熟知的若干个世纪以来世界政治中国家行为体所走过的道路上，以自利原则为基本参照的国家在基本无政府的国际体系中为保护自身各自利益而争斗不休。面对日益增多且单独一国进行解决的难度不断增大的跨国性难题与全球性问题，国家如何放弃对短期利益的追求，从全球主义的视角或方式出发，采取更加合作的态度，成为了我们研究治理问题的一个基本出发点。本章将着重论述区域治理相对于国家而言的基础性内涵以及国家选择区域治理路径的全球化时代背景。

────────────

　　[1]　约翰·罗尔克.世界舞台上的国际政治 [M].宋伟，等，译.北京：北京大学出版社，2005：21.

一、全球化时代的到来：治理事务的兴起

1992 年联合国时任秘书长加利在联合国日致词时说："第一个真正的全球化时代已经到来。"作为一个近年来十分流行和普遍的词汇，全球化概念兴起于 20 世纪 80 年代，描述的却是一个较长时间段以来国际社会存在并发展着的重要现实性事件。自 15 世纪欧洲的远航家环绕地球将东西半球第一次从地理的实质性意义上联系在了一起，人类社会发展到 21 世纪的今天，无论是在经济、政治、社会、文化，还是在人文、历史、环境、交通、安全等各个不同的层面或领域里，都正在经历一个相互依存和普遍联系着的全球化时代。与此紧密相关的是，市场化运作带来的不均衡发展以及社会发展起点的不均衡性和固有矛盾冲突的恶化，很大程度上强化了人们对一种有效社会管理与控制手段的呼吁与需求。从国际政治学的角度来看，治理的视角与功能恰恰反映了国际社会当前面临的最为显著而迫切的问题及其探求解决的路径和方法。这种思考的路径带来的是国际关系领域内对国家行为体之间关系认知的新发展。如果将区域层面上国家间的合作与联合视为国际体系发展进程中的一个新变化趋势的话，则多元行为体的参与性地位与作用便成为了同国际社会与国家行为体的作用及功能的发挥密切相关的一个研究切入点。

（一）经济全球化的历史进程

当"全球化"一词日渐成为一个时髦而普遍使用着的话语词汇的时候，我们在运用它进行学理性探讨之初，首要需明确的是该词所指代事物的内在含义及其所明确意指的对象为何。如果说全球化最深层次上所指出的是一种事物之间相互联系着的某种"全球性"特征 [1] 的话，那么，人们在一般意义上所经常谈论到的

---

[1] 约瑟夫·S·奈，约翰·D·唐纳胡. 全球化世界的治理 [M]. 王勇，门洪华，等，译. 北京：世界知识出版社，2003：1.

经济全球化是否意味着某种经济层面上一些全球性联系的强化与发展的过程？如果这种语言的表意为真，则探讨经济全球化实质指代的内在一致并不断进化的内涵便有了历史发展的基础与根基，不仅如此，我们在运用全球化的历史背景作为其他事物发展变化的前提性条件时也才能具备有对其进行严肃学理性探讨的可能。

1. 经济全球化的内涵

根据牛津词典的释义，"全球化"（globalization）最早公开使用于 1930 年《迈向新教育》一书中，主要引申人类在教育领域内经验的历史性视角。直到 20 世纪 60 年代许多经济学者和社会科学家们开始使用该词，且到 20 世纪 80 年代后半期，这一概念开始成为人们日常生活中的流行词汇。尽管对该词语的释义有着各种不同的解释，但一般而言对其起源及开端的描述往往上溯至 15 世纪以来的大贸易及帝国时代。[1]

作为一个被广泛应用的术语，"全球化"一词往往被置于经济层面上的语境之中，指代那些跨越国界的物品、资本、人员、服务等资源或要素的流动和交换过程。据学界的考察，已故哈佛商学院资深教授、现代营销理念思想的重要代表性人物西奥多·莱维特（Theodore Levitt）于 1983 年刊登于哈佛商业评论上的《全球化的市场》（*Globalization of Markets*）一文首次预言了全球化在经济领域内的时代性发展，第一次用"全球化"一词指代那种即将在全世界范围内销售和推销公司商品与服务的那种经济行为与活动潮流。自此之后，其观念并"全球化概念"一词的运用开始在西方发达国家的学术界引起强烈反响，并最终带来了经济营销领域内，诸方人士们对全球化理念的浓厚兴趣，以及世界各国各种不同领域内人们的广为流传。[2]

虽然全球化概念初始应用的范畴被纳入经济学或经济活动的层面与领域之

---

[1]　http://en.wikipedia.org/wiki/Globalization#cite_note-oed-3

[2]　程光泉. 全球化理论谱系 [M]. 长沙：湖南人民出版社，2002：1；http://wiki.mbalib.com/wiki/Theodore_Levitt.

中，但是就其核心内涵而言，主要强调的是某种跨国性事物之间的交流和联系的密度、广度、频率与深度。并且，在"全球化"一词的运用过程中，人们往往已经在超脱于经济学和经济活动领域内的范围和背景下，开始使用这一概念，特别是在军事、文化、政治、环境、社会等其他方面的全球化的表现形式也同样被视为重要的时代性内容和主题。[1]

2. 作为全球化基础性根基的经济全球化

学界学者依其不同的立场和视角，对全球化内涵及特征的理解有着非常大的差异。[2] 但尽管如此，全球化作为一个客观的现实性现象和历史性进程，人们对它的认识仍然存在着一定的共识。从唯物史观的立场和方法上来看，人们的认识终究来源于认识对象本身的实际存在和变动演化的过程之中。"一切社会变迁和政治变革的终极原因，不应当到人们的头脑中，到人们对永恒的真理和正义的日益增进的认识中去寻找，而应当到生产方式和交换方式的变更中去寻找；不应当到有关时代的哲学中去寻找，而应当到有关时代的经济中去寻找。"[3] 我们认为，从全球化的全球性联系的方向上看，经济层面上的全球性联系和交流亦即经济全球化，首先构成了我们所谈及的全球化或全球化时代到来的基础性根基。

所谓经济层面上来看全球化，主要是指从人们日常生活中的一些物质性基础和经济生产和交往方式上来看，各种商品、资本、技术、金融、生产、交通物流等方面跨区域、跨国际的联系与扩散。在人类社会的发展历史上存在着三次较大

---

[1] 罗伯特·基欧汉，约瑟夫·奈. 权力与相互依赖（3 版）[M]. 门洪华，译. 北京：北京大学出版社，2002：276.

[2] 有关全球化概念的梳理和归纳，学界至少可以找到信息通信角度、经济相互依赖角度、全球性问题挑战角度、文明与文化演进与扩散角度、现代性制度扩展角度以及自由经济学派的国际化分工角度等对该问题做出的解答。参见王运思. 全球化的概念和特征 [J]. 理论前沿，2001.13：21-22.

[3] 中共中央编译局. 马克思恩格斯选集（第三卷）[M]. 北京：人民出版社，1995：617-618.

的社会性历史大分工[1]，第一次发生在原始社会中晚期，人类使用初步的生产工具，如木棒、石块，从事采集、狩猎和捕鱼活动，在完成对畜牧业和农业各自对应的动植物生长规律的认知基础上，第一部门的农业开始与畜牧业相互独立，成为不同的生产部门专门从事特定必要产品的生产，由此带来了促进商品交换的第一次社会大分工。与之相伴的是父系氏族的固定并向个体家庭过渡。到原始社会后期及奴隶社会形成时期，随着铜器、铁器、青铜器等劳动工具在人类社会生产生活中的应用，农业生产的耕作及垦伐开始拓展，建筑、织布、金属加工等手工业日益多样化生产并在技术上得到改进，由此，从农业中分离出来的手工业标志着第二次社会大分工的出现，进一步促进了生产规模的扩大、财富的增长和劳动生产率的提高。到这一阶段，个体的生产活动已然无法满足生产力要求的发展，专职的手工业者增加且逐渐形成团体化加工与生产合作。第三次社会大分工主要是在前两次分工的基础上出现了以交换为直接目的的生产，随之而来的是在不同部门及人群之中的商品贸易的互换和流通，由此培育出来了以商品交换为主营业务的一个新兴的阶级团体，即商人阶级，商品经济开始在人类社会中存在并确立。经济全球化即孕育于这种以物品的交换和联系为特征的商品经济社会化分工和发展体系之中。

在早期的1500年世界之前，人类社会基本生活在彼此隔绝的地区之中，虽然在早期的人类社会也曾存在因军事扩张或宗教传播带来的人口迁移（如蒙古帝国的征服、十字军东征）、因政治或文化而产生的国家间交往（郑和下西洋）以及零星的洲际间的商品贸易往来（如丝绸之路）等，但整体而言，直到哥伦布、达·伽马和麦哲伦进行环球式远航探险时，真正意义上的世界历史和全球性联系才开始成为人类社会自身发生和存在、发展着的一个重要组成部分。[2]

人类社会对经济全球化需求的产生，以及经济全球化有可能得以实现的条件，

---

[1]　中共中央编译局．马克思恩格斯选集（第四卷）[M]．北京：人民出版社，1995：161-164.

[2]　斯塔夫里阿诺斯．全球通史（下）[M]．吴象婴，梁赤民，译．上海：上海社会科学院出版社，1999：3.

来源于人类社会自身内部的第三次社会化大分工；而这种从地理范围上，突破单一地方局限的全球性联系，则为经济全球化的社会性发展提供了最为基础性的可能。正如马克思主义经典作家们所言，"美洲的发现、绕过非洲的航行，给新兴的资产阶级开辟了新天地"[1]，由第三次社会化分工分离出来的商人和资产阶级奔走于全球各地，以扩大产品销路，到处落户和开发，到处建立联系，"新的工业的建立已经成为一切文明民族的生命攸关的问题；这些工业所加工的，已经不是本地的原料，而是来自极遥远的地区的原料；它们的产品不仅供本国消费，而且同时供世界各地消费。旧的、靠本国产品来满足的需要，被新的、要靠极其遥远的国家和地带的产品来满足的需要所代替了"，"由于开拓了世界市场，使一切国家的生产和消费都成为世界性的了"[2]。

3. 经济全球化的发展阶段

对经济全球化进行历史面向上的考察，主要集中在对以资本为核心领导的世界分工和生产体系的建立，以及贸易的跨国性流动等方面内容进行历时态的分析。

15 世纪的大航海及地理大发现，为人类社会提供了全球性的视野和新的活动范围及生存方式；但从经济层面和领域内的活动上来看，首先却是经济技术，特别是经商技术与手段上的创新和突破。为了适应海外通商的需要，复式簿记记录借方与贷方的商务营运财务状况；铸造各地通用的标准货币、硬币通货；采取原始的银行和信用票据流通等，一系列助益于现代跨国贸易的组织方式和信息支撑体系，开始逐步出现并巩固。参考国内外学界学者们大致的研究分类[3]，我们将经济全球化的历史发展阶段初步划分为三个不同的演进时期：

15、16 世纪—19 世纪中后期：这一时期资产阶级性质的国家政权组织形式，即由欧洲君主国发展而来的新兴现代民族国家政体，开始在欧洲及北美地区出现，

---

[1] 中共中央编译局. 马克思恩格斯选集（第一卷）[M]. 北京：人民出版社，1995：273.

[2] 中共中央编译局. 马克思恩格斯选集（第一卷）[M]. 北京：人民出版社，1995：276.

[3] 戴维·赫尔德，等. 全球大变革 [M]. 杨雪冬，等，译. 北京：社会科学文献出版社，2001；伊曼纽尔·沃勒斯坦. 现代世界体系（卷三）[M]. 庞卓恒，等，译. 北京：高等教育出版社，2000；刘雪莲. 经济全球化的政治影响 [M]. 长春：吉林人民出版社，2000.

以资本和商业运输为主轴的世界生产分工体系，从欧洲大陆开始逐步朝着各个大洲范围内扩展，其中较为重要的是，巨型的跨国贸易公司，如荷兰英国的东印度公司、北美和英国之间的哈德逊湾公司、大英皇家非洲公司等，在世界各地设立驻点，广泛覆盖业务面不同层级的生产、运输、销售与交换。经济与金融开始初步设立国际性的机构与运行标准，以阿姆斯特丹和伦敦形成的金融中心为标志，整个欧洲市场的金融活动整合为资本的国际体系建立奠定了坚实的货币基础。直到 19 世纪中后期，这一被考克斯（Robert W. Cox）称为"自由主义秩序"[1] 时期基本完成以欧洲国家为依托、以跨国公司为主要助推力，以金本位和交通科技革命为制度保障和生产力支撑的国际资本与贸易市场的全球性联系。在这一时期的最后二十年里，许多欧洲国家事实上以双边协定的方式降低了关税，开通了金融资本融资和投资的生产经营活动，英国海军保障的海外市场也为货物、资本和人员的流动与开放提供了契机，至此，第一个真正意义上的世界经济体系初步呈现。[2]

19 世纪中后期—20 世纪 80 年代末 90 年代初：这一时期是经济全球化在动荡中逐步确立其国际经贸体系、在市场化浪潮下由美国主导形成世界资本深度分工的历史时期。1914 年爆发的一战，中断了金本位时代以欧洲为中心的国际金融和贸易生产秩序，一直到二战结束之前，人类社会的经济全球化进程，几近停滞并大大倒退了一步。[3] 受倡导贸易与资本自由化的发达工业国影响，美国等资本主义强国推动建立了关贸总协定、国际货币基金组织、世界银行等多边国际经贸制度体系，使关税逐步回落至战前最高水平。但是，由于冷战的爆发，两种不同制度的国家间市场的隔绝，极大地制约了世界经济的进一步发展。20 世纪 70 年代布雷顿森林体系的崩溃，一定程度上反映了美国强势主导片面发展不均衡货

---

[1] 罗伯特·W·考克斯.生产、权力和世界秩序——社会力量在缔造历史中的作用 [M].林华，译.北京：世界知识出版社，2004：15.

[2] 约瑟夫·格里科，约翰·伊肯伯里.国家权力与世界市场：国际政治经济学 [M].王展鹏，译.北京：北京大学出版社，2003：3.

[3] 杰夫里·弗兰克.经济全球化 [M]// 约瑟夫·S·奈，约翰·D·唐纳胡，主编；王勇，门洪华，等，译.全球化世界的治理.北京：世界知识出版社，2003：42.

币的国际金融秩序机制设计的失败。两大阵营的对峙及国际经贸体系的动荡 [1] 一直持续到 90 年代初以意识形态画线的冷战对峙的终结。

20 世纪 90 年代初至今：伴随 80 年代末 90 年代初的东欧剧变和苏联解体，以意识形态画线的冷战的结束，使许多原本处于封闭状态的国家开始向市场经济的国际贸易和交流体系转型。从广度上来看，俄罗斯等国的市场经济化使资本主义的世界生产体系进一步延伸并扩展至更为广阔的地缘经济政治空间，许多新兴的第三世界国家也开始从经济全球化的浪潮中寻找自身发展的潜在资源；从深度上来看，美国以美元为主导发展和引领世界经济金融的大格局与趋势，借助国际经贸体系和货币衍生工具，进一步为美国的霸权地位巩固经济上的优势，全球经济制度化的相互依存度进一步加深；从强度上来看，由于信息革命及能源、生物技术、新材料等科学技术的革命，世界经济的交往方式及能力大大加强，不仅如此，人们思考问题的方式和国家间经贸竞争的内容不断升级和强化，以欧洲和日本等地区和国家为例，以科技为引领的经济竞争的格局开始朝着多元化及多层级和高敏感度的方向发展；从烈度上来看，由于越来越多的发展中国家开始从国际经贸体系中逐步认识到走自身独立发展道路的重要性，因而，由美国主导的资本主义世界经济发展总模式，在经历了几次较大的金融危机之后，正步上不得不与多元金融主体间产生较大冲突和面临的根本性货币金融格局变迁的挑战的道路。总之，经济全球化发展到 20 世纪末 21 世纪初，全球性的世界经济总分工和贸易金融的整体性、制度化和敏感度，均已得到最大程度上的加强。但是，在总体制度保持基本稳定的前提下，依然存在不改革即无法突破现有资本不均衡发展秩序的艰难处境。

---

[1]　美国及其盟国二战后重建世界经济的努力过程中主要依赖于货币机制和贸易机制，前者自钉住美元的布雷顿森林体系崩溃后，逐渐形成了浮动汇率制度；后者在 90 年代中期由关贸总协定演变为世贸组织，并建立了新的具有司法特征的争端解决机制，此时，其规则性才更为显著而具有普遍性。约瑟夫·格里科，约翰·伊肯伯里 . 国家权力与世界市场：国际政治经济学 [M].王展鹏，译 . 北京：北京大学出版社，2003：263.

（二）治理议程的社会管理方向

经济全球化带来的现象和反映出的内涵，在于资本在全球范围内，以政治权力的制度化建设的方式，实现其自身效用的最大化。作为资本凝结和载体的商品，其价值与使用价值上的二重性所带来的资本获利与实际劳动之间的根本性矛盾关系，早在马克思主义经典作家的论述中即有提及。[1] 但是，更为重要的是，这种商品和资本经济发展起来后，由其内在矛盾所引发和带来的社会性的不均衡发展和社会管理层面上的国家制度与国际秩序困顿，成为了当今时代各国及各国人民所普遍面临的问题和迈向未来时代方向发展及路径选择的重大挑战。

1. 超越经济层面的全球化时代：治理的社会化管理议题

如前所述，经济全球化的历史性发展并不等同于全球化时代的到来。经济全球化指代的是，一种以商品经济和资本主义贸易体制为核心和主导的世界经济发展潮流与态势；而全球化则是以经济全球化为基本依托，涵盖了政治、经济、文化、军事、环境、法制等诸多层面和领域的人类社会综合性，全球相互联系的发展与行为活动背景。全球化时代的到来，是指经济全球化发展到一定的历史阶段上，全球性的政治经济联系，开始呈现出一种整体化和全面性的交往和沟通态势，不再仅仅局限于某个洲或国家，更多的国家参与到国际机制性建设的过程中来，并且国家之间的研究议程开始更多倾向于较之以往军事安全等高阶政治而言，并不特别具有冲突性和主权敏感性的社会经济发展、环境福利增进、经贸金融管理架构革新等低阶政治的话题之中。换言之，全球化时代的到来，其特征主要与经济全球化所带来的国际间社会性问题的凸显和以国家为主导的世界政治经济整体性秩序的调整这两个方面的要素相关，并且二者之间亦存在着密切的关联性。

（1）全球公共性问题的凸显

1968 年 4 月，一批关注生态、环境资源对人类发展影响的先行者们，在意

---

[1]　中共中央编译局 . 马克思恩格斯选集（第二卷）[M]. 北京：人民出版社，1995.

大利罗马的林奇科学院召开会议，第一次从全球整体的和系统化的角度，探讨和分析什么是全球性问题以及如何应对人类社会面临的可持续发展的挑战。所谓全球性问题或曰全球公共性问题主要是指不由单个国家决定，超越了一国的承受范围，同时在解决方式上有赖于多边合作共同解决的，全球各国社会人们共同面临的不利于生存发展的问题。[1]20 世纪 80 年代以来，公共性问题被泛化的倾向逐渐为规范化的划分标准所取代，全球性问题在苏俄学者的概括下被分成三个子领域：①不同的社会之间制度与制度上的差异、矛盾，即由国际社会最基本的活动单位——国家所带来的构成冲突型问题，主体包括战争与和平、贫困与经济增长的问题；②由人类社会所组成的整体性结构同人们生存和所处的自然环境状态之间的矛盾与困境，具体而言，包括立足于物质资料和生存方式更高水准的追求由此而带来的自然资源及能源的短缺、海洋大气生态圈的合理开发与污染的纠正、物种及土壤新客体环境的保护与可持续利用等问题；③由社会本身和个体的个人之间共同组成的矛盾和生存发展着的系统，在此语境中，全球性问题主要集中在教育、人口、健康保护、迁移、社会稳定、文化间的相互作用等方面的内容。[2]

就经济全球化对全球公共性问题的影响而言，首先，在边界冲突和涉及的国际关系中，国家安全重塑及战争与和平问题，由于经济全球化重点牵引的是资源的利用及开发、社会性政治制度对经济机制的控制与设定，由此引发和带来的国际安全中的冲突与矛盾，很多时候与边界地带上资源的争夺，或相邻地区不同社会建制之间构成的比较和较量密切相关。例如，在决定中东和平进程的巴以冲突问题上，领土居住和水资源分配的分歧，很大程度上构成了以色列人与阿拉伯国家之间矛盾纠纷的基础性要件；而在冷战结束初期，欧洲的巴尔干半岛"火药桶"式的地区性冲突与内战，则与当地社会主义国家向所谓政治民主化和市场经济转轨过渡带来的经济混乱和政治动荡不无关联。如果再加上历史传统遗留下来的文

---

[1] 国内学者苏长和对全球公共问题有过细化的解释，将其具有的不可分性特征、基本范畴和性质以及益害的双面效应等作了区分。详见苏长和. 全球公共问题与国际合作：一种制度的分析 [M]. 上海：上海人民出版社，2000：6. 本书的界定在其论述的基础上进行了结合。

[2] 阿·恩·丘马科夫. 全球性问题哲学 [M]. 北京：中国人民大学出版社，1996；转自蔡拓. 全球问题与当代国际关系 [M]. 天津：天津人民出版社，2002：3-4.

化和宗教差异，外界大国出于地缘经济政治战略考量，参与各方势力的角逐，则局部的区域性冲突与安全困境不仅不会减少，反而在横向面上会对周边国家和社会带来扩大性的负面影响。印巴边界角逐、朝鲜半岛核武器危机、非洲部落种族冲突、拉美民主化进程中的动荡 [1] 等，都属于经济全球化时代商品资本国际机制掩映下的国际安全纠纷与地区公共性的矛盾冲突问题。

其次，经济全球化所带来的自由市场秩序和国际经贸规则体系，从国内国际两个面向上，由资本积累的特性所决定带来了社会贫富扩大和南北发展不平衡问题。二战后至今建立起的世界经济管理机制，主要反映的是发达资本主义国家所寻求的市场自由化机理，其核心在于以资本为依托的国际资源、能源、市场、原料和劳动力的集聚与市场效用配置。由于广大发展中国家普遍处于既有的国际分工体系的中低层，制成品和初级产品的价格剪刀差，严重损害了发展中国家的利益。同时，由于经济调节起步晚，许多发展中国家主要依靠吸引外资和获得援助，来完成国际金融市场的资金借贷，而发达国家在国际金融货币组织中的控制，使得发展中国家的金融自主权往往得不到有效保障。典型案例是，国际货币基金组织对欠发达国家和转型期国家提供大量附加条件的贷款，实质上操控这些国家的经济命脉与发展方向，20 世纪 80 年代非洲与拉丁美洲经历的"失去的十年" [2]，很大程度上便是国际融资借贷引发国内债务失衡带来的经济发展低迷，不仅如此，在市场经济为主导的国际经贸秩序大背景下，国家政策对国内贫富差距扩大的调控，同样挑战着包括发达国家在内，特别是刚刚融入国际经济政治秩序，且从起点开始就处于落后状态上的广大第三世界国家。

最后，在处理人类社会发展同自然环境资源保护，以及人类社会内部信息数字化鸿沟问题上，经济全球化的发展也同样带来了较为严峻的公共性难题。一方面，伴随着经济全球化在世界各地各国各阶层民众间的扩展，人力生产力资源得到极大的解放，科技产业作为经济升级的关键性支撑，二战后出现的以原子能、

---

[1] 刘德斌. 当代国际关系问题 [M]. 长春：吉林大学出版社，2003.

[2] 畅征，刘青建. 发展中国家政治经济概论 [M]. 中国人民大学出版社，2001：230，267. 池元吉. 世界经济概论 [M]. 高等教育出版社，2003：210.

电子计算机、空间技术和生物工程的发明和应用为主要标志的第三次产业革命，以及 80 年代末 90 年代初以美国的"信息高速公路"计划为引领的信息革命，开创了经济全球化现当代发展的新里程。借助高新科学技术的带动和引领，资本市场模式以更为迅猛的态势冲击并改造着旧式田园般的传统社会，高度集中化与趋同的都市化进程使世界各地的人们似乎更为紧密而平行地联系在了一起。[1] 但是另一方面，高度工业化和技术创新成本上对资源的消耗，使得与人们日常社会及生存的自然生态环境密切相关的农业等产业部门，面临前所未有的原料污染和生产安全上的危机，如 1980 年对美国从 150 个国家购买的 600 种价值 130 多亿美元的食品进行的调查，至少 10% 的食品含有农药残留，而据世界卫生组织估计，每年有 50 万人因接触农药中毒，5000 人因此而死亡 [2]；不仅如此，由于发达国家在资金技术上对高新科技与发达知识领域的先天占有优势，信息很大程度上构成了国际政治经济的新型权力竞争态势，许多发展中国家以及一些国家内部生活在社会底层的民众，正经历着由知识和信息掌握上的差距，而带来的影响到其基本生存境遇改善和生活质量的"数字化鸿沟" [3]。

（2）治理议程中的社会管理指向

正是由于经济全球化所带来的全球化时代背景下，人类社会各个层面和领域内跨国性和公共性问题的兴起，在国际关系和国际政治的舞台上，对不止一个国家的内政外交事务和不光一个国家或社会内人民会遭遇到并且解决的途径和办法远非单一一个国家可以独自完全解决的问题，国际社会的有识之士们开始提出了"全球治理"的最高命题。

从政治学的语义分析角度看，"治理"（governance）一词的现代释义主要

---

[1] 托马斯·弗里德曼. 世界是平的：一部二十一世纪简史 [M]. 长沙：湖南科学技术出版社，2006.

[2] 斯塔夫里阿诺斯. 全球通史（上、下）[M]. 吴象婴，梁赤民，译. 上海：上海社会科学院出版社，1999：937.

[3] 刘德斌. 当代国际关系问题 [M]. 长春：吉林大学出版社，2003：77；蔡拓. 全球问题与当代国际关系 [M]. 天津：天津人民出版社，2002：343.

是在与"统治"（government）一词相区分的前提下进行分析和使用。[1]后者指由正式的权力和警察强制性力量支持的保证政策得以执行的活动，前者则主要依凭非强制性力量，且未必完全法定或正式规则下的主体间达成共识和采取行动的过程。[2]

最早在著作中正式从非政府统治的概念内涵上采用"治理"一词的是1976年英国首相哈罗德·威尔森（Harold Wilson）在《英国的治理》一书中所作的阐释：治理是指，与那种单一的、正式机构化的政府结构分析相区别的触及习俗、价值观念以致内在动力的人们相互间牵制着（be governed）的方式。[3]20世纪90年代，继世界银行就非洲的"治理危机"（crisis in governance）提出发展研究报告之后，联合国开发计划署、经济合作与发展组织、联合国教科文组织等机构纷纷开始展开治理同国家政治发展之间关系的研究，并且在西方和国内的学术界治理理论也开始为一系列关注国内外社会发展可持续性与有效性的学者和有识之士

---

[1] Mette Kjaer Anne. Governance[M]. UK: Polity Press, 2004: 3.

[2] James N. Rosenau. Governance, Order and Change in World Politics[M]//James N. Rosenau and Ernst-Otto Czempiel.Governance Whithout Government. New York: Cambridge University Press, 1992: 4；詹姆斯·罗西瑙. 没有政府的治理 [M]. 张胜军，刘小林，等，译. 江西人民出版社，2001：5；俞可平. 治理和善治·引论 [M]. 北京：社会科学文献出版社，2000：1-15.

[3] Ulrike Rueb ed. European Governance—Views from the UK on Democracy, Participation & Policy-making in the EU[M]. London: the Federal Trust, 2002: 179. 原文："a notion which went wider than a dry, forma, institutional analysis of the structures of government; it touched on the habits, values and instincts of the way we were governed."

们所运用并研讨。[1]

治理议程的提出，更多的是在对国家内部社会性问题的管理面向上，依照与原有的国家统治权威相对的权威空间的出现及孕育，并行发展起来。1995 年全球治理委员会发布的报告中明确指出，"全球治理的发展是人类组织地球生活的努力向前迈进的一部分"，"1945 年以来世界发生的变化，使得我们的管理方式必须加以改变"。[2] 正是由于经济全球化所带来的国家社会内部的问题，带有了世界公共性问题的特征，国家一己之力及原有的政府权力自上而下的运作规则，已然无法有效合理解决人民普遍面临的危机与困境，所以以强调社会公众性力量、对原有政权组织形式的有效支撑和自下而上的权力重新聚集方式成为了治理理念和时代性要求的重要内容。

治理与全球治理的这种强调以社会性力量协助解决国家社会化向度上的问题，我们称为治理议程的社会管理指向。用罗西瑙（Rosenau）的话来讲，我们正处于国家权威及边界秩序概念日趋模糊的时代，全球治理的框架重新认识，从家庭到国际组织所有人类活动层面上的规则系统，那种对社会系统及其活动的控制，可以促使该系统达成安全、繁荣、凝聚、秩序及永续发展的目标。[3] 通过调动起以国家行政力为代表的公共部门、以从事商业事务为代表的利益集团和跨国

---

[1] 国内的治理理论研究大致分为三个阶段：20 世纪 90 年代中期—1997 年，以最早智贤在《市场逻辑与国家观念》一书中可见，以"治道"为中文释义，后李景鹏、谢庆奎、毛寿龙等教授从政府管理及中国政府职能转变角度探讨国内治理研究的思路初步在引介思想和更新观念上同西方学界接轨；第二阶段 1997 年—21 世纪初，以俞可平教授和江西人民出版社发行的一系列西方名著同治理相关的文章和著作为代表，进入国内引介及西方治理理论思想本土化的大发展时期，徐勇教授、唐贤兴等老师们就治理内涵及国内政治和全球治理之间所涉及的相关议题的论述具有较大代表性；最后是 21 世纪初至今，国内各地学者开始就治理在政治学的行政管理、地方自治、比较政治学、国际关系等若干子学科领域内开展了丰富多样化的学术研讨和国际性交流会议。据中国知网的粗略统计，到 2008 年前后，与治理相关的学术期刊文献已从 90 年代末的每年不足百篇跃进到每年逾 300 余篇。所有这些充分反映了国内治理理论学界探讨的繁荣与发展。

[2] 英瓦尔·卡尔松，什里达特·兰法尔. 天涯成比邻——全球治理委员会的报告 [M]. 北京：中国对外翻译出版公司，1995：XI.

[3] James N. Rosenau. Governance in 21Century[J]. Global Governance. 1995: 13-43.

组织的私人部门，以及不以盈利为目的的第三部门的多维治理机制，在缺少法律及政治的权威下，治理仍然可以成功及持续地维系与运作一个统治系统。[1] 可见，治理与统治之间相辅相成，采取治理的途径其目的仍是与有效的秩序和一定的管理力度相关联。只不过其中所蕴含的价值及其实施的方式、标准有所差别，统治强调权威性本身，而治理则与人们的信仰、理念、认同过程等同时呈现，在治理之初始与治理的制度化过程中，设定价值的起点并培育共同价值的生长。

2. 国际社会秩序性变动要求：国家间关系存在方式的转换

秩序是指，一种旨在实现特定目标或价值的导致某种特定结果的格局。[2] 国际秩序是指"追求国家社会或国际社会的基本或主要目标的行为格局"[3]。在英国著名国际关系学者赫德利·布尔的概念体系中，国际秩序是以现代国家观为前提的国际社会秩序设定。所谓现代国家观是指自 17 世纪威斯特伐利亚和会以来欧洲大陆订立的绝对国家主权及民族国家间同一的关系原则。"现代国家不管相互间存在着什么样的分歧，它们都被团结在一种信念下，即认为它们是世界政治中的主要行为体和权利与义务的主要承受者。"[4] 在新的全球化时代背景下，国内社会与各国之间共同构成的国际社会之间，逐渐在价值上达成一定程度上的认同，即对个体权益、对和平与发展的追求、对全球公共性问题的合理有效处理和解决等，由此带来的是，传统国际社会秩序中，以国家为中心引导下的一些对立性强的权力斗争价值目标追求逐渐让位于合作共赢的国家间关系处理与目标体系。这种新的国际关系存在方式所构成的，以整体人类社会的价值追求和目标为国家自身价值之重要组成部分的国际秩序我们称为处于变动之中的国际社会秩序

---

[1] 曹俊汉. 全球化与全球治理：理论发展的建构与诠释 [M]. 台北：韦伯文化国际出版有限公司，2009：117-118.

[2] 赫德利·布尔. 无政府状态与世界秩序 [M]. 张小明，译. 北京：世界知识出版社，2003: 2.

[3] 赫德利·布尔. 无政府状态与世界秩序 [M]. 张小明，译. 北京：世界知识出版社，2003: 6.

[4] 赫德利·布尔. 无政府状态与世界秩序 [M]. 张小明，译. 北京：世界知识出版社，2003：13. 以往的秩序中主权国家的价值取向为唯一的共性价值，而全球化时代下，多元化的价值开始呈现，而国家主权的价值与权益的实现开始同社会性的价值要求和利益取向相结合。

要求；而与之相对应的国家之间关系的合作性与区域化趋势的增强，我们称为国际关系存在方式的转换。

（1）第三世界国家利益需求的表达

在传统的国际社会秩序之中，由于国家本身的利益追求及其目标的实现，被视为合理的且居于首位的世界格局原则，因此，人类社会整体带有一定相通性意义的价值目标，往往被国家权益的原则性追求所掩盖或弱化。最为典型的代表是，在经历了漫长的以欧洲为中心的 5 个多世纪以来国际社会的演进与发展，除一些早期的发达资本主义国家或后起的新兴工业化国家之外，绝大多数的世界国家处于世界经济分工体系低端的同时，其在政治与文化上的国际影响力上，往往也表现十分虚弱，由此带来的困境是，带有更为广泛层面的全球社会价值追求，往往难以通过既有的国际秩序体系得到充分的展现，相反，大国的文化与意识形态伴随着经济全球化本身的不平衡发展，始终占据着国际秩序价值原则的制高点。

全球化时代的到来，其正式的时间点通常被视为在 20 世纪 90 年代初，冷战的终结和全球性自由市场的建立，以及新兴国家融入世界性的国际经济政治战后秩序。但是，其时代发展开始进入的时间，初步可以设定在 20 世纪 70 年代，第三世界国家积极争取国际政治经济新秩序的斗争和挑战的尝试阶段。

正如 60、70 年代罗马俱乐部所预见到的全球性问题正日益凸显，广大第三世界国家的领导人和民众自 20 世纪 70、80 年代以来，对世界经济的发展走向和形势，也日趋有了较为冷静和理智的认识。战后建立起的世界政治经济制度，特别是经贸体系在充分反映和表达了美国的战略利益与需要的同时，不仅拉开了同欧洲、日本之间的距离，而且对于广大发展中国家而言，其对以崇尚自由贸易和市场为主导的社会发展分配模式的排斥感也日趋强烈。[1] 继 50 年代的万隆会议和不结盟运动之后，第三世界国家借助于民族解放运动带来的政治独立浪潮，开始以国家的力量干预经济发展，以达到对外抵制自由市场制度挑战的目标。尽管整体的联合性斗争并未能对经济全球化的大历史发展方向产生决定性的逆转效能，

---

[1] 斯蒂芬·克莱斯勒. 结构冲突——第三世界对抗全球自由主义 [M]. 李小华，译. 杭州：浙江人民出版社，2001：63-65.

但个别事件，如石油斗争、促进南北对话的七十七国集团等案例中，仍充分反映出了全球经济日趋联系紧密的同时，各国社会价值与世界性的人类社会普遍追求的发展与公正和平价值追求之间共通互融的历史性演进。

国际社会的秩序架构，从旧有的国家中心主义体系框架，以及由此带来的大国价值分配，高于弱国本身社会内部价值意识追求的行动格局，逐渐开始让位于多种行为体并存；与此同时，以较多国家社会的价值目标追求同全球性价值理念之间互通，为国家努力目标的新型秩序框架体系。由此带来的国际关系和国际政治领域内的一个显著后果在于，国家间关系的存在方式开始发生革命性的变化。

（2）国家间关系的存在方式转换

传统的国家间关系的存在方式，主要以现代国家单元行为体及其价值和利益导向为中心构成，具体表现在：以国家权力和安全价值为核心的无政府国际体系架构。

自 17 世纪中叶三十年战争爆发和结束之后，《威斯特伐利亚和约》的签订订立了现代国际社会基础性的国家间关系的基本原则。威斯特伐利亚和会以后，一直到 20 世纪 90 年代全球化时代的正式到来，在国际关系和国际政治领域，以国家单元为核心的国际行为体秩序架构，基本主导着国家间关系存在方式的现实与观念上的认知。具体而言，传统的国家间关系的存在方式是将国家置于由一个一个单独的且彼此对立、相互间存在边界和制度性壁垒的若干国家构成的国际社会之中。在这种由单个主体的国家所构成的国际社会里，国家行为体不仅是唯一的（或者说唯一有效的）行动主体，国家完全对自身的国家利益和价值需求负责，同时，国家之间的关系很大程度上主要决定于单个国家相对于其他国家而言，以军事和经济等物质实力为后盾的国家实力和权力之间的较量。在这样一种国际社会中，国家之间的关系在整体上呈现出来的，是现实主义者们所推崇的"无政府状态"，即国家之间能且仅能以自助（self-help）的方式，从强化军备的角度完成对自身安全的保障。[1] 正是基于这种无法确保他国不会对本国进行安全侵犯，从而决定各国只能陷入追逐国家权力最大化为核心目标的"安全困境"的无政府逻辑，自 17 世纪至 20 世纪中叶以来，所呈现出的国际社会世界秩序状态，主要以大国之间关系为中心，且以军事与安全价值为国际价值分配的主要内容。[2]

20 世纪 60、70 年代，全球化的新时代背景初现端倪：广大第三世界欠发达地区与国家的独立，对政治经济领域权益认知的觉醒及追求，战后世界性金融贸易及生产分工体系框架的制度化设计，第三次工业革命带来的人类社会对自身所处环境及社会自然如何和谐相处的认知反思，针对信息技术提供的网络交流和资讯沟通平台日益增多的跨国界人士积极参与反贫困、资源保护、促进卫生健康、提高可持续发展水准等全球公共性问题和事务的解决过程中，等等，国家传统的以军事政治权力为中心的价值分配体系及方式，不仅不再能够从观念意识上说明和解释现实发生着的重大的全球性变革与秩序动荡，而且在国家对外关系处理和国际事务的实际交往过程中，多元化的价值体系追求渐成一大显著的潮流发展之势。国家之间存在方式的转变，即酝酿于新时期的全球化的时代背景和国际社会新秩序的变动之中，弱国联合构成对大国政治经济秩序强权的挑战，以及多元行为体带来的不同立场和价值追求，共同构成了国际关系结构性变动的基本动力和主要内容，由此引发的是国家单元行为体在适应新时期国际社会世界秩序调整和转换的过程中，如何完成自身的权益实现及处理好同其他行为体之间合作关系共存共荣，以应对现实性问题挑战的议题。在下一节中，我们将专门就此方面内容进行探讨。

---

[1]　詹姆斯·多尔蒂，小罗伯特·普法尔茨格拉夫. 争论中的国际关系理论（第五版）[M]. 阎学通，陈寒溪，等，译. 世界知识出版社，2003：69；约翰·米尔斯海默. 大国政治的悲剧 [M]. 王义桅，唐小松，译. 上海：上海人民出版社，2003：44-45.

[2]　星野昭吉. 全球政治学 —— 全球化进程中的变动、冲突、治理与和平 [M]. 刘小林，张胜军，译. 北京：新华出版社，2000：66-69.

二、国家间合作的现实性挑战

全球化时代国际社会秩序体系的变革，带来的是国家间关系存在方式的变化。一方面，国家行为体自身传统的主权实现方式开始发生转变，多元行为体带来的多元价值及思想观念上的多面向认同，逐渐构成国家存在及自身自主独立性实现的基础和前提；另一方面，为解决共同面临的问题，国家之间寻求合作的需求与努力大大增加，但是，旧有的政治经济格局仍然给国家间的合作关系带来了现实性的挑战。

（一）国家单元行为体的特性

国家作为国际社会秩序体系中最重要的行为体构成单元，其最大特性或特征在于以对内等级式的控制力结构，实现主权意义上对内的最高权威和对外的统一意志的表达与高度综合的一致行动力。

1. 国家行为体的主要特征

国家是人类社会发展到一定阶段的产物。在恩格斯的著名论断中，国家的本质在于：面对社会所陷入的不可调和的自我矛盾，为了不至于使彼此间相互对立而又不可调和地斗争，各方将自身与社会共同消灭，从而产生了一种"表面上凌驾于社会之上的力量"，这种力量缓和各类冲突，"把冲突保持在'秩序'的范围以内"，这种产生于社会而又自居于社会之上且日益同社会异化的力量即为国家。[1] 从恩格斯的这一段话中，可以看到国家同社会之间的密切联系，特别是随着社会的发展，国家作为一种同社会相异化的力量，很可能将在未来某个历史时间段，不再能适应解决社会矛盾与冲突纠纷的时候，退出历史性舞台。但是，在当前可预见的时间段内，国家的存在不仅仅是事实，而且有着其存在的客观的和

---

[1] 中共中央编译局. 马克思恩格斯选集（第四卷）[M]. 北京：人民出版社，1995：170.

内在的必要性，即对国内社会"秩序保障"的要求和需求的功能性满足。

国际关系理论界著名的结构现实主义奠基人肯尼思·华尔兹（Kenneth N. Waltz），在其专著《国际政治理论》一书中第一次高度抽象而科学化地阐释了国家行为体作为国际体系的基础性构成单元，其内在的政治结构同国际社会秩序体系中的政治结构之间的区别。"定义一个结构必须忽略单元是如何联系的（即如何互动），而关注它们在彼此的联系中所处的地位（即如何排列和定位）。"[1] 同样，在考察国内政治结构的时候，主要关注的不是国内单元之间的联系及互动情况，而主要在于把握其相互间所对应的位置和排列。现实的国家在具体的时空环境条件下，有其自身特定的历史渊源、社会意识形态、国内政治制度类型以及细化的人口数量、领土规模、资源物质条件等因素。然而从一个较为普遍的角度来看，国家行为体作为相对于国际体系而言最重要的行动单位，其内在自身的政治结构彼此间有着一定的共通性，即与缺乏强大的有效等级制控制力的国际社会秩序结构体系相比，国家行为体单元内部通常具备有以警察军队等强制力为后盾、以国家政府行政序列为依托和支撑的社会各单位等级式排列的结构体系。

对于国内社会而言，国家最重要而根本性的职责功能目标，在于保证内部社会秩序的稳定，以及对外而言能够有效提供安全的环境，并且一定程度上表达和反映出社会整体在价值层面上的意识和观念追求。[2] 就国际社会的秩序体系而言，国家的这种高度秩序化的社会控制单元，其在执行力和行动力上反映出的主要在于主权意义上的高度统一与对外的综合一致性。将国家主权视为国家行为体单元的本质属性，实际上是承认，国家行为体对内部社会解决并处理秩序危机问题时，存在的必要及有效的功能性满足。

[1]　肯尼思·华尔兹. 国际政治理论 [M]. 信强，译；苏长和，校. 上海人民出版社，2003：107.

[2]　西方学者莱斯利·里普森（Leslie Lipson）将安全、秩序和正义视为国家存在的社会性需求基石。其中正义意味着国家在社会观念形态上被赋予的某种存在的合法性，我们称为社会的价值层面上的追求。文献参阅莱斯利·里普森. 政治学的重大问题 —— 政治学导论 [M]. 刘晓，主译. 北京：华夏出版社，2001：50.

2. 国家单元的主权控制力

16 世纪，法国哲学家让·布丹（Jean Bodin）在提出"主权"（sovereignty）一词时，主要同"国家"一词交替使用。国家，summa potestas，在拉丁语中的含义是"神秘和最高权力"。国家主权所透露出来的一项简单而基本的原则在于：作为与生俱来的政治共同体，公民被要求无条件服从。[1] 现代国际社会，主要以对主权的相互承认为容忍和共存的基础。

作为国家单元行为体的本质属性，国家主权意味着一国的内部社会在某种权力机制下，存在着以一定的方向被控制着的状态，同时，在对外交往上，意味着国家享有国内社会意志与利益表达向度上的唯一综合性的代表地位。

在上一节中，我们谈到了国家在内部社会秩序管理面向上所存在的等级制特征，以及由此形成的具备有控制力的国家主权本质属性。而在这一部分中，我们的主题在于探讨国家主权观念对国家间关系的存在方式的影响：控制力向度上的相互承认、尊重和地位上的排列；各项社会性指标的综合统一带来的对外权力的一致性表达。

传统且一直延续至今的国际社会秩序体系，在很大程度上，仍然是由主权国家构成的以国家主权原则为基石的国际秩序。尽管从理论的角度看，国家主权是在应然的层面上，假设国内社会已然赋予了现行的政府及其执行机构以权威的合法性，但是，在现实世界中，国家主权的维护与实现却来自于由人民基于物质生活和精神生活需求得到满足之后，对国家权力机器的认同与服从。在有关支配与控制的问题上，国家的权威往往来源于三个方面：或者是军事武装暴力的干预执行，或者是经济奖惩机制下民众主体性的自发形成，或者是在综合因素考量下，社会自觉意识上的认同与行动效果上的服从。在有关国家主权的控制力上，传统的国家间关系秩序有赖军事优势的现象，正逐步让位于经济或社会观念共识基础上的权威性认同。换言之，军事武装暴力固然在国家权力的行使中起着最终的决定性作用，但社会层面上观念意识上的协调与培育，在主权国家的对外交往及活

---

[1] 约瑟夫·A·凯米莱里，吉米·福尔.主权的终结[M].李东燕，译.杭州：浙江人民出版社，2001：19.

动顺利开展中，开始发挥着越来越重要的作用。

这种强调国家权威多种实现方式的主权实现机理，一方面是为了适应及跟上全球化时代多元主体和多元价值观念兴起的历史性潮流，另一方面也是反映了国家行为体本身作为主导性的国际秩序单元，其自身的权力架构现实。以往的国际关系理论认识，多从国家中心主义视角出发来看待国家以及由国家所组成的国际社会秩序体系，其结果往往是一种简单的类似于"国际关系台球理论"的认知[1]，国家的特性及其社会内部的属性被忽略掉，国家行为体在相对于体系的层级上被视为彼此相似的单元，唯一的区别在于，其内在能力所构成的实际权力大小从而形成的权威式等级结构体系有所不同。这种高度抽象化的国家单元理论，将国家与社会之间的联系割裂开来，同时在解释世界性经济政治发展的全球化现象时，也出现了解释力的不足。相反，国家权威在社会内部多层面的实现机制，补充了国家单一依靠等级制度上的强制来实现国家权威的理论，同时，在现实中也更为接近于国家主权存在及其控制力来源的真实状态。换言之，国家主权的唯一性同其对国内社会多行为体利益价值及观念认同上的综合力相辅相成。

（二）国际体系中国家间合作的新实现方式

在威斯特伐利亚体系所奠定的传统主权国家秩序体系状态下，国家的对内控制力度和对外一致性的行动力，主要取决于由行政机关政府系统为支撑的武装军事的强制性权力，这种自上而下的控制方式，同样在国际秩序的体系结构中，以大国主导的方式显现出来。然而，经济全球化带来的国际社会性问题的凸显，昭示着国家内部社会性力量作用与功能的提升。国家的基础经济实力，一方面依靠国内民众参与经济活动的动力与积极性，另一方面，国内民众利益及物质精神生活层面上需求的满足，同样决定了一国国家政权合法性及国家政府使用暴力强制的基本条件。国家的力量不再仅仅由单一的物质和军事武装力量所决定，同样还包含了人民群众对政权体系的支持等精神价值观念上的认同和经济社会文化层面

[1] 约瑟夫•A•凯米莱里，吉米•福尔.主权的终结[M].李东燕，译.杭州：浙江人民出版社，2001：34.

上的综合效能。与此相关的是，国家间合作的条件也开始同国家自身及其所处的政治经济结构化环境要素相制衡。

1. 全球化时代国际体系的政治经济结构分析

"我们生活在一个纷乱的世界。太多的人在贫困线上奔波挣扎；太多的社会因为分裂而陷于瘫痪；太多的暴力出现于国家内部和彼此之间。恐怖分子极其嚣张。许多地方缺乏水资源，城市人口过于稠密，并且饱受污染侵害。最显而易见的是，能够改善 —— 如果不是解决的话 —— 这些以及无数其他挤满全球议程的问题的有效治理寥寥无几……简而言之，受到时空距离的瓦解、国家的衰落、民众的大规模运动、现代生活更趋复杂等因素的刺激，如何将少数秩序、一定程度的有效权威和一种改善人类状况的潜力注入事态发展的问题，正日益变得迫在眉睫。"[1]

所谓控制，是指行为者修正或改变其他行为者的行动或方向，二者之间形成持续的、就某一目的达成服从状态的活动。[2] 在既有的国际关系秩序体系中，由于基本依照国家单元行为体所具备的自上而下的权力运作方式，来设定的国际社会秩序体系中的结构位置，从而导致经典的国际体系秩序结构，也以大国的实力来决定国家间关系运行的秩序方向。现实主义者们所推崇的无政府状态，假设的是国与国之间，缺乏有效的高度集中统一的政府来进行控制和调节。但是并不排除国家依据各个单元自身的实力与力量水平状况设定出来的国际秩序互动状态。以进攻性现实主义为例，正是由于国家单元存在于非政府的国际体系秩序格局之中，从而导致大国本身可以依凭其所具有的相对力量优势，获取在国际秩序结构中更为有利的位置。[3]

---

[1] 戴维·赫尔德，安东尼·麦克格鲁. 治理全球化：权力、权威与全球治理 [M]. 北京：社会科学文献出版社，2004：72.

[2] D. 赫尔德，J. 罗西瑙等. 国将不国 [M]. 俞可平，等，译. 南昌：江西人民出版社，2004：372.

[3] 约翰·米尔斯海默. 大国政治的悲剧 [M]. 王义桅，唐小松，译. 上海：上海人民出版社，2003：45-47.

全球化时代，国家间关系相互控制的基本维度，已不再局限于国与国之间的关系，而更多地有赖于非国家性行为体所带来和产生的秩序化效用。国家主权的统一特征，决定着国际秩序体系的基本形态，然而，作为现实的国家行为体，其主权的实现实质上有赖于国家内部政治、经济、社会等各个领域及部门所涉及的整体行动效用的统一。国际体系的秩序控制力开始呈现一种多维化的倾向，一方面体现为非大国行为体，逐渐开始联合成为一种几欲同大国行为体相互牵制和制约的力量；另一方面，则是一国内部的秩序控制已不再能够完全依赖自上而下的行动力方式来实现。

就国际政治经济合作的结构性挑战而言，国家仍然占据着国际体系的基本而首要的位置，并发挥着决定性的作用，但是国家之间的合作关系却需要超越既定的国际政治经济秩序结构所设定的单一国家框架。以往的国家单元行为体全然以自身的利益需求及理性考量为依凭，在国际关系的秩序框架中先天设定所处的结构性位置，并从军事经济的向度上谋求国家权益的最大化。然而，全球化时代的相互依存关系，却带来国家行为体同其他国家之间内在融合的结构化趋势。由此带来的是一国的利益考量与理性计算往往同其他国家的经济利益增长之间产生连带关系。与之相关的是，国家权威的设定及其秩序的实现，有赖于社会化的各类行为体自身效用的实现与利益的维持。

2. 国家主权与国家间合作的现实性统一

国家行为体单元在传统的经典国际主权体系秩序框架下，其主权的实现主要体现在对内的有效控制权和对外的自主独立性，乃至于对其他国家行为体的有效影响力上。但是，在全球化时代，国家单元层面的整体化与彼此内在各项职责机能的一体化协调，逐渐占据了评判国家行为体基本能力与有效对外交往水平的重要方面。

在新兴的全球网络权力和单一认同挑战的危机之中，现代民族国家正普遍存在着能力效用的不足。首先，在国际金融市场体系中来看，许多国家融入到全球性的金融市场机制体系之中，国家中央政府对国内金融机制的调控，深深地限制在了外国的货币及资金借贷过程内。以桑德拉·穆格（Sandra Moog）整理的数据为例，1980—1993 年，针对世界最大的市场经济体美国、日本、德国 [1]、英国、西班牙和新兴工业化国家印度的公共财政国际化情况变动比率显示，除印度和日本外，主要的市场经济体国家在政府外债负担上，均超过了国内国民生产总值、出口及外汇储备总值，所有国家在对外资本的依存度上均超过了国内资本的投资额水平。[2] 这种与全球市场和国外借债相互纠缠的依赖关系，加大了国家政府负担财政危机的风险，即便是最为富有的强大国家也不能被排除在外。

其次，市场经济在全球范围内的主导冲击着国家，尤其是现代民族工业化国家的社会福利制度。激烈竞争的全球生产与投资经济，促使国家不得不采取征收关税的保护主义政策，以及采取提高工人福利的生产率补贴。然而，消费与支出所消耗的总预算额，给国民经济的扩大再生产带来调控上的紧缩。对于置身于经济全球化国际社会分工体系之中的国家而言，必须考虑到过高的福利政策对劳动力产生的反面消极影响。除了计划性制度之外，即便是最慷慨的福利国家也难以避免在全球化的生产质量与产品竞争中，丧失掉优势地位。如果某个既定的经济体生产力提高速度减慢，其福利制度在全球性的语境中就难以支撑强大的竞争压力。要想在一个全球化的、相互依赖的经济体中延续下去，必须同生产力的增长联系到一起，通过社会投资和经济增长之间的不断"反哺"（feedback loop）创制有效的循环机制。[3]

最后，冷战格局的终结使得美国的一超独霸地位得到彰显的同时，其军事经济技术的单边主义也同样削弱着国家行为体的独立自主能力。美国在 20 世纪 90 年代下半叶所参与组织的全球安全集体网络，将几乎所有民族国家都编织入一张巨大的利益和协商之网，每个国家只有在走向多边主义的道路中，才能实现其维

---

[1]　本书选择的历史时段是自 1951 年欧共体机制启动至 21 世纪初 27 国联合的欧盟模式。书中"德国"一词若未特意表明均指"柏林墙推倒"之前的联邦德国（即西德）和"柏林墙推倒"之后由德意志民主共和国（即东德）和德意志联邦共和国（即西德）统一之后的德国。

[2]　曼纽尔·卡斯特. 认同的力量（第 2 版）[M]. 北京：社会科学文献出版社，2006：301-305.

[3]　曼纽尔·卡斯特. 认同的力量（第 2 版）[M]. 北京：社会科学文献出版社，2006：307-308.

护自身主权的目标。美国不仅为经济军事技术中心，同时也是知识生产的重地。它在世界各地进行军事技术经济资本渗透和输出的同时，也将谈判中的意识形态软实力侵入到民族国家的权力系统。最终结果是国家行为体在面对自身政权合法性问题上，也同样陷入到了与管理经济、环境与安全等重大议题交织相关的国际主权网络之中。

总之，国家单元自身主权权益的实现已然和国家的对外交往及合作的现实性挑战的克服之间，达成了内在机理上的一致与平衡。如果一味将国家行为体的单元结构式特征同国家之间的合作交往形态相区分开来的话，势必无法理解当今时代各种新的社会组织化形式的出现与存在，同样也难以为国家及其政权保护下的民众找到合理发展的未来式通道。

3. 国家间关系存在方式的区域化合作治理方向

20 世纪 80 年代末 90 年代初，在经历了东欧剧变、两德统一、苏联解体之后，自二战结束以来，呈现的冷战两极格局开始发生深刻而巨大的变化。国际格局从以美苏两大阵营争霸的两极冷战格局开始朝向重新建立世界秩序战略调整的、美国一国超级强国的新态势方向发展。

就国际关系理论而言，冷战后的美国一超独霸格局，并没有完全超脱出现实主义者们所论证和强调的无政府状态下国家行为体单元，依据其自身实力而确定国际体系层面上的秩序，以及由此带来的大国控制和稳定论说。[1] 两极格局与单极霸权格局从抽象的角度看，都是在以国家单元行为体为主导的世界格局体系框架下，依大国实力为决定因素的秩序逻辑。但是，新现实主义（结构现实主义）对国内政治及非国家行为体的简略，导致难以解释体系的变更和秩序的转换过程中所发生的变化与现象。如同强调国家之间社会性存在的英国学派学者们所提到的，不同的国内环境将形成完全不同的国家，而国际体系的无政府结构并不会产

---

[1]　结合结构现实主义与进攻性现实主义的观点，国际体系结构由单元行为体能力的大小分配而决定，而处于自利及安全防卫效用最大化的考虑，大国往往采取积极的扩张战略以稳定自身的国际战略地位。

生完全同质的单位 [1]，在对国际秩序体系转换过程中所带来的变化，以及引发这些变化的原因进行分析时，需要考量的要素有时需要从社会、经济等其他角度来决定与衡量。

曾以撰写《凌志车与橄榄树 —— 理解全球化》一书而名噪一时的美国资深评论人托马斯·弗里德曼（Thomas L. Friedman）在其著作中提到，面向 21 世纪未来的世界，全球化新体系始自冷战的结束。"在这样一个全球化的时代，任何政府或民族经济的政治任务都在于需要建立市场的自信 —— 包括财政预算的收支平衡、个体化、低税收以及对于市场的最低限度的政府规制 —— 以此作为成功的关键。"[2] 在这种市场化的逻辑下，国家政府的权力及实力构成一方面取决于经济实力的增长和计量，另一方面国家的对外交往及国际关系的存在方式，更多地以经济利益的实际需求为主导性的决定方向，而不再局限于军事安全或意识形态领域。美国的一超独霸在经济、政治、军事上形成的强大冲击，带给所有国家以或者跟随或者反抗的对外策略选择。以地区层面上的经济合作而言，它形成的是国家内部之间关税或贸易互惠形式的关系连结，反映在区域性的范围内，构成对全球层面上国家单独政治权力运作形式的调整与一定意义上的挑战。[3] 这种被称为地区主义或曰区域主义的挑战形式，在冷战结束前后十年左右的时间内形成了极为强大的发展浪潮，并引领了学界关于世界秩序安全环境格局的最新研究方向。[4]

---

[1] 詹姆斯·多尔蒂，小罗伯特·普法尔茨格拉夫 . 争论中的国际关系理论（第五版）[M]. 阎学通，陈寒溪，等，译 . 世界知识出版社，2003：93.

[2] Joel Krieger. Globalization and State Power: a reader[M]. Wellesley College, 2006: 8.

[3] Alice D. Ba. The politics of regional and global governance. //Alice D. Ba and Matthew J. Hoffmann. Contending Perspective on Global Governance[M]New York: Routledge. 2005; Richard Higgott. Contested Globalization: The Changing Context and Normative Challenges. //Friedrich Kratochwil;Edward D. Mansfield. 国际组织与全球治理读本（影印）[M]Beijing: Peking University Press, 2007.

[4] 例：巴里·布赞，维夫 . 地区安全复合体与国际安全结构 [M]. 潘忠岐，等，译 . 上海：上海人民出版社，2010.

三、区域治理：国家间的新型合作关系

治理的视角给我们提供了一个整体化视野下，看待区域性合作及区域内国家间关系存在方式改变的路径。在经济全球化及其带来的全球化时代环境和背景下，国家在一定的地理区域范围内，结成制度上的合作关系，既取决于国家自身结构性调整与功能需求的完善需要，同时也带来整个区域内行为体及决策层面上，针对特定领域或职能而产生的效益进增的连带关系。

（一）二战以来的区域一体化历史性潮流

1977 年美国的经济学家马克鲁普（Machlup）率先在《经济一体化的历史思想》一书中仔细探究了一体化理论的起源。"integration"一词来源于拉丁文"integratio"，意指"更新""修复"；一般意义上指若干个部分相结合而成的一个整体。[1] 第二次世界大战结束以来，各国在区域范围内寻求合作的趋势明显，特别是在 80 年代之后，区域集团化发展在全球范围内，无论是数目还是种类上都呈现出繁荣的发展现象。本节主要就全球范围内区域一体化的集团式发展状况和历史性潮流进行简要梳理和概论，分别就其阶段、类型、缘由和意义做一初步的解说。

1. 区域经济合作的战后发展阶段

第二次世界大战结束初期，美苏两国主导着东西方两大军事集团的对峙，一直到 20 世纪 90 年代初，对峙的两极格局成为了国际政治形势的主旋律。然而，在这一大的政治矛盾冲突中，全球性的经济交往、发展与联系并没有受到完全的阻断，相反，在各个集团内部特别是西方发达资本主义国家组成的阵营中，现代化的国际分工经济秩序体系在战后重新建立，并且伴随着两极格局朝着美国

---

[1] 华晓红 . 国际区域经济合作：理论与实践 [M]. 北京：对外经济贸易大学出版社，2007：5.

独大的方向演化，市场经济的管理理念及运营机制，逐渐为世界各地民族国家政权在不同程度上所采纳。区域经济一体化的合作潮流即在此政治经济状况下，经历了 20 世纪 40—70 年代和 20 世纪 80 年代中期至 21 世纪初两个阶段性时期的发展过程。[1]

第一阶段的区域经济一体化浪潮起始于 1948 年 1 月正式成立的"荷比卢关税同盟"（Benelux Union），这是第一个现代意义上的区域经济集团[2]，并推动了以西方发达资本主义国家为主导先锋的第一次区域经济一体化浪潮的兴起。继荷比卢签订关税同盟协议之后，1960 年三国继续成立了经济联盟以取代关税同盟，并且 1951 年成立的欧洲煤钢共同体和 1957 年的欧洲经济共同体，荷比卢均为参与国，而《罗马条约》中明确列出了依荷比卢联盟目标的设定，而针对西欧经济共同体的设计的发展目标。[3] 可以说，荷比卢三国关税同盟基本奠定了之后最大区域经济发展组织欧洲联盟的前期发展的基础性框架体系。

继西欧各国陆续订立的旨在促进各国资源重新配置、实现地区共同繁荣的经济联盟及关税贸易共同体协定之后，1947、1948 年部分发展中国家，如黎巴嫩、叙利亚等开始在法国等欧洲国家的支持下组建自由贸易区；1949 年社会主义国家保加利亚、匈牙利、波兰、罗马尼亚、捷克斯洛伐克等在苏联的带领下成立，旨在打破巴黎统筹委员会的经济封锁和贸易控制的"经济互助委员会"；1960 年被排除在西欧经济共同体之外的英国联合瑞典、挪威、丹麦、瑞士、奥地利、葡萄牙七国成立"欧洲自由贸易联盟"；1965 年，位于大洋洲的澳大利亚和新西兰成立自由贸易区等。这一系列的区域经济合作现象不仅在范围上扩展到了除

[1] 根据学界的定量统计，地区性的贸易协定在战后 1956 年起开始逐年增加，到 1984 年和 1988 年之间，总数基本稳定在 20—40 个范围之内，而进入到 80 年代后半期及 90 年代至 21 世纪初，协定数量激增至 100 余个，到 1999 年已超过 140 余个达到 150 上下的水平。数据来源：World Trade Organization, "Regionalism: Notified Regional Trade Agreements", www..wto.org/english/tratop_e/regfac_e.htm. 约瑟夫·格里科，约翰·伊肯伯里. 国家权力与世界市场：国际政治经济学 [M]. 王展鹏，译. 北京：北京大学出版社，2003：285.

[2] 谈毅. 国际区域经济合作 [M]. 西安交通大学，2008：11.

[3] http://zh.wikisource.org/wiki/Treaty_establishing_a_Constitution_for_Europe/Part_IV

传统的经济中心欧洲大陆以外的其他大洲和地区，而且基本态势呈现出来的特征主要表现为"北—北""南—南"合作的格局，以意识形态的两极阵营画线，中间夹杂着广大的第三世界和发展中国家。到 20 世纪 60 年代以后，发展中国家的经济合作与联盟开始涌现，拉丁美洲自由贸易协会、中美洲共同市场、阿拉伯共同市场、东南亚国家联盟等，在较为艰难的冷战和美元垄断国际金融格局的态势下，开始了区域性的国家间合作进程。

区域经济一体化发展的第二个高峰期是在 20 世纪 80 年代中期之后。20 世纪 70 年代的滞涨危机带给发达市场经济国家二战结束以来最严重的一次经济危机：经济停滞、高失业率和物价上涨的通货膨胀同时并存。以扩大财政和增加公共福利为标志的凯恩斯主义经济调节方式受到广泛批判，紧缩福利项目、减免税收、激活扩大市场的新自由主义开始登上历史舞台。在国际社会的经济制度领域，布雷顿森林体系崩溃，一度陷入停滞的许多一体化组织开始重新试图通过统一市场的扩大以及浮动汇率的拉动，助推经济的恢复和增长。以欧盟统一大市场和北美自由贸易区、亚太经合组织为代表，众多区域的国家，不仅是发达国家，同样也包括亚非拉及中东地区的发展中国家，均开始组建中小型的区域集团或洲际间的自由贸易区。影响范围和深化程度更为广阔和细化的第二次区域经济一体化浪潮时期到来。

根据世界贸易组织（WTO）的规定，所有成员方（1995 年之前为关税及贸易总协定签约方）均需报告其所参与的区域贸易协定（Regional Trade Agreements，RTAs）的情况。据 2005 年 WTO 的统计，区域贸易协定数量在 20 年间增加了 8 倍，在 2006 年 3 月总数为 340 个已经通报的区域贸易协定中，有 80% 是 1995 年之后缔结的。[1] 自欧洲经济共同体于 80 年代重新获得内部市场发展的动力之后，其在一体化发展的程度上远高于同时代其他区域内的或国家间经济合作组织与协定；1988 年美国与加拿大签订的自由贸易协定开启了北美地区经济一体化发展的步伐，四年后墨西哥的加入带动了整个世界双边区域自贸协定的活跃。这一时

---

[1] 华晓红 . 国际区域经济合作：理论与实践 [M]. 北京：对外经济贸易大学出版社，2007：129.

期与第一阶段区域经济一体化浪潮相比较，最大的一个特点在于打破了原有的处于不同发展阶段的国家之间经济合作的隔阂，这一方面体现了经济全球化在越来越多的地区和国家中得到承认与接纳，另一方面也反映出全球经济相互依存关系越来越紧密；而1989年亚太经合组织的成立则从跨洲界的视角拉开了更大范围内经济一体化合作组织的序幕。到这一时期，包括拉美洲、中东、苏联及东欧地区、非洲和亚洲等各地均有较多的地区性自由贸易安排的建立，跨洲际和不同发展阶段上的国家间的一体化经济组织也在增加。

2. 区域经济合作的一体化类型

基于一体化一般性地从不同的国家经济单元"整合"成某种一致的单元经济体的含义，多数经济学家基本赞同，从经济市场结合的程度密切高低及其具体的方式上，将区域经济一体化区分为优先贸易安排、自由贸易区、关税同盟、共同市场、经济同盟和完全的经济一体化六种类型。[1]

优先贸易安排（Preferential Trade Arrangements），又称特惠贸易协定，是指成员国之间通过协定或其他形式，对双方全部的或部分的贸易商品相互间提供特别的关税优惠，而对非成员国的贸易则保持较高税收或贸易壁垒的一种区域经济安排和组织形式。早期英联邦成员之间的特惠制和1977年东南亚国家联盟就是典型的案例。作为较为宽松的一体化安排，其优先贸易安排的一体化发展程度较低，仅以提供关税减让为主的优惠在现代区域经济合作方式中已应用较少。

自由贸易区（Free trade area）是指两个及以上国家在特定的区域范围内实行完全的自由贸易，相互间取消关税，准许成员国商品自由进出，但是各成员国对外部世界则保持关税和其他贸易限制决策的自由。这种区域一体化的组织形式，仍属于相对松散的贸易经济往来，它最重要的特征在于内部环境内商品的自由进出但对非成员方按照各自的税目和税则征收进口关税。与之相关的是，为了避免商品从非成员国进入对外关税较低的成员方之后，又从自由贸易市场区域内转移

---

[1] 华晓红. 国际区域经济合作：理论与实践 [M]. 北京：对外经济贸易大学出版社，2007：9-13.

到关税较高的成员方，从而造成较高关税成员因自由贸易协定拘束而带来的关税损失和对外贸易政策的失效，通常而言，与自由贸易区的设立相关联的是另一个基石性的原则即"原产地原则"，其主旨内容在于确认商品生产的原产地为缔约方成员。1960 年最为典型的一个自由贸易区实例为由英国倡导建立的包括了澳大利亚、丹麦、挪威、葡萄牙、瑞典、瑞士等国在内的欧洲自由贸易联盟（EFTA）；另外，北美自由贸易协定以及当前中国与东盟国家实施的"中国—东盟自由贸易区"也同属此列。

关税同盟（Customs union），是指在自由贸易区的基础上进一步加强了成员国在完全取消区内关税和数量限制等贸易壁垒的基础上，通过缔结协定，建立削减的或完全取消掉的关税政策，并且在对外所执行的统一关税税率中，实行共同的贸易政策。由于避免了存在从非成员国利用关税差异偷漏税的情况，因此在关税同盟类型的区域经济形式上，成员国之间无须再附加原产地证明。利用统一对外关税和贸易政策的优势，成员国之间得以在国际性的贸易与关税的谈判中，依照一种整体性的优势参与到谈判的过程之中。

由于采取了一致的对外关税及贸易政策，成员国之间实际达成了一定程度上的超国家性的对外经济操作机制。在此意义上，关税同盟以其对成员国内部市场商品普遍性的改变以及对贸易、生产和消费的影响，成为了古典区域经济一体化理论研究的重要对象，且构成了其他相关一体化类型理论分析的基石。[1] 最早的关税同盟构想及实践源自德国经济学家李斯特和 1862 年普鲁士等德国北部邦国成立的"德意志关税同盟"。在二战后现代社会的区域经济合作中，由于对国内经济的约束力较大，这一类型的一体化组织并不十分突出，主要集中在欧洲的西欧国家市场和发展中国家，如中非关税同盟与经济联盟、安第斯条约组织、加勒比共同体和共同市场等，前者主要以与美国产品相竞争，后者主要为了维护本地区各国的民族利益为基本出发点。

共同市场（Common Market），是较之于关税同盟更高一层次的经济合作形式，

---

[1] 彼得·罗布森. 国际一体化经济学 [M]. 戴炳然，等，译. 上海：上海译文出版社，2001：17-27.

除统一的关税政策外还涉及区域内成员国之间生产要素如资本、劳动力等不受限制地自由流动。20 世纪 70、80 年代的欧共体为最典型的代表，其最主要特点是各种生产要素及服务的自由流动，带来的是各项统一而一致的制度上的经济政策，例如统一的技术标准、间接税制度、市场管理法规、学历相互承认，等等。这种形式的一体化形态往往需要各国经历长期的磨合与协商才能形成，并且在文化、社会制度等非经济层面上的要求也会具有一定同源性调整。从而在保障了国内利益从区域层面上，组织机构依循一定程度上的机制调节和干预，来获得增进的基础上，向更高层次的经济联盟发展。

经济联盟（Economic Union），主要指个成员国间具有完全统一的货币与财政政策的共同市场。除了在贸易和关税制度上的统一及壁垒的消除外，商品、服务、生产要素等方面的自由流通也已实现，并且通过各自的经济政策调整，基本能够在区域范围内采取较为一致的财政、货币、产业发展等区域性政策，各国各部门的经济政策也能够保持基本一致的步调。同共同市场相比，经济联盟的成员国会将更多的经济主权转移到超国家性的机构组织中，这不仅仅是一种市场调节的权利，而且更是一种宏观经济政策干预国内经济运行的权利。其中最为关键性的杠杆即为汇率及货币财政政策。二战后的荷比卢经济同盟及欧盟完全意义上的货币经济联盟为典型的案例。

完全的经济一体化（Perfectly Economic Integration），从理论上来讲，此为最终意义上的区域经济一体化组织形式。它的参加国不仅拥有一个对财务状况上享有保障力的超国家组织机构当局，实行单一的经济政策整体，而且还将具备国家政府所履行的其他领域内的职责与权能。

各个不同类型的区域经济一体化，实质反映的是国家之间经济联系及合作的深度与广度。在不同的一体化深化序列中，国家的对外贸易及经济财政状况逐步地同其他成员国之间达成较为一致的互动步伐，民族国家内部的经济政策性调整，开始逐步同区域范围内整体性的结构和产业布局状况相联系。区域层面上的机制建设反过来也一步一步地对国家内部社会管理及经济发展结构产生日趋显著而深化的影响。

（二）区域治理的国际秩序内涵

经济全球化与全球化时代背景下，区域经济合作及其一体化进程的发展，在国际关系层面上反映的是，对国际社会既有的国际政治经济秩序进行调整的区域治理过程。治理包含的一个内在含义在于，秩序从一种状态向另一种状态的重新实现与建构过程。而区域治理主旨强调的则是，在由多于一国的国家组成的地理区域范围内，由国家内部的政策调节机能同国际层面上超国家性机构组织相联系，共同构成的一个动态化的国际秩序延展现象。其核心突出的是国家间合作关系的新型运转机制与结构化的构成机理。

1. 区域经济一体化的发展历史性缘由

从国家间关系战略性态势的角度上来看，人类社会自国家成为阶级组织构成的首要机构形式以来，大致经历着以武装暴力和物质进攻性力量为主导的军事战、以资本及自由市场为载体和商品竞争目标的经济战和以高精尖技术及人才争夺为主动力的知识科技战三个历史性朝向的战略流程阶段。[1] 在不同的国家间较量的战略主导时期，国家的战略取向及对外国际交往的路径选择也会有所不同。

二战时期，美国借力于欧洲战场英、苏、法、德等昔日强国深陷战乱泥潭之际，利用租借法案顺利进入世界市场，特别是打开了英联邦成员国市场的大门，通过战备物资的生产、出口和资本外贸的激增，迅速占领了资本主义工业世界的主要阵地，转眼间成为经济实力首屈一指的"金元帝国"[2]。二战结束初期，美国在同苏联争夺战后世界主导权的背景下，从以联合国为代表的政治组织机制建设、以北约为代表的军事组织建设和以布雷顿森林体系为代表的货币金融体系建设三个方面着手，打造战后美国国际社会世界新秩序。[3] 尽管后来历史的发展演

[1]　王家福，徐萍. 国际战略学 [M]. 北京：高等教育出版社，2005：1；黄硕风. 综合国力论 [M]. 北京：中国社会科学出版社，1992：229.

[2]　王家福，徐萍. 国际战略学 [M]. 北京：高等教育出版社，2005：20.

[3]　刘德斌. 国际关系史 [M]. 北京：高等教育出版社，2003：332.

进表明，美国的国际战略设计十分有效地维护和保障了美国超越同苏联的战略性竞争之后，维持一超独霸的世界强国地位，但是从全球层面上人类社会整体性的发展角度来看，美国的国家战略战后世界秩序设计，无形之中也成为世界各地各国人民迈入以市场自由贸易为主导的经济全球化进程快车道的助推器。正是由于这种美国超级霸权和市场经济自身自由竞争导致的社会内在贫富分化的内在矛盾同时存在，构成了二战结束后各国在被迫纳入到美元世界经济政治结构性秩序中的同时，努力寻求对经济全球化引导下各类社会性问题的挑战进行应对、管理、处置和解决的新方式、方法和途径的原因。

对于国家单元行为体而言，经济全球化作为一个由市场机制自发起作用的过程，其对一国的影响主要体现在参与国际分工的过程中如何实现结构性调整，以促进国际比较优势的产生。如果单就全球性的市场经济自身的要求而言，其最终的动力要求是使生产力的发展在全球范围内突破国家设定的壁垒与边界，重新在一个最为广阔的时空范围内调动社会化的生产力，配置和利用生产资源与要素。但是，由于每一个国家其自身赖以生存和发展的经济资源先天禀赋、社会人口历史形成的价值观念与利益偏好、已然积淀下来的经济组织和调节能力与机制特点等各不相同，加之当前的经济全球化的基础性世界机制，并非完全的自由公正公平，而是带有发达资本主义国家自身强大的意识形态色彩，因而对于世界上绝大多数国家而言，统一的全球经济生产制度并非当前国家利益最大化能够得到直接实现的有效路径，相反，个别国家之间，特别是在周边地区同周边国家的经济合作，成为了许多国家在经济交往过程中成本与风险相对较为低廉的适宜选择。[1]由于地理文化背景上的相似或相近，在地缘经济的结构上看市场要素的互补性大，因而区域上的国家间经济合作与一体化的发展，某种程度上成为了应对经济全球化挑战，并融入国际分工体制过程中的一个必不可少的阶段与路径过程。

---

[1] 华晓红 . 国际区域经济合作：理论与实践 [M]. 北京：对外经济贸易大学出版社，2007：15.

2. 区域一体化中的合作治理新秩序

如果说二战结束后初期的区域一体化发展主要侧重于在两大军事政治力量强国的国际态势争夺中以经济合作为依托尝试突破军事政治上的封锁与隔阂的话，那么在 20 世纪 80 年代中期之后，区域经济一体化的蓬勃而显著的发展则更多的是以经济生产运行机制本身为目的，各国寻求在两极格局被打破、世界科技发展进入新的产业化阶段的历史机遇期，谋求区域内合作中提升本国经济结构与产业化调整，在区域性的经济结构新秩序下促进一国生产力和综合国力的提升与国际站位。

正如学界在国际经济合作方面所做出的研究中提到的，所谓国际经济合作其主要内容与核心实质在于不同自然资源条件和发展水平阶段的国家之间通过政府性的协商与条约、协定的签署，将彼此间的优势生产要素结合起来，在各国内部实现彼此间生产要素的优化组合，使其充分发挥经济生产力的功能和作用，互补优长，助推集体式生产力的提升。[1] 所谓生产要素主要是指包括了所有具体的生产过程所赖以正常进行的各类物质与非物质资源或条件内容，例如资本、劳动力、技术、土地、经济信息和管理等。生产要素在不同部门及时空的生产过程中的配置及组合决定了整体性经济的生产效益。

在既有的国际经济分工体系中，存在着国际垂直分工和国际水平分工两大序列。水平分工主要指在经济发展水平程度相近的国家之间就工业制成品的生产过程达成分工合作的生产架构。例如瑞典、德国、美国、意大利公司分别生产的R-1800 载重汽车的发动机、控制设备、底盘和弹簧，最后在英国装配组合完成，以欧洲制造的名义销往世界各地参与国际化的市场行业竞争。这一类型的分工形式主要反映的是部门内部产业生产分工的专门化与精细化，不同生产厂商就产品的设计、质量、规格、品种、牌号、价格等各个项目上的差异同产业界和消费者偏好之间达成交换意向。这一分工序列最大特点在于企业间交往及合作的地位基

---

[1] 卢进勇，杜奇华．国际经济合作 [M]．北京：对外经济贸易大学出版社，2005：2.

本平行和对等。[1] 国际经济分工系统中的垂直型序列主要是指经济发展水平不在同一水平上，彼此相互间水平差异悬殊的国家间的分工，例如发达资本主义国家同发展中国家之间的分工。由于前者的工业制成品技艺水平较高，后者主要通过提供工业品原料的供应和成品销售市场而构成国际经济序列中的一部分成员。由于先进制成品的高科技利润优势地位显著，此种类型的分工体系往往很难使处于发展中地位的国家摆脱对发达国家的经济依赖，从而构成一种不对等生产与分工消费和利润分配体系。而这一类型的国际分工序列却仍在当前的国际分工体系中占据着重要而主导性的地位。例如，在电子科技的计算机技术领域，美国主导软件、网络、电子商务等产业的研发和计算机核心中央处理器业务的技术，而将受高技术支配的半导体材料的生产投资转移到日本、韩国等经济技术依附型国家，作为"原料"供应地，而日本、韩国则将零部件与更为初级的原料和中间技术及设备产品的生产转移到马来西亚、泰国、菲律宾等东南亚国家组装加工，由此形成美国—日韩—东南亚国家群之间的一种国际垂直分工序列结构。[2]

国际间的经济交往与合作最根本性的目的从理论上来讲最佳的状态是借助于国家内部经济生产要素之间的重新配置与组合，形成一定的新的国际生产组织化结构的同时，以自身国家科技发展及人口素质提升为动力，完成一国在国际分工的序列秩序结构中的水平提升。著名经济学家萨瓦托尔曾对国家间经济合作所产生的区域性集团经济贸易效应条件做过总结：首先，在国家的对外关税方面，①构成经济合作共同体的成员国之间原有关税壁垒越高，则合作后产生的贸易创造效应越大；②共同体或经济区域集团共同对外关税壁垒越低，贸易转移的损失就越小；③在地理上成员国之间的距离范围越近，形成关税同盟后其创造出来的贸易创造效应越大；④候补国的贸易同经济关系越密切，关税同盟的福利效应越大。其次，从成员国彼此之间各自的状况上来看，①达成经济共同体或

[1] http://baike.baidu.com/view/1624452.htm；杨曦宇．国际垂直分工和水平分工 [J]．经济师．2001（2）：146-147.

[2] http://baike.baidu.com/view/2566690.htm；杨曦宇．国际垂直分工和水平分工 [J]．经济师．2001（2）：146-147.

区域经济集团的成员国数越多，经济规模越大，则低成本生产者产出下降的可能性越大；②两个处于不同发展阶段的国家之间产生的专业分工和贸易创造效应不及同处一个发展阶段如同为工业国的国家间合作产生的效应更大；③与第三国相比较，成员国对外贸易转移的商品成本差异越小，则转移规模和派生的损失就越小；④成员国同贸易创造的相关成本差异越大则贸易创造的规模越大。[1] 总体而言，在涉及一国同伙伴成员国、同对外第三国以及自身所处经济发展阶段上的经济结构和关税水平的比较优势中，尽量通过区域性的国际经济合作取得同成员国之间共同的经济结构和分工体系优化，进而完成对外第三国相比较而言的经济发展，是各国选择地理区域范围内结成经济合作乃至集团关系的内在深层次原因。而这一选择的做出，由于牵涉到的是集团成员之间经济关系乃至国内社会管理机制的结构性变化，因而各国必然是以自身利益的前提性考量为基点，分析并判断合作后的收益损失及同其他国家之间的协商谈判后才做出的决定。

如前所述，新现实主义者们的国家体系观念是在基于以冷战为现实背景的客观现象中抽象出来的国家间权力政治冲突理念为基石的强国统治世界秩序结构论。而冷战的结束、全球化时代的到来促使国家经济权利议题凸显的同时，国家内部的社会及政治文化的发展也开始同国际社会整体的经济政治结构性秩序变迁相联系。换言之，在国家内部政府主导下的以社会管理为目标的治理能力及方式已然同国际社会国家之间就共同议题展开的治理制度建设构成了共存共生关

---

[1] 华晓红.国际区域经济合作：理论与实践 [M].北京：对外经济贸易大学出版社，2007：16.区域经济合作中有两个显著的经济现象：贸易转移和贸易创造。简单而言，贸易创造是指区内成员国关税取消后由国内进口的低价商品替代原本高昂的国内生产的商品，从而形成新的贸易产品交换关系即为贸易创造；贸易转移是指由于一国产品受到另一国贸易保障措施的壁垒限制后转移到其他国家进行出口的现象。贸易转移和贸易创造理论最早由加拿大经济学家瓦伊纳在 19 世纪 50 年代提出，尽管存在一定的缺失，但迄今仍是分析区域国家间自由贸易和关税同盟利益得失的一个重要的经济理论工具。参考：http://baike.baidu.com/view/145155.htm#2；http:// baike.baidu.com/view/145162.htm；张文朗.贸易创造与贸易转移论的再思考 [J].世界经济研究，1996（2）：61-64.

系。[1] 作为全球治理在区域范围内的一个缩影，区域国家间的经济合作与一体化
的机制性设计很大程度上反映了治理在国家政府职责与功能的转换中所起到的关
键性变量的作用，即国家在国际秩序的调整及国内社会管理的双重目标建设中更
多地采取主体间协商、尊重主体自身的利益需求、以共赢的制度性设计为多行为
体共同参与到问题解决议程中来的价值为核心的治理理念取代以往的单纯强调政
府权力及其强制性的权威地位、以大国及国家为中心的政府权益为核心导向、突
出执行力中的行政权而弱化法理性存在的统治理念。以区域经济一体化为例，国
家行为体之间的关系由国家在区域范围内达成的经济政治秩序连结状态所决定，
尽管相对于全球化的治理而言，区域层级的治理状态仅为一种次优型的目标过程
追求，但它在一定范围内所形成的制度化规范和多行为体之间构成的价值权威场
域却仍构成了全球性国际社会秩序权威场域变革的一部分。国家将不再仅仅属于
自身完全独立于世界状态下的个体性存在，也同时不再仅仅处于世界政府权威缺
位的无政府国际体系状态之中，而更多的是有着全球秩序、区域性的国家间关系
以及国内社会价值与目标追求指向三种利益及身份认同的合一存在行动体。本
书将借助于欧洲地区一体化程度发展较为成熟的区域性治理研究来探寻国家之间
交往及合作关系存在的新路径以及由此带来的国际关系行为方式的变革特征有哪
些。在对国际社会主要行为体构成的区域合作治理框架进行分析的基础上，构筑
国际体系秩序变革中全球治理未来发展形态的大致模型与指导性方向。

---

[1]　本书的全球治理概念基本沿用国际关系学者罗西瑙的治理概念思想，即将全球性的人
类社会各个层面及各个领域内的社会生活彼此相互紧密地联系在一起，从而构成了全球治理存在
及必须的前提。曹俊汉 . 全球化与全球治理：理论发展的建构与诠释 [M]. 台北：韦伯文化国际出
版有限公司，2009：65. "罗西瑙最大的贡献是用讨论全球生活展开对全球治理这一概念的使用。"
又见：詹姆斯•N•. 罗西瑙 . 21世纪的治理 [A]//D. 赫尔，J. 罗西瑙，等 . 国将不国 [M]. 俞可平，等，译 .
南昌：江西人民出版社，2004：379. 全球治理的机制包括了带有等级制的制度化控制机制和由公
众与经济因反复互动需求而形成的基于习惯与态度的自发机制模式，而后者往往在连续且动态的
变化中占据引领控制机制变更及转型的主导性地位。

（三）多元行为体在区域治理中的主体化

经济全球化及全球化时代的到来与推进给国际社会带来了深刻的变化。国家单元行为体从以往注重政治军事安全转向突出强调以国内社会经济繁荣与发展为主题的国家利益追求。自冷战结束以后，尽管军事安全、非传统的威胁仍为大国最为关心的领域之一，但在没有发生重大的国际力量实力对比关系转换的条件下，经济及与之相关的国家间外交谈判、资源配置、国际形象塑造、自然环境及跨国公共性问题的解决等开始更多地进入到国际关系的研究议程之中。就国际政治和国际关系领域而言，以往以国家为中心的政治体系开始转为朝向全球范围内的政治空间扩大，国际国内社会渐渐融合为一体的同时，一些"公害"式的现象或事态正威胁着整个人类的生存乃至地球作为一个星球的存在价值。国际政治的新格局处于建构之中，国家及国际性的安全问题已成为了多种行为体共同面临的安全问题，世界政治的基本结构及其存在意义也相应发生转变，其中一个最重要的结构性特征即为非国家行为体和超国家性机构组织机制的涌现和发展。[1]

"治理是各种各样的个人、团体 —— 公共的或个人的 —— 处理其共同事务的总和。这是一个持续的过程，通过这一过程，各种相互冲突和不同利益可望得到调和，并采取合作行动。这个过程包括授予公认的团体或权力机关强制执行的权力，以及达成得到人民或团体同意或者认为符合他们的利益的协议……从全球角度来说，治理事务过去主要被视为处理政府间的关系，而现在必须做如下理解：它还涉及非政府组织、公民的迁移、跨国公司以及全球性资本市场。伴随着这些变化，全球性的大众媒体的影响大大加强了。"[2] 如果说全球治理主要指的

---

[1] 刘雪莲. 全球化背景下国家中心地位的变迁 [J]. 社会科学战线，2007（5）：285-288. 傅勇. 世界政治中非国家主体的地位与作用 [J]. 社会科学，2005（8）：39. 王逸舟. 全球政治和中国外交 [M]. 北京：世界知识出版社，2003：10-14.

[2] 英瓦尔·卡尔松，什里达特·兰法尔. 天涯成比邻——全球治理委员会的报告 [M]. 北京：中国对外翻译出版公司，1995：2.

是多种类型的行为体在全球范围内就共同关系的问题参与其中寻求并达成一致和共识，采取一定的带有执行效力的方式进行解决，满足各方权益，形成一定的全球性社会调节秩序的过程的话，那么区域治理则是在地理范围上将这样一种多元行为体共同参与的治理进程缩小在了区域性的范围之中。伴随着经济全球化发展和冷战结束之后的世界，以区域经济一体化为表征的区域集团化的发展构成了国际社会另一重要的历史性潮流和趋势。[1] 不论是将其称为区域集团化、区域化、区域一体化还是地区主义等名词，其核心所指的内涵都是在一定的地理区域范围内各个不同的国家之间出于自身国家利益的考虑，寻求地区事务上的合作与机制性的安排，借此达到完成各国共同面临但又无法单独凭一己之力实现的目的和任务。然而，正如在全球范围内国家间政治和国际关系领域中所反映出来的国际秩序结构性特点所显示的，国家政府的中心与唯一的主导性地位的合法性与有效性已开始受到挑战。在国家的政权组织机构之上，有着跨国性的国际政府间组织，有时可以对国家的部分权力进行功能性的限制，如联合国安理会所制定并通过的经济制裁决议；在国家政权组织机构之下，有地方次国家层面上的政府组织和地方性的非政府组织行为体对自身的权益进行同整体国家宏观视角上的界定有所不同的斗争与维护；在国家政权组织机构之外，还有跨国性的全球公民社会各种力量和民间社会团体作用和影响的兴起，如世界妇女大会、国际人权大会等。在国家主权依然为国家的根本属性，但已不再由主权国家完全统构的国际关系秩序社会性变迁的时代，怎样处理好国家同非国家行为体之间的关系，怎样认识多元行为体对国家间关系存在方式的影响，以及未来国际秩序的走向和演变趋势将如何，怎样进行行为体之间的合作、协调与分工等问题，都正在成为国际关系理论与实践中所必须重视的时代性课题。[2] 基于此，本节主要将从国际社会中的多元行为体及其在区域治理中的主体化角度出发，初步设立一个有关区域治理中多元行为主体合作分工、共同解决国际性事务与问题的理论框架模型。

---

[1]　俞正梁 . 区域化、区域政治与区域治理 [J]. 国际观察，2001.6: 1-3; 杨毅，李向阳 . 区域治理：地区主义视角下的治理模式 [J]. 云南行政学院学报，2004（2）：50-53.

[2]　苏长和 . 非国家行为体与当代国际政治 [J]. 欧洲，1998（1）：9.

1. 国际社会的多元行为体

在国际社会和世界政治的舞台上活跃着除国家行为体之外的许多不同种类、性质及组织形态的活动行为体。最早的非国家行为体的当代雏形可以追溯到 19 世纪上半叶拿破仑战争结束后建立的维也纳国际协调体系，其初始性的主要作用与功能就在于协调主权国家之间因无政府状态而带来的权力均势动荡及其引发的危害。[1] 至二战结束之时，非国家行为体的数目已有了显著的增长，到 1945 年春天召开的旧金山联合国成立大会上，有 42 个非政府组织的代表担任了官方顾问，同时有 240 个非国家行为体成为了观察员；以国际组织为例，到 20 世纪 90 年代初，全世界的国际组织数量增加至近 5000 个，其中非政府间国际组织 4600 个，政府间国际组织约 300 个。[2] 依据同国家行为体关系的亲疏远近及其相应权力地位大小高低和内在属性的不同，我们初步将非国家行为体划分为政府间国际组织、跨国公司、非政府性跨国社团组织和运动，以及非营利性第三部门的全球公民社会四大类。[3]

首先，政府间国际组织是继国家行为体之后在世界政治的舞台上最为重要的一类行为体。其主要特点在于由两个及以上的国家政府派出政府官员或代表，组成一定的固定机构和组织，围绕共同关心的与国家利益和权力相关的议题采取功能性的措施和展开讨论。由于其带有较强的政府性质，一方面可以拥有较为强大的执行权完成一国难以单独完成的跨国性任务，另一方面则受制于国家本身的利益需求，在自身组织机构的利益诉求上必须参考并依附于国家行为体的集体性决议。在政府性国际组织的众多形式中，联合国为一典型代表。

其次，以营利为目的的跨国公司是近年来伴随着经济全球化的发展而兴起壮大的一类重要的国际行为体。依照联合国相关机构的界定，跨国公司（transnational

---

[1] 贾修磊 . 非国家行为体的缘起 [J]. 当代世界，2010（4）：60.

[2] 贾修磊 . 非国家行为体的缘起 [J]. 当代世界，2010（4）：60. Charles W. Kegley. Jr, Eugen R. Wittkopf: "World Politics: Trend and Transformation", New York: St Martin's Press, 1993: 155.

[3] 参考李金祥 . 非国家行为体的分类 [J]. 当代世界，2008：56-58. 蔡拓 . 国际关系学 [M]. 天津：南开大学出版社，2005.

corporation）是指在两个或以上国家通过投资拥有的生产或服务性企业决策实体。[1] 跨国公司是人类社会经济发展到一定历史阶段的产物。17 世纪以对外投资及争夺世界市场为目标的英国东印度公司的成立为其兴起的标志，二战前跨国公司的发展缓慢，但自 20 世纪 70 年代开始，跨国公司的数量、规模和对外直接投资额急剧增加。这些跨国公司对世界经济的发展产生了深远的影响，据统计，21 世纪初全球性的跨国公司大约 6.5 万家，85 万家国外分支机构，拥有雇员约 5400 万人，年销售额 19 万亿美元，相当于全球出口额的 2 倍多，其中排名前 10 的跨国公司年销售收入在 1000 亿美元以上，超过了大多数国家的国内生产总值。[2] 相对于主权国家的对内控制体系而言，跨国公司的存在无疑给国际事务的处理问题上带来了两方面的矛盾性：一方面，跨国公司作为根植于国家行为体、其子公司有赖于母国和所在国地方政府相关制度支持的行动组织，其成长和经营活动的开展有赖于国家行为体的支持并受整个国际社会大环境的市场化影响，虽然作为独立的行动实体，跨国公司自身的逐利性和利益倾向性较之国家行为体而言有着显著的区别，但是二者之间的相互依赖性和共同的利益存在也十分突出。就国家行为体的立场来看，跨国公司所提供的赋税、就业机会和国际竞争中创造的资源和外交条件都为国家处理好内政外交关系及相关事宜提供了必要的基础和前提条件；而从跨国公司的立场来看，国家行为体所提供的资金、技术和相关制度性的支持以至于在国际社会中的影响力及外交地位等，也能反过来为自身的经济资源最优化配置和企业经营的全球战略赢得有力的后备保障。但是，另一方面来讲，毕竟跨国公司是属于同国家行为体而言完全不同性质的一类行为体和组织体系，其所要求的盈利性的目标导向必定在立场及相应手段和方式、途径上与国家行为体的一些目标和原则、立场乃至方式方法相冲突。例如，在国际范围内从事生产经营活动时，跨国公司的直接投资和兼并收购等活动可能直接触动东道国的某些

[1] 联合国经社理事会.世界发展中的多国公司 [C].商务印书馆，1975：9；联合国跨国中心编 .The UN Code of Conduct on Transnational Corporations, UNCTC Currnet Studies, Series A/4. New York 1986: 29. 转自蔡拓.国际关系学 [M].天津：南开大学出版社，2005：88.

[2] 蔡拓.国际关系学 [M].天津：南开大学出版社，2005：90；李少军.国际政治学概论 [M].上海：上海人民出版社，2002：108.

重要经济部门，垄断国家内部的某些产品或市场的销售渠道，从而削弱东道国或母国在经济领域内的生产经营销售活动的自主权；又或者，在国家行为体制定对内对外经济和战略性政策时，跨国公司运用自身在国内的影响力，以游说或施压等方式说服立法或行政部门更改相关政治或法律上的决议、规定，进而影响到国家层面的决策判断和政策性后果等。跨国公司与国家行为体之间的这种对立统一关系既是经济全球化及全球化背景下国际行为体之间关系互动的主要内容之一，同时也集中代表了主权国家在处理对外关系时由跨国公司等类似的利益集团所带来的经济决策偏好影响到的国际关系交往及解决共同问题所达成合作时将面临的困难、矛盾与挑战。

再次，在政府间国际组织和跨国公司之外，另一重要的国际行为体的类型我们称为"非政府性跨国社团组织和运动"，其中包括了非政府性的国际组织和跨国性的社团组织和运动。在这一类型的国际行为体中，非政府性是其首要的特征，即不由政府发起、支持或指导。如国际红十字会、国际奥委会、大赦国际、核裁军委员会、绿色和平组织等。据国际协会联盟提供的数字，1909 年全球各类非政府组织为 176 个，1954 年达到 1008 个，1962 年上升为 1552 个，1970 年突破了 3000 达到 3379 个，到 80、90 年代初分别突破到了 1 万个和 2 万余个，到 2000 年则为惊人的 45647 个。[1] 这一方面说明在跨国性的非政府组合与运动中人们的活动及社团数目的增长十分显著，另一方面也说明在国际政治与社会管理的舞台上，非国家性的行为体力量正在呈几何式量级在横向面上增长。就这些跨国性的社会组织和社团力量而言，尽管并不存在类似于政府间国际组织或跨国公司那样严密而完整的行政架构和组织系统，但是往往有着较为专一而针对性强的问题领域和技术领域内的宗旨及目标，其联络、沟通与技术交流上的服务工作也更为灵活，有时也能得到政府部门或官员们的支持或参与。例如科技联盟委员会，就包括政府和非政府部门在内的两种性质身份代表的同时参与。[2] 在这一类型的非国家行为体中还包括其目的带有反政府和破坏社会性质的跨国性组织与运动，

[1] 李少军. 国际政治学概论 [M]. 上海：上海人民出版社，2002：105.

[2] 李金祥. 非国家行为体的分类 [J]. 当代世界，2008：58.

如恐怖主义、国际犯罪组织等，往往采取极端的手段对国际社会施行报复、残害无辜民众。这类非政府组织尽管也具有挑战国家行为体的含义，但通常属于国家行为体予以反对的对象，同时也不容于国际社会普遍所追求的和平、繁荣、发展的积极目标宗旨和价值追求。

最后，在以政府性的国际组织为特点的政府间国际组织行为体、以盈利性为特点的跨国公司和以专门性和非政府的跨国性为特点的非政府性跨国社团组织和运动之外，我们进一步增加了另一种类型的国际非国家行为体，即不以营利为目的通常又被称为第三部门的全球公民社会。在前面所提到的跨国性的非政府社团组织和运动中，同样可能存在以牟取利益增长为目的的一些机构或组织运动。但是全球公民社会则主要是起到对国际多种类型行为体参与多层次国际公共事务管理的方式上的补充。[1] 就在 20 世纪 90 年代之前，可能在国际社会的政治舞台上都不曾有谈及公民社会的位置 [2]，国家始终位居国际性资源与价值权威性分配的首要地位，而全球公民社会主要谈及的是弱势群体的保护和为国家行为体所忽视的一些集团、行为体组织利益的维护问题，这一方面与经济全球化带来的国际社会不均衡发展相联系，另一方面也是全球化时代背景下国家行为体之间解决共同面临的问题是其所能够得到更充分信息和问题处理渠道的一个重要来源。尽管公民社会在组织力和明确的目标性上相对于其他国际行为体而言要弱势许多，但在面临未来的国际关系发展图景里，全球公民社会同国家行为体之间的关系很大程度上将影响着全球治理及国际合作方式方法多大程度上达成灵活、客观且有效发展的路径模式。

综合上述情况可知，在国际社会的大政治舞台上，活跃着除国家行为体以外的各式各样有着多元利益和目标价值追求的行为体。特别是在经济全球化在当代的发展和全球化时代到来的背景下，多元行为体的活跃程度较之以往很长一段时间以来的历史有着显著的增强。这不仅仅是人类社会经济政治发展的一个必然性

---

[1]　蔡拓. 国际关系学 [M]. 天津：南开大学出版社，2005：108-109.

[2]　迈克尔•爱德华兹. 公民社会与全球治理 [J]. 王玉强，陈家刚，编译. 马克思主义与现实，2002（3）：49-56.

后果，同时也是威斯特伐利亚主权国家体系在时代背景下地位、作用和功能日渐势微、亟待转型的一个重要表现。全球治理意味着国家行为体从以往的单纯同国家政府之间的合作转而向包括了国家行为体之间关系在内的多元行为体共同参与的治理过程。无论是在全球层面还是在区域层面，国家行为体与非国家行为体的这种多元一体的现象都同时存在。就治理的范围而言，当前日益活跃的区域一体化现象很大程度上反映了全球范围内各类行为体联动互通的难度过高和区域层级上多元行为体参与程度更高、因密切关涉自身直接利益而联系与交往形式更多样化并富创造性和有效的力度[1]等特点。为了进一步探寻国家与非国家行为体之间关系的存在方式及国家间合作关系的处理上发生了怎样形式上的变化，我们将以区域一体化程度较高的欧洲地区为例，致力于探讨并初步描述出欧洲区域治理的形成及其多元行为体共同治理的基本态势与模型。在此之前需要明确的是非国家行为体构成治理主体同国家行为体一同参与治理过程的制度上的必要条件为何、有哪些。

2. 区域治理中多元行为体的机制主体化

"国际关系由秩序主导，而非无政府状态。"[2]国际社会中尽管国家行为体之间的关系基本主导了世界政治的秩序体系，但是，正如许多学者及研究工作人们所提到和人们日常生活中所能感受到的，在国家秩序之外，所谓的无政府状态并不能替代各式各样不同类型的国际机制、制度及组织形式和明确设定秩序规则的国际法的存在并发挥作用。[3]国际制度（international institutions）是指"规定行为的职责、限制行动、影响行为者期望的持久的互为联系的一组正式或非正式

---

[1]　俞正樑.国际关系与全球政治——21世纪国际关系学导论[M].上海：复旦大学出版社，2007：239.

[2]　威廉·内斯特.国际关系：21世纪的政治与经济[M].姚远，汪恒，译.北京：北京大学出版社，2005：167.

[3]　熊玠.无政府状态与世界秩序[M].余逊达，张铁军，译.杭州：浙江人民出版社，2001.

的规则"[1]；国际机制（international regimes）是指"一系列隐含或明确的原则、规范、规则及决策程序，由行为体对某个特定国际关系领域或问题的与其围绕着它们而汇聚而成"[2]；国际组织（international organization）是指一种具有实在意义的实体组合形式，它们拥有官员、人事部门、设备和财务预算，基于某些特定目的和满足连续性很强的需要而采取行动，具备有对事件做出反应的行动能力。[3]尽管国际机制、国际制度、国际组织三个概念在西方学者的论述中存在着较多争议，但是正如国内学者所指出的，三者的区别同样十分明显，国际机制强调的是一种带有自上而下政权管制色彩的内含作为一个有机整体并为着一定较为明确目标而采取具有方向性行动的规则或制度体系；国际制度的统领感（govern）不那么强，更多是一种相互间的管理层面上的制约或行为上的指导（guide），同样强调的是行为的规范和秩序的存在；国际组织则主要是指拥有一整套为实现机制或制度性目的、对特定任务做出反应的机构实体。[4]国际制度、机制和组织尽管所指代的对象并不相同，但三者共同之处在于都对行为体的行为及其之间的关系做了秩序上的规定。一旦涉及国家之间的承认与司法程序上的认定，则基本构成了国际法的组成部分。[5]尽管新现实主义并不否认非国家行为体的存在[6]，同时

---

[1]　Robert O. Keohane, International Institutions and State Power, Boulder: Westview Press, 1989: 3.

[2]　Stephan D. Krasner. Structural Causes and Regime Consequences: Regimes as Intervening Variables[J]. International Organization. 1982.36(2): 185.

[3]　Andreas Hasenclever, Peter Mayer, Volker Rittberger. Theories of international regimes[M]. New Yor: Cambridge University. 1997: 10-11.Oran Young, International Cooperatio: Building Regimes for Natural Resources and the Environment, Ithaca: Cornell University Press, 1989: 32.

[4]　主要参考苏长和．重新定义国际制度 [J]．欧洲，1999（6）：23-25.

[5]　国际法的来源包括条约和惯例以及国家所承认的法律的基本原则；其核心内涵在于国家对特定行为规范的遵守和约束力上的执行。熊玠．无政府状态与世界秩序 [M]．余逊达，张铁军，译．杭州：浙江人民出版社，2001：15-16.

[6]　原话为："国家不是，也从来不是唯一的国际行为体。但是结构是根据系统的主要行为体，而非活跃于其中的所有行为体来加以定义的。"肯尼思·华尔兹．国际政治理论 [M]．信强，译；苏长和，校．上海人民出版社，2003：125.

也不反对国际秩序结构存在变迁 [1]，但是，它对非国家行为体参与国际秩序议程设定的漠视，以及对国际法在国际社会秩序结构设定安排中所起到作用的否定，却很大程度上反映了新现实主义者们理论的局限，以及对新时代下多元行为体合作参与全球治理进程的解释力的不足，进而对未来国际社会世界政治体系秩序转换预测的有限。[2]

就治理的效用及其限度来说，多元行为体的存在并不直接带来治理行为与过程的完成，重要的是基于主体间共识的前提下各类行为体从各自的利益立场角度出发，各司其职，各尽其能，在一定的秩序规则的行动聚合力之上完成能够为所有主体均获收益的目标及任务。主体间的共识有赖于各类参与治理过程的行为体在共有观念、历史及人文价值等方面的共通性，基本环境背景的共有性，主体间自身意识的基本水平相近似。这一点因不同区域内行为体的不同历史阶段和程度上的发展以及客观的区域地理社会环境的不同而内容各异。但是在行为体转换成为治理主体的过程中，与秩序化过程密切相关的对各类行为体身份、地位、作用及职责功能限度的制度化定位和整体治理状态的机制创建过程，却是保障多元行为体有效合作、从自身能力及自我期待的愿望水准出发尽最大力量完成共同面临的调整和问题的必要前提。换言之，从国际关系的角度来看，国家之间既定的国际关系秩序状态必须通过对国家行为体行为具有较强约束力的国际法层面上相关制度、机制或组织形式的建设及保障研究，才能对无政府状态下各类行为体如何成为参与到全球或区域范围内国家间公共性问题的治理进程中并以何种程度、方向或大小的力度来完成既定的任务和目标有着较为清晰的认知与预测。国际关系的制度化（或者说机制化）过程一方面是国家行为体主导多元行为体参与治理进

---

[1]　对于新现实主义者而言，国际社会的基本状态和前提为无政府状态，即国家之间的缺乏权威型世界政府秩序的存在，国际体系结构的变化是且仅是依国家各自实力大小不同而带来的单元权势分配状况的变化而改变，成为极状结构。

[2]　有关无政府状态下国际法对秩序维护的存在的必要性以及非国家行为体参与国际重大事件的处理和解决，以致国际法中对非主权行为体包括个人在内的行动主体所做的特定议题上的承认和司法解释等，参见熊玠. 无政府状态与世界秩序 [M]. 余逊达，张铁军，译. 杭州：浙江人民出版社，2001：9-11；252-254；24-26.

程基本态势的反映，另一方面也是国家行为体在新的时代环境背景条件下如何调整彼此间的关系存在方式以适应世界政治与国际体系秩序转换的历史性潮流变迁要求的具体体现。因此，对区域治理中所反映和透露出来的国家行为体相互间关系存在方式变化进行研究的核心与切入点即在于，对区域性的多元行为体之间如何从分散的国家行为体为唯一形态的治理秩序参与者，转变成为真正意义上多种类型行为体以国家为主导的形势下，完成制度乃至法律上的地位与身份的建构和承认。

第二章　欧洲一体化的历史进程：
区域治理的发展

　　20世纪50年代，二战结束初期的欧洲大陆在经历了战火洗礼之后，各国的社会经济发展遇到了前所未有的困难。在战争结束头几年，1946、1947年西欧工业产量仅及战前1937年的70%、80%，农业产量仅为战前63%、75%[1]；曾经一度在19世纪显赫四方的大英帝国也在战争的拖累下损失了大量的国民财富，1945年欧洲面临普遍的粮食短缺，英国于次年初不得不提高面粉碾磨率，再次回到战前吃粗面包时代；法国作为战争主要战场之一，国民财富丧失1/3，百万公顷土地遭破坏无法耕种，同时资金储备枯竭，外债高筑；德国1947年1月的工业生产水平仅为1936年的31%，西占区物价飞涨，黑市横行，食品供应每人每天限量1000卡路里；彼时的西欧各国经济状况险象环生，国家重建与社会稳定遇到极大挑战，甚至有人惊呼西欧已沦为"瓦砾堆"和"贫民窟"。[2] 就在西

---

[1]　上海国际关系学会. 战后国际关系史讲义（1945-1969）[M]. 上海：第二军医大学.
1982：26.

[2]　纪胜利，郝庆云. 战后国际关系史（1945-2000）[M]. 哈尔滨：黑龙江人民出版社，
2002：31.

欧各国濒临经济凋敝险境之际，战乱的纷争却促使美国和苏联在不同的战略路径上，分别获得了实现各自强国目标的崛起机会。二战期间的美国远离欧陆战场，通过租借法案等间接参战措施，不仅使其工业生产在1933—1944年提高了近1.5倍，而且对外贸易额、黄金储备量均上升为世界首位。在军事实力方面，美军的武装部队在战前仅有总数33.5万人，国防预算不到10亿美元；到1945年，（美国）武装部队总数已超过120万，国防预算超过800亿美元；在海军上，美国已拥有超过所有其他资本主义国家总和的商船队并1200艘战舰和5万艘供应及登陆的船只，取代了英国的海洋统治者地位；在其他军事势力上，美国的力量已跨越了大西洋和太平洋，在西欧、地中海、中东、远东等广大地区均设有战略基地，渐成头号军事强国。与之相对应的，苏联作为二战期间的主要参战国，虽然在战争中遭到的损失与破坏很严重，但是一方面通过租借法案从美国方面获得了110亿美元的援助，另一方面，通过战争带来的后果及影响，苏联获得了波、芬、罗、捷、德等多国的领土和人口，加上从东欧和中国东北等处拆迁走的仪器设备、获得的战俘等，不仅军事工业发展迅速，其政治影响力也越出国界，抵达东欧大部分地区及东北亚一带，渐成唯一可与美国相抗衡的战后世界性大国。[1]

在旧式的国际关系秩序逻辑中，强国的崛起往往意味并带来的是大国势力范围的强制性争夺和思想意志上霸权式的扩张。乔治·凯南的电报直击苏联强硬固守实力延展之势的同时，也掀起了美国试图从军事、经济、政治全方位积极应对并遏制苏联尤其是在欧洲地区进行扩张的决策战略部署。1946年丘吉尔在杜鲁门陪同下在富尔顿威斯敏斯特学院发表著名的"铁幕"演说之后，美苏争霸的冷战对峙局面拉开序幕的同时，欧洲大陆特别是往昔实力强大的西欧各国，无可奈何地陷入到了必须在两强抗衡中做出抉择的二难之境。在此内有经济社会国家战后重建繁重任务的负担、外有战后强国势力范围角逐较量的政治经济军事全方位竞争的环境中，战后初期的西欧各国均明显感受到了联合起来寻求发展的必要。但以何种方式、朝着怎样的一个方向进行联合与合作，却是在实践和六国煤钢共

---

[1] 上海国际关系学会. 战后国际关系史讲义（1945-1969）[M]. 上海：第二军医大学. 1982：9-10.

同体建立并取得一定成效之后才逐渐有了较为明晰的答案。

一、从西欧到大欧洲：欧洲区域一体化的历史进程

从一体化本身的词意来看，它包含了一个渐变的融入和协调过程："通过该进程，某一分子纳入到一个整体中，其间它不断地与其他分子磨合、协调和相互作用……我们看到不同的分子彼此接近、相互靠拢、变为同质，以实现围绕着共同价值、标准和机构（既相对于内部而言，也相对于外部而言）而存在的'整体'的协调与统一。"[1] 欧洲区域的一体化严格说来，起始于二战结束后冷战爆发伊始的西欧诸国。有关欧洲统一的思想早已有之。1712 年被誉为欧洲联合思想先驱的法国人圣 - 皮埃尔在《给欧洲以永久和平的回忆录》中提出了各国君主为避免战争，共同缔结永久性的盟约，设立"欧洲参议院"、公共军队的集体安全体系，各国通过具有邦联性质的体系服从其法律、保护各自国家的存在与领土完整。[2]然而，强大的威斯特伐利亚体系所奠定的民族国家主权秩序，在当时的君主国形态下难以完成对国家政权机器从社会角度出发进行的变革，以致对外关系上的存在方式改变。第二次世界大战的结束，对往昔发达的资本主义国家内部经济结构的严重破坏，以及西欧所面临的政治军事困局，欧洲国家共同的和平与发展问题前所未有地受到珍惜欧洲过往的荣耀与实现未来梦想的人们的关注和重视。一如丘吉尔在 1946 年瑞士的苏黎士大学演讲中所言，这个曾经孕育了美丽宜人气候和浓郁文化宗教信仰的发源之地的大陆，当前正在战争的折磨中忍受着饥饿、困惑、恐惧和黑暗。改变这一切的唯一途径，只有建立一个拥有区域性结构的欧洲合众国，其结构将使一国的物质力量变得不再那么重要，这首先需要从法国和德国之间的伙伴关系做起，"为了把每个民族的所有人民和每一寸土地从战争和奴

---

[1] 法布里斯·拉哈. 欧洲一体化史：1945—2004[M]. 彭姝祎，陈志瑞，译. 中国社会科学出版社，2005：9.

[2] 周建平. 欧洲一体化政治经济学 [M]. 上海：复旦大学出版社，2002：3-4. 皮埃尔·热贝尔. 欧洲统一的历史与现实 [M]. 丁一凡，程小林，沈雁南，译. 北京：中国社会科学出版社，1989：10.

役中拯救出来，我们必须把组织建立在一个稳固的基础之上"，一个可以称为是欧洲合众国的区域性结构的欧洲大家庭。[1]

如果从 1951 年 4 月 18 日由法国、联邦德国、意大利、比利时、荷兰和卢森堡六国在巴黎签订的《欧洲煤钢共同体条约》同意成立六国煤钢联营算起，欧洲区域的一体化运动一直发展到 2007 年，至今已扩大了 6 次，共接纳了 21 个欧洲国家为新成员国，地理疆域横跨大半个欧洲大陆，南抵地中海沿岸至克里特岛地区，北至北欧波罗的海沿岸诸国，西跨英吉利海峡，中东部借罗马尼亚及保加利亚的加盟，深入到黑海接壤之地。除瑞士和巴尔干半岛上及北欧几个国家外，基本囊括了欧洲地区绝大多数的民族国家，目前 27 国人口已近 5 亿，国民生产总值超 16 万亿，成为世界范围内一体化程度发展最高的区域（地区）。[2] 在本节，我们将主要以欧洲区域参与一体化的成员国数量不断扩大的史实为线索，大致梳理欧洲区域一体化从西欧诸国到几乎横跨整个欧洲大陆的大欧洲国家联盟的历史进程发展。

（一）欧洲共同体时期的扩大

1. 从煤钢共同体到 1973 年：英国、丹麦、爱尔兰的加入

20 世纪 50 年代至 1973 年的欧洲区域一体化进程主要经历了 1951—1952 年建立欧洲煤钢共同体的《巴黎条约》、1957—1958 年建立欧洲经济共同体和欧洲原子能共同体的《罗马条约》、1965—1967 年三个共同体机构合并的《布鲁塞尔条约》三个条约签署的阶段。在这一段时期里，欧洲区域的一体化建设主要集中在西欧六国，自煤钢联营开始，通过《罗马条约》设立欧洲经济共同体组织，经过 60 年代艰苦的磨合与国家间的协商妥协，取得了关税同盟和共同农业政策的重要成就；到 70 年代初期，英国等三个新成员国的加盟，显示了欧洲区域一

[1]　Winston S. Churchill. The Tragedy of Europe.[A]//Brent F. Nelsen; Alexander C-G.Stubb. The European Union-Readings on the Theory and Practice of European Integration[M].London: Lynne Rienner Publishers. 1998: 11.

[2]　http://baike.baidu.com/view/19788.htm

体化建设发展的吸引力，同时也给这一新兴的区域政治经济结构化组织与运动带来了新的挑战。

由于战后初期的欧陆各国普遍处于经济衰退、社会动荡的危机之境，依靠各自的分散力量无法形成有效的经济增长动力，因而西欧各国一则依赖于美国的马歇尔计划援助，初步发展为战后金融、技术、设备等方面提供复兴的基石，另一方面则谋求联合的方案，突破美国方面所设定的秩序安排与要求。[1] 在此背景下，法国以经济学家和国际政界人士让·莫内提出的计划和外交部长罗伯特·舒曼的支持为契机，向国际社会提出了建立多国共同经营与管理的煤钢共同体组织，创造性地设立国家间的高级机构，负责将包括法、联邦德国等大国在内的各国重要的钢铁煤炭工业部门，统一归到一个经营性的组织机构框架之中，由此形成对单个国家单独管理和经营煤钢产业的约束，同时又将各国的煤炭及炼钢资源有效统合到一起。该提议得到了除英国之外其余西欧五国的赞同。[2] 继煤钢联营的条约签署 5 年后，六国再次依照煤钢共同体的机构组织框架，设立了以合作发展核工业的欧洲原子能共同体和以完成共同经济市场为目标的欧洲经济共同体组织。作为西欧乃至整个欧洲地区一体化的初始发展阶段，煤钢共同体和经济共同体在60 年代经历了较为显著的发展，不仅促进了各国煤钢产业在国际竞争压力中的

---

[1]　在美苏两大超级大国争霸的欧洲大陆上，东欧的势力已基本上为苏联的武装及政治力量所掌控，而中西欧国家普遍希望能保持有与美国所提倡的自由经济世界相近似的政权组织形式，由此导致西欧国家在战后初期时向提出复兴欧洲但实质上希求控制中西欧地区以与苏联保持对抗之势的美国亲近。但是这种亲美的动向却与欧洲自身统一与独立的理想相悖。由此决定了欧洲区域的一体化从一开始起就同时面临着超越旧式传统欧洲均势秩序和突破美国设立的霸权式国际秩序的双重任务。惠一鸣. 欧洲联盟发展史（上）[M]. 中国社会科学出版社，2008："欧洲的秩序危机" p.172 始，"不同的重建方案和努力" p.190 始。

[2]　美国没有反对舒曼计划的原因之一在于当时朝鲜战争的爆发，促使美国重新思考如何合理安全地重新武装德国及增强欧洲自身防务的问题，另外，早期的共同体组织机构设想距离欧洲区域的政治经济新结构化秩序方向和道路尚存在较大不确定性，因而并未影响到美国整体的战后世界秩序设想的安排。相关史料参考：皮埃尔·热贝尔. 欧洲统一的历史与现实 [M]. 丁一凡，程小林，沈雁南，译. 北京：中国社会科学出版社，1989：112；惠一鸣. 欧洲联盟发展史（上）[M]. 中国社会科学出版社，2008：340-343.

缓解、助益于劳动力得到的再培训和重新安排，同时到 1968 年 7 月 1 日，六国
较之《罗马条约》的规定提前了一年半的时间实现了关税同盟下的内部自由贸易
目标。[1]

　　面对西欧六国一体化积极发展的态势，英国作为远离欧洲大陆，但又与欧陆
各国有着密切来往的特殊欧洲国家，其对待欧洲经济共同体的态度经历了从初期
的拒绝，到后来的积极申请加入的过程。由于害怕转让国家权力到超级性的高级
机构之中削弱国家自身的力量，英国从一开始就自我隔离于煤钢共同体等欧陆国
家发起的一体化运动之外。在 1955 年获得邀请参加筹建经济共同体谈判，却在
最后时刻拒绝了关税同盟的协议计划后，英国于次年倡议成立仅就工业产品的固
定关税进行减免的自由贸易区，并与瑞典、挪威、丹麦、瑞士、奥地利、葡萄
牙等一起在 1960 年成立了七国的自由贸易联盟。然而，这一结构松散，缺乏共
同经济政策和内部生产协调的组织，随着六国共同体条约生效后不断取得进展，
开始显示出后劲乏力之势，也迫使作为领导者的英国重新考虑加入欧洲经济共同
体的事项。从经济上看，欧自联的规模不及欧共体，经济增长速度也较之缓慢得
多，例如 1959—1961 年，七国的工业生产仅增长 14%，而六国共同体则增长了
26%[2]；而在外贸交往的依赖性上，英国对西欧各国的出口已从 1951 年的 25%
上升到 1961 年的 32%，相反，在欧自联内维护的英联邦区的出口却从 50% 下降
到了 39%，而到了 1962 年的第一季度，西欧已成为继北美之后英国的又一个主
要的出口市场 [3]；不仅如此，欧共体在形成关税同盟和共同农业政策后，六国将
可以在更为广阔的关贸总协定范围而非七国范围内就外贸关系进行谈判，其所形
成的新市场和产品竞争力度给英国及其欧自联各国的压力日益增大。从政治上看，
美国对欧共体的支持、苏伊士运河战争（即第二次中东战争）之后英国国际影响

---

　　[1]　胡瑾，郇庆治，宋全成 . 欧洲早期一体化思想与实践研究（1945—1967）[M]. 济南：山
东人民出版社，2000：136-137，197.

　　[2]　胡瑾，郇庆治，宋全成 . 欧洲早期一体化思想与实践研究（1945—1967）[M]. 济南：山
东人民出版社，2000：235.

　　[3]　《国际问题研究》1962 年第 2 期，转自胡瑾，郇庆治，宋全成 . 欧洲早期一体化思想
与实践研究（1945—1967）[M]. 济南：山东人民出版社，2000：236.

力的下降、1961 年戴高乐联络联邦德国提出欧洲政治联合方式的建议等事件情势的发展，都迫使英国不得不认真考虑，在丧失参与欧洲大陆重大事件决议权的可能前景下突破现有的"孤立主义"经济优势的心理，融入欧共体机构组织发展进程中来的问题。

作为一个经济上紧密联合中的组织，六国共同体依照《罗马条约》并不排斥其他国家在达到一体化组织所设立的标准 [1] 前提下的加入申请。最早提出申请的有以色列、希腊和土耳其，但是由于其与欧共体所规定的加入标准存在较大差距，仅给予了希腊和土耳其以一定事件期限的过渡期权利。继英国在 1961 年正式提出申请后，与英国和欧自联关系密切的丹麦、爱尔兰及挪威也提出了加入的要求。面对此情势，瑞典、奥地利、瑞士、葡萄牙等国也相继不久以不同的方式提出了入盟或与共同体发展进一步关系的请求。1972 年 1 月，在英国历经两次被否决之后，同丹麦、爱尔兰、挪威等国一起与欧共体签署了加入条约，除挪威因公民投票否决了加入之外，英、爱、丹三国于次年正式成为了欧共体新成员国。经过第一次扩大，欧洲主要强国基本囊括在了共同体的机构框架之中，欧共体正式取得了代表西欧的资格。[2] 但是，新成员的加入磨合以及欧共体自身共同市场升级问题和外部环境国际政治经济局势，在冷战及经济全球化进一步交织下的发展，导致了西欧乃至欧洲地区的一体化注定需要经历一段时期的震荡调整才能更好地步入正轨。

2. 1973—1981、1986 年：希腊、葡萄牙和西班牙加入

20 世纪 70 年代至 80 年代中期，西欧国家组成的经济共同体主要经历了关税同盟和共同农业政策建立后，内部市场经济自由贸易的迅速发展和受整体国际政治经济变化导致普遍经济增长缓慢的基本态势。

按照条约预先设定的日程和模式，六国共同市场的建设分三个阶段逐步对工

---

[1]　主要包括三个方面内容：①议会民主政体；②全盘接受欧共体已有条约及法规；③就劳务、商品自由流通的过渡时间在新老成员国之间达成谈判确认。李世安，刘丽云. 欧洲一体化史 [M]. 石家庄：河北人民出版社，2003：135.

[2]　李世安，刘丽云. 欧洲一体化史 [M]. 石家庄：河北人民出版社，2003：141.

业品和农业品的关税减免达成妥协和让步后的一致性政策。自 1958—1970 年共同对外关税削减率完成期间，共同体内部的贸易增长了 5 倍 [1]，成员国出口量增加 3.2 倍，进口量增加 3.4 倍，而同期美国的出口量才增加 1.9 倍，进口量增加 2.4 倍 [2]；共同体在经历了 60 年代进出口额占世界比重的显著增长后，于 1980 年超过美国、日本成为世界第一大经济贸易集团。[3]1973 年，以第四次中东战争为导火索，石油价格的猛然上涨触发了二战后发达国家最严重的全球性经济危机。60 年代在美国先导科技革命带动下的资本主义国家经济大发展，以及包括欧洲主要国家在内实行的资本主义凯恩斯政府干预经济的方式与生产模式，到后期开始埋下了滞涨危机的隐患。为扩大需求，各国采取扩大的财政开支，国民经济增长速度落后于西方七国货币供应量的增长速度，1973 年之前，通货膨胀引发物价持续上涨，1973 年之后，石油危机严重打击了依赖工业生产石油供应的制造业经济，导致所有工业化国家的经济增长普遍放慢。整个 60 年代中后期至 80 年代初期，持续的高物价和恶性的通货膨胀与长时间的低经济增长率与高失业、高物价上涨率同时并存。在此背景下，南欧三国希腊、葡萄牙、西班牙先后提出加入共同体的申请，这对于刚刚完成第一次扩大，亟待消化和处理扩大带来的新问题的同时又经受着战后最严重资本主义经济危机席卷的西欧一体化各国而言，不啻为一新的挑战。但是这一次的扩大进程一方面显示了欧共体在欧洲一体化道路上因其自身的发展而具备的吸引力，另一方面也凸显了不断扩大合适的新成员国，对进一步完善和巩固欧洲一体化成果的促进性作用和必要性。

在欧共体同南欧国家签订协作条约帮助其发展的同时，到 20 世纪 70 年代前后希腊、葡萄牙和西班牙已不同程度上基本具备了加入共同体的条件。一方面，在国内政治上 1974 年希腊军人政权结束，恢复了民主政体，葡萄牙、西班牙分

————————

[1] 皮埃尔·热贝尔. 欧洲统一的历史与现实 [M]. 丁一凡，程小林，沈雁南，译. 北京：中国社会科学出版社，1989：223.

[2] 法布里斯·拉哈. 欧洲一体化史：1945—2004[M]. 彭姝祎，陈志瑞，译. 中国社会科学出版社，2005：63.

[3] 胡瑾，郇庆治，宋全成. 欧洲早期一体化思想与实践研究（1945—1967）[M]. 济南：山东人民出版社，2000：199.

别在"铃兰革命"和佛朗哥政权倒台后恢复了民主政权和普选，建立了议会制君主政体；另一方面，在贸易经济领域三国同共同体的联系也日益密切。面对三国的加入申请，共同体的意见从政治和经济两个方面来考虑都是持较为积极而务实的赞同反映。在政治上，共同体的南欧扩大可以平衡第一次扩大后的北欧倾斜，纳年轻的民主政权于欧洲大家庭怀抱之中；[1] 在经济上，主要考虑的是产品互补优势，如更为便宜的葡萄酒、水果和蔬菜以及工业制造和经济结构上的重新调整和结构化组织。但是挑战也是实实在在的，新申请国国民生产总值的较低水准、自由劳动力的冲击以及对共同体内部决策机制削弱的危险等，都很快地摆在了各国及共同体机构组织的面前。

最先开始谈判的是问题较少的希腊。早在 60 年代晚期，希腊的全部工业品和 90% 的农产品已开始享受向共同体出口时相当于成员国产品的待遇，免税进入共同体；1976 年 7 月正式开始谈判一直到 1979 年 5 月达成加入条约，规定了为期 5 年的过渡期，主要就工业品和共同农业政策上以及特定产品如橄榄油的生产援助等内容达成协定。在共同体的组织机构上委员会成员数、部长理事会和其他一些机构如法院、经社委员会、审计法院和欧洲议会等人数上也有所调整。[2]希腊因与共同体间贸易关系的密切而为加入共同体奠定了良好的基石，但是入盟后不久，国内的社会主义运动开始反对共同市场，如同英国的入盟经历一样，希腊总在出现问题时阻挠共同体的工作而出名[3]，但是却助益于"地中海一体化计划"中有关区域发展基金的通过和加强，经过几届政府的经验积累，双方关系开始日趋配合。

西班牙和葡萄牙分别于 1970 年和 1972 年开始同共同体签订贸易协定。到

[1]　皮埃尔·热贝尔. 欧洲统一的历史与现实 [M]. 丁一凡，程小林，沈雁南，译. 北京：中国社会科学出版社，1989：347.

[2]　委员会成员增加到了 14 名；部长理事会里有效多数票表决的票数分配上希腊有 5 票，以 45：63 的票数额为有效多数线. 皮埃尔·热贝尔. 欧洲统一的历史与现实 [M]. 丁一凡，程小林，沈雁南，译. 北京：中国社会科学出版社，1989：348.

[3]　约翰·平德. 联盟的大厦：欧洲共同体 [M]. 潘琪，译. 沈阳：辽宁教育出版社，1998：65.

1977 年 1 月，葡萄牙向共同体的工业品出口已全部免税，而西班牙对共同体的部分工业品进口也减税了 25%，共同体在西班牙进出口商品总值中所占比重分别达到 34.6% 和 46.3%。[1] 葡萄牙、西班牙在对国内经济结构进行较大调整，包括一些生产能力接近饱和的工业部门、发展落后地区经济、农产品结构调整、减少失业人口等之后，直到 1985 年和 1986 年才完成加入的谈判正式成为共同体成员国之一。到 1986 年共同体拥有成员国共 12 个。在完成第二、三次扩大后，由于三国经济同主流经济体相较尚处于发展的底阶段，因而在共同体内部主要产生了一个相互间协调的问题，如共同农业政策、预算分摊、决议机构方式、劳动力市场的冲击等。但不论如何，通过这次扩大，共同体的地域面积增加了一半，人口增加 1/5，国民生产总值占西欧 6/7，占世界 1/4，对外贸易总量达到世界的 40%。[2] 综合实力的显著增长以及西地中海同北大西洋和北海连成一线的地缘优势，特别在政治价值层面上对共同体实质的揭示，都预示着共同体在经济及政治安全等方面将日益发挥出独立而重要的世界新兴力量的作用。

（二）欧洲联盟时期的扩大

1. 1986—1995 年：欧盟成员国扩大到 15 个

20 世纪 80 年代中期至 90 年代初，是欧洲一体化运动取得显著成效、实现飞跃式发展的一段重要时期。

1985 年雅克·德洛尔 [3]（Jacques Delors）领导新一届欧共体委员会制定为实现统一内部市场的白皮书，即《实现单一市场白皮书》（*White Paper on Completion of Single Market*），列举了到 1992 年 12 月 31 日之前要实现的约 300

---

[1] 李世安，刘丽云.欧洲一体化史 [M].石家庄：河北人民出版社，2003：147.

[2] 李世安，刘丽云.欧洲一体化史 [M].石家庄：河北人民出版社，2003：151-152.

[3] 欧洲一体化发展史上最重要的一位委员会主席，在其任职期间发布的白皮书、《德洛尔计划》等，奠定了欧共体走向一体化的欧洲联盟及经济货币联盟建立的坚实基石，开创了欧洲于 80、90 年代振兴的局面，其本人被冠以第三位"欧洲之父"的美誉，第四次扩大前所经历的十年亦被誉为"德洛尔时代"。

条建议和措施清单，以消除阻碍共同体单一市场建立起来的物质、技术和税收等方面障碍。经过部长理事会及各国高峰会议的谈判讨论，1986 年 12 国签署了以白皮书为蓝本的《单一欧洲法令》（*The Single European Act*），共同体结束了徘徊犹疑的阶段，开始步入依计划发展以实现内部市场目标的快车道。

20 世纪 80 年代后期，世界经济形势逐步好转，美国里根政府在应对滞涨经济危机上采取美国历史上最大的减税计划，大规模改革紧缩政府供应的社会福利规模，推行新联邦主义减少政府对企业的干预，最重要的是于 1985 年推出战略防御计划，以促进高科技、社会经济和国际力量的发展，这一系列的举措带动了高科技下的美国国内经济产业结构的调整，经济得到飞速发展，也同时引领了国际经济产业格局朝新经济的方向迈进。欧共体在此国际高科技竞争的压力下亦推出"尤里卡计划"，纳入以经济振兴欧洲、维护欧洲独立地位的计划之中。[1]

正是在此国际及共同体内部的双重发展和应对的背景下，奥地利、芬兰和瑞典三国在 1989 年及之后提出的加入申请具备了特殊的意义。[2] 首先，就三国自身的性质而言，奥、芬、瑞均属于欧洲大陆上政治经济事务中传统的中立国，三国按其以往的行事方式在二战及冷战背景下都坚持中立的位置，不参与任何一方的势力角逐，然而，90 年代冷战的结束与美国发起的高科技新一轮经济竞争，使三个中立国在欧洲地缘政治上获得较多回旋余地的同时，却在经济上因其自身实力市场的局限处在了世界贸易体系中较为不利的位置。与高新科技发展战略相配套的一系列措施及法律规定，决定了中立国必须在违约放弃中立与高科技经济成果共享之间做出抉择。此为三国借机提交入盟申请的内在深层次动因。其次，从传统的经济交往及三国自身欧洲市场的特定情况来看，三国国内市场狭小，严重依赖国际特别是欧洲大陆的市场。作为与英国一道建立欧洲自由贸易联盟的创始国，三国同共同体国家之间的经贸往来一直十分密切。欧共体吸收了欧自联国家 60% 的出口，而欧自联国家则吸收了共同体出口较之美国与加拿大 8% 都要高

---

[1] 李世安，刘丽云 . 欧洲一体化史 [M]. 石家庄：河北人民出版社，2003：160-161.

[2] 三国谈判正式始于 1992 年，并于 1994 年 3 月缔结协议；挪威 1993 年也递交了申请但在公民投票中其入盟计划被否决，因此第四次扩大仍最终限于三国范围之内。

的 10%。[1] 欧共体在 80 年代中期推出的《单一欧洲法令》（*The Single European Act*）进一步强化了内在统一性和市场经济结构性融合的情况下，面对搭乘国际经济新一波发展浪潮快速增长的前景，中立三国在环境保护、科研及交通政策等领域上显然看到了共同体相较欧自联更为强大的融合力与发展潜能。如果等到共同体内部完成了统一大市场对外增强了贸易保护主义之后，三国不仅在内部的科技创新上将难以与之形成密切的交流关系，同时其双边贸易额也将受标准的边界管制越来越难以进入共同体市场，欧自联国家传统的纸、木制品等产品若被共同体内部贸易所替代，则自身很可能将在欧洲大市场中沦为边缘化的角色，正是出于对自身工业发展同共同体经济关系的密切性有着深入的洞察，在一体化已成为不可抗拒的发展之势时，三国提出了加入欧同体（欧盟）的申请。最后，从欧共体（欧盟）自身的发展立场上来看，前三次的扩大分别完成了凝聚联合抗苏力量、团结西欧共同价值理念的历史使命，而此次扩大时机正值冷战结束国际政治经济格局朝多级化方向发展，如何摆脱美国的干预及增强自身在新一轮世界贸易和投资领域内的竞争力与日本对抗成为共同体各国首要考虑的共同议题。相对于其他欧陆上的非成员国而言，奥、芬、瑞一方面一直处于两大势力集团的中介点，这些国家的立场倾向很大程度上将为共同体打破旧有均势局面提供机遇，而另一方面三国的经济整体实力较之其他国家发展水平和市场开发程度均较高，这一点正好符合欧盟未来发展的经济需求。再加上新成员国的入盟还会给共同体机制内部的体制性的调节与完善带来动力，因而综合内外及经济政治和组织结构上诸多因素的衡量决议，1995 年三国在各自的经济社会福利政治结构上略有差异的情况下仍发展成为了欧洲联盟的正式成员。

欧共体（欧盟）的第四次扩大使其成员由 12 国扩大到了 15 国，面积从 246.5 万平方千米扩展至 333.5 万平方千米，人口达 3.7 亿，国内生产总值增至 67520 亿美元，在世界出口额中的比重也由原来的 36.3% 上升至 43%。[2] 这次扩大不仅借助成员国的资金捐款提供了数十亿美元的发展援助基金，缓解了内部摊

[1] 李世安，刘丽云. 欧洲一体化史 [M]. 石家庄：河北人民出版社，2003：355.

[2] 徐明棋. 欧洲联盟扩大对欧洲一体化及世界经济的影响 [J]. 财经研究. 1995（5）：44.

款所带来的矛盾，同时在对外的经济实力总量上，欧盟开始超过美国和日本，并扩大了对北美自由贸易区的优势，从而进一步为欧盟成为世界一极提升了分量。不过，三国在政治与社会文化传统观念上带来的一些差距和不同也同样影响到了欧盟的进一步深化进程，如作为中立国，强调安全方面的非军事性合作，基本在外交上不介入国际争端的政策等，这与致力于政治军事安全同盟体系使命的《马斯特里赫特条约》[1] 形成一定程度上的排斥和对抗。共同体的高度一体化追求及其能否进一步走向主权共享的经济政治联盟将成为核心关注的问题。

2. 1995—2004 年：中东欧 10 国入盟

20 世纪 80 年代末 90 年代初的苏东剧变宣告了冷战的结束，同时对国际社会的秩序格局带来重大的影响。苏联的解体使原本处于两极对抗的国际环境转换到美国一霸独强的新态势中。欧洲的政治版图伴随着柏林墙的坍塌和两德的统一发生重大改变。面对全新的内外环境变迁，欧盟各国纷纷做出战略调整以应对新的未来局势的挑战，其中之一最重要处便是如何打破原属苏联势力范围的东欧社会主义国家同西欧资本主义国家之间的对立，真正实现实质意义上的大欧洲一体化。

首先，在文化上，东西欧有着相同或相近的文化传统、生活方式，它们从共同的基督教传统中衍生出来，"欧洲"一词的含义及范围均突破了西欧的界限。从欧共体（欧盟）方面看，其一长远目标便是要消除东西欧之间在政治上的地理界限，将地理意义上的欧洲诸国从经济、社会等方面联合到一起。这既体现了欧洲各国长久以来"整体欧洲"观的存在，同时也是历经冷战格局之后深层次欧洲文化历史情结与现实经济政治融合需求之间激发出的一种动能。1990 年 10 月的两德统一不过是提供了一个促使欧盟自然向东扩展的契机和促成欧盟东扩的"催化剂"。[2]

其次，从经济角度看，中东欧地区长期处于经济社会发展水平落后于西欧的

---

[1] 《欧洲联盟》前言提到："决心实施一项共同外交与安全政策，包括最终制订一项可适时走向共同防务的共同防务政策，藉此增强欧洲的同一性与独立性，促进欧洲与世界的和平、安全与进步。"戴炳然，译 . 欧洲共同体条约集 [M]. 上海：复旦大学出版社，1993：381-382.

[2] 李世安，刘丽云 . 欧洲一体化史 [M]. 石家庄：河北人民出版社，2003：363.

阶段上，经历苏东剧变以及在经济全球化日益突出的压力下，中东欧国家丰富的劳动力市场、丰富的自然资源及国家转轨体制的西欧化，达到了双方之间融合的基础条件。作为东扩的候选国，此次扩展的对象包括波兰、匈牙利、斯洛伐克、爱沙尼亚、拉脱维亚、立陶宛、马耳他、斯洛文尼亚、塞浦路斯、捷克十国。就其十国的基本经济情况而言，尽管一直被视为欧洲的一部分，与西方国家保持有传统上的联系，但是二战后作为苏联模式的承袭者，高度集中的计划经济体制和冷战的格局基本隔断了中东欧十国同西欧国家的经贸合作与交往。然而，面对国土面积 120 多万平方千米、人口超过 1 亿的中东欧市场，欧盟对其经济依赖的程度是显而易见的。1994 年美国同加拿大、墨西哥建立的北美自由贸易协定生效，亚洲亚太经合组织、东南亚联盟等的发展也同样使欧盟感受到了压力。中东欧国家出于转轨时对西欧援助以稳定社会经济状况、提升经济改革后同外界交往空间的需求，但是从中东欧国家的角度来看促成了欧盟和中东十国于 1993—1996 年签订《欧洲协定》致力于以贸易和投资为主的经济关系、为未来双方关系搭建新发展框架的基石。[1]

最后，从政治与军事安全上看，冷战的结束使得以苏联为核心的集体防卫力量华沙条约组织解体，原本在外交主动权中居不利位置的中东小国此时更失去了其安全上的保障。在经历了前四次的扩大后，欧盟不仅在地缘上更靠近中东欧国家的版图，而且作为新成立的联盟，其政治与军事上的需求也随着冷战的结束而日趋增长。尽管历史潮流的大势在于经济及社会环境的提升与增长，但是从中东欧各国所处的地理位置看，地缘政治和军事安全的需求仍占据了重要的地位，正如欧盟外事专员范·登·布鲁克所言："东扩首先是一个有关文明大陆的安全

---

[1]　《欧洲协定》预示着欧盟同包括波罗的海三国在内的中东欧十国之间经贸关系转向的开端，尽管其本身并不意味着东扩的过渡阶段的开始，也没有正式确定各国加入的可能性，但是却是在 1993 年欧盟首次承诺入盟标准的哥本哈根首脑会议之后在经济上达成双方基本关系共识的一项重要文件。朱晓中．"欧洲协定"与东西欧经济关系 [J]．1997.5：42-43："欧洲协定"的前言中对经济联系国的社会及经济性质做出了规定，对于转轨中的中东欧国家而言，它们的政治和经济转轨方向只能是政治上多元的公民社会及经济上的市场经济。

和稳定的政治问题”[1]，而在著名地缘政治学家麦金德的论断中也早已将东欧视为居于能够控制世界的心脏地带之中[2]，中东欧各国的地缘战略意义可见一斑。1999 年科索沃战争爆发后，中东欧地区安全稳定的局势更加为欧盟所重视，在前期 1997 年卢森堡首脑会议启动“全面扩大进程”批准了 5 国[3] 及塞浦路斯的入盟谈判后，于 1999 年的赫尔辛基首脑会议上批准了保加利亚、斯洛伐克、罗马尼亚、立陶宛、拉脱维亚和马耳他 6 国（赫尔辛基集团）的入盟谈判，并于次年 2 月正式谈判开始启动。[4]

与前四次的共同体（欧盟）扩大相比，2002 年完成谈判、2004 年 10 国正式成为成员国的第五次扩大对于欧洲一体化运动而言意义与内涵更为丰富而深刻。这次扩大不仅仅单纯是数量与规模上的增长，从地缘政治的角度看这是欧盟首次突破了冷战的战略格局界限同原属苏联势力范围内的东欧各国达成的经济与政治上的联合，作为区域性治理的欧洲联盟机构组织正式从西欧国家的代表身份扩大至整个欧洲的范围；从世界性的国际关系政治格局来看，欧洲的区域性组织机构开始深入到世界大国均势争霸后权力真空的地带，通过同中东欧国家的谈判及自身组织机构的完善与调整，作为区域性世界秩序一极的雏形初显，在历经十年漫长而艰巨的利益均衡及谈判之后实现欧洲一体化历史上最大一次的扩大，“第一次获得了统一欧洲的机会”[5]，距离欧洲梦的设想又进了一步。不过应当承认的是，中东欧各国的普遍落后加之一次性的大数目吸收，加上转轨所需的投入及社会负担，同西欧各国相比，其加入联盟的成本是巨大的，这也意味着在未来的联盟发展与一体化整合的道路上必将布满协调与深化所带来的利益平衡的荆棘。

---

[1]　Van den Bruck：The Guardian，5 November 1994.

[2]　麦金德 . 民主的理想与现实 [M]. 北京 商务印书馆 . 1965：134.

[3]　捷克、爱沙尼亚、匈牙利、波兰、斯洛文尼亚，又称“卢森堡集团”。

[4]　王妍 . 欧盟东扩：中东欧候选国家入盟谈判解析 [D]. 长春：吉林大学历史系 . 2004：16.

[5]　Christian Schmidt-Haeuser: In der Warteschlange. Die Osterweiterung der EU ist ein gigantisches Unterfangen, in Die Zeit, Nr.42.1999. 转自方雷 . 欧盟东扩与利益均衡 [J]. 国际观察 . 2003（3）.

3. 2004 年至今：罗马尼亚和保加利亚的加入

2004 年 12 月，欧盟首脑会议在布鲁塞尔召开，会议决定将于 2005 年 4 月与罗马尼亚和保加利亚签订入盟条约。2005 年 4 月，罗马尼亚和保加利亚的入盟条约签署，并同时于 10 月启动了与土耳其、克罗地亚的入盟谈判。

罗马尼亚和保加利亚分别位于欧洲南部和巴尔干半岛北部濒临黑海同西欧与中东相连、处于连结斯拉夫地区和欧陆波罗的海与地中海连线的战略中心位置。在苏东剧变的风云中，两国均经历了从苏共的政党体制向多党议会民主政体和市场经济体制的转型。在体制转轨中因巴尔干局势动荡和自身的一些现实因素，导致 10 年来高昂的社会经济代价，90 年代，罗马尼亚生产大幅度滑坡，国民生产总值损失近 40%；保加利亚虽然施行市场调节的物价及汇率，放开私有化举措等，缓解了市场供应的紧张，但同时也带来了生产的衰退和通货膨胀，人民生活水平急剧下降。两国的经济总量在欧洲各国中居较低位置，仅及欧盟成员国平均水平的 1/3，距离欧盟的加入标准存在较大差距，从而未被邀请于 2004 年同其他中东欧国家一道入盟。

在 2000 年欧盟同两国的谈判之后，在政治司法改革及立法程序、经济结构改造、商业环境等方面，欧盟开始对两国的具体项目指标进行评估。为了入盟，两国开始在法律、政治、经济等领域进行一系列的调整，根据 2002 年 10 月份的评估报告分别针对罗马尼亚的行政执行能力、市场宏观经济建设及保加利亚的立法进程与共同渔业政策等方面的内容做了改进。有鉴于两国近年来的良好发展势头，政治上趋于稳定和成熟、经济上基本形成自由市场、法制建设也不断地进步，2006 年 9 月，欧盟委员会主席巴罗佐宣布，建议罗马尼亚和保加利亚于 2007 年入盟。

对于欧盟而言，两国的入盟属于东扩战略的一部分：无论是从地理上还是从其所反映出来的示范效应上，罗马尼亚和保加利亚的加入都意义重大。一方面，两国的加入在地缘上有助于欧盟版图中西欧与斯拉夫地区的黑海相连及延伸，通过在内部决策机制与会议机构中席位与表决权的增加，在内部深化及沟通上有更好的建设；另一方面，同作为转型的国家，罗、保两国作为未卷入巴尔干冲突的经济发展较好国家，其同信仰东正教的欧盟成员希腊和塞浦路斯一起构成了巴尔干地区欧盟软实力的影响标杆，在解决和应对种族及宗教事务的矛盾上起着一定的引导性作用。最后，就现实的经济效益而言，欧盟提供的巨额贷款援助也为欧盟同两国之间在资本、人力和商品的自由流通上进一步扩大和深化了内部的统一大市场。未来双方经济发展的潜力巨大。[1]

2004 年及其后至今的欧盟正处于东扩后内部应对消化和吸收新成员国，完成经济、政治、外交乃至文化整合的新任务时机，同时也面临着外部国际格局动荡调整，金融危机与国际软权力角逐日趋白热化的严峻挑战。因此，对于欧盟而言，其区域性的治理范式能否在未来的国际社会新秩序体系建设中占有结构性的一席实际成为了决定欧盟能否最终走向成熟和深化发展的决定性问题。

二、欧洲区域治理的国际政治新秩序

欧洲区域的当代一体化进程从最初的西欧六国开始，一直扩大延续至涵盖了欧洲大陆二十七国，这一过程的实质在于国家行为体为了共同的区域性目标实现利益妥协、合作治理的过程。就最初的西欧六国而言，其当时的国际国内政治环境决定了，彼时的欧洲区域治理的目标在于六国的煤钢联营合作，借此超国家性的机构设置和国内市场的营销统一，完成六国共同的战后经济恢复、社会发展的目的。而进入到欧洲经济共同体时代，六国联合开始转向以共同的内部经济市场和关税同盟为目标的合作任务时期。这种区域治理目标的取舍，均来自于当时时代环境与国内外局势变迁的影响。在完成英国、希腊等国第一、二、三次扩大之后，欧洲地区的一体化运动开始朝着更为明确的市场乃至区域内经济政治秩序的方向发展，逐渐确立了欧洲联盟的战略性目标，地区性的多国联合的政治经济新秩序日趋明显。回顾二战后以来的欧洲地区区域一体化历史，我们可以非常清晰地看到一条区域治理的区域性国际政治关系新秩序的建设过程。这其中反映的时

---

[1] 张胜玉，关晓铭. 欧洲联盟第五次扩大的完成 —— 罗马尼亚与保加利亚的入盟及其影响 [J]. 法制与社会. 2009：193-194.

代性主题便是在经济全球化的发展背景下，以美苏冷战和美国一超独强的发展局面内蕴着国家间政治关系和国家行为体本身相互间关系存在方式的变动以及由此带来的作为一个整体的区域国际行为体结构运作的形成。在本节里，有鉴于区域治理所提供的国际政治关系秩序结构模式有赖于国家之间明确的机制性制度建设的存在，因此，笔者将就欧洲区域治理从初期的基础性超国家机构的职能萌芽到80年代中期及之后较为完整的国家间关系秩序体系的建设历程结合已有的历史事实进行一有关区域治理之内在机理的大致勾勒。

（一）区域治理秩序的启动

秩序，在通常所运用到的语言环境中来讲，我们意指一些东西放在一起，按照某种格局而相互联系，依照某种原则而非杂乱无章地放置着，类似奥古斯丁所定义的"不同的组成部分处于自己的最佳位置上，共同构成一个很好的布局"[1]。在梅洛-庞蒂的结构行为理论中，秩序的层次包括了依其物体原初条件下的物理平衡、挣脱外部环境压力求得合宜的生存环境的支配性秩序以及通过象征化行为构建一个"富有意义"的带有"含义"特征的人类秩序三个面向。[2] 就区域治理而言，在治理理念的语境 [3] 中，意味着区域范围内各个国家之间的关系呈现出一种从初始的各自独立的相对缺乏中心权威的无政府状态秩序朝向就某些特定的公共性事务目标各国参与其中并通过一定的组织或制度化方式规定各方关系及存在状态的新秩序转化过程。在这个转换的过程中，由于国家行为体本身所具有的人类社会化属性，因此新秩序的构成必然包含有由人类自身所赋予的内在含义及意义，并且，新秩序的诞生也一定是由处于旧秩序状态下相互间受到的内外环境压力促动

---

[1] Augustine, The City of Go, book xi, ch.XII (Everyman's Library, 1950) p.245 转自 [英] 赫德利 • 布尔 . 无政府社会 [M]. 张小明，译 . 北京：世界知识出版社，2003：3.

[2] 张尧均 . 结构、秩序和意义 —— 对《行为的结构》的主题分析 [J]. 同济大学学报（社会科学版）. 2009（1）：13.

[3] 政府性的权威朝向由达成共识的规则所确立下来的多种类型权威并存的秩序化状态。参见詹姆斯 •N. 罗西瑙 . 全球新秩序中的治理 [A] // 戴维 • 赫尔德，安东尼 • 麦克格鲁 . 治理全球化：权力、权威与全球治理 [M] 北京：社会科学文献出版社，2004：74-75.

下引发的革命性秩序变动。只不过需要探寻的是，具体的形成新秩序过程中所赖以建立和关系依凭的方式、方法及路径为何。具体就欧洲区域而言，在其发生及发展的初始阶段，首要的变革体现在煤钢联营机构的设计理念上所遵循的联邦主义超国家性质的机构组织建设。由此而带来的国家之间内部市场秩序与经济社会组织化进程的变更与六国共同市场的初步尝试，为后期欧洲区域的一体化经济合作及国家间关系存在方式的变更迈出了同时兼具开创性和基石性的一步。

1. 煤钢共同体的超国家性质与功能化

20 世纪 50 年代，欧洲地区一体化进程启动的一个最大成就在于煤钢共同体的成立。1950 年 5 月 9 日，法国外长罗伯特·舒曼（Robert Schuman）在外交部的时钟沙龙发表宣言指出，要实现欧洲乃至世界和平，必须组建起一个具有活力且统一的欧洲，法国在这其中所起到的建设性作用在于矢志促建法德之间的和解，为欧洲联合的未来打下实质性的基础，为此，建议两国组建一个置于共同高级机构（a common High Authority）之下的煤钢生产组织框架，在允许其他欧洲国家加入的情况下，首先为作为经济发展基础的煤钢类产品的生产在区域范围内提供一个共有的实现欧洲联盟的平台，防止其成为战争的军备来源。[1] 法国的这一宣言所体现出来的计划最大一特点在于要在原本各国分管各自主权事务领域内的经济部门中成立一个高于各国现有职能部门权力地位的高级组织机构框架，从而改进国家之间那种单纯的国与国之间以单元形式协调与合作模式为通过国内某种经济部门的联合控制，实现国家之间实质意义上的联合以及在经济结构上的调节与统一。

1951 年 4 月 18 日《建立欧洲煤钢共同体条约》（《巴黎条约》）由法国、联邦德国、意大利、荷兰、卢森堡、比利时六国签署并于 1952 年 7 月 25 日生效，这意味着六个有着完全不同政治、经济、历史及社会文化方面背景的国家，开始正式同意并承诺朝着带有超国家性色彩的集体煤钢产业共管的方向发展。根据条

---

[1] 参考舒曼宣言原文（Declaration of 9 May 1950）http://europa.eu/abc/symbols/9-may/decl_en.htm

约规定，六国的煤炭和钢铁行业将联合起来共同按照市场规律的原则生产、经营和销售，在缔约方之间建立"以共同市场、共同目标和共同机构为基础的一欧洲煤钢共同体"[1]。在煤钢共同体机构组织中，最具有跨国性特征的代表机构特点主要集中在高级权力机构（High Authority，后发展为委员会）上，每个国家派出成员担任委员并享有表决权，法、西德、意各 2 名，其余三国各 1 名，采用一致通过决议，充分显示出其超国家的性质。

在煤钢共同体的权力结构关系设置上，各国派出部长组成相当于内阁机构的部长理事会（Council of Ministers），对最高权力机构的决议进行表决，同时调配相应的财政资金。最高权力机构的税收主要来自煤炭和钢铁企业的生产，在后期的发展中随之而增强了相应的资金自主权，但是由各国议员组成的共同议会（Assembly）同样可以对最高机构的执行投不信任票。在议会分配的名额上，依据成员国的具体区别而有所差异，如三个大国法、西德、意各占 18 个名额，比利时、荷兰各 10 个，卢森堡 4 个。最后，共同体的最高权力机构的决定及其行动的合法性解释主要来自欧洲法院（European Court of Justice）进行的司法裁决，在整个的提议、决策及执行的架构中，非政府团体还可以通过咨询委员会（Consultative Committee），如企业界、工人、消费者代表等组成的行为体对最高权力机构的活动提出建议和意见。[2] 正是这种多方权力制约及涵括了非政府行为体参与的机制性结构为后来欧洲一体化运动的欧盟体制奠定了初始性的基石。

这一带有超国家性色彩的煤钢共同体机构组织建设之所以具备了对原有国际关系合作方式进行变革的意义，主要在于它超脱了一般意义上传统的国际关系上的合作。在以往的欧洲及国际社会的国际组织形式中，多以政府间合作为运作原则，按照"欧洲之父"莫内的理念，这类组织内在的脆弱性并不能通过一些更为实际的效果"给欧洲的统一提供更好的远景"[3]。相反，要想达到欧洲真正实质

---

[1] 建立欧洲煤钢共同体条约.第一编第 1 条 [A].戴炳然，译.欧洲共同体条约集 [M].上海：复旦大学出版社，1993：1.

[2] 河泰庆.欧洲煤钢联营及其对东北亚经济一体化的启示 [J].东北亚论，2004.13（2）：47-51.

[3] 黄伟峰.欧洲联盟的组织与运作 [M] 台北：五南图书出版股份有限公司，2007：29.

意义上的团结，其关键在于"采取一个法律的、正式的协议，建立新的功能性的权威，来取代现存民族国家的主权"，因为"主权只会产生毁灭性的国家敌对而已"[1]。而当时煤钢联营机构建设所针对的资源管理恰是国民经济中恢复生产和社会发展最为需要而同时又极易被应用到军工领域的煤钢产业。六国的共管将各国相关产业生产的商品价格、产量及销售渠道等，置于高级机构的权限范畴之中，与此同时，通过维护国家主权利益的部长理事会，来协调高级机构的区域性代表同国家自主权益之间的平衡。尽管针对这种涉及国家主权让渡和控制的方案，有不少国家例如英国在一开始难以接受，但对于西欧六国而言，在煤钢联营的设计经验基础上发展而来的后续欧洲经济共同体更进一步地将理想化的欧洲统一理念转变成了实实在在的国家间功能性的新型合作方式。

初期的煤钢共同体及其运作下的煤钢联营，在推进成员国间经济一体化合作上取得了重大进展，如从 1952 年至 1955 年初，钢产量贸易增长了 151%、废铁增长了 357%、煤增长了 40%、铁矿砂增长了 37%；到 1956 年，粗钢、铁矿砂和焦炭比 1952 年分别增长了 151%、31%、15%。[2] 不仅如此，煤钢领域内取得的合作化成就也促使了在其他领域如农业、卫生等朝着类似机构功能化模式方向的发展，由此也顺其自然地带来了西欧六国更广泛经济领域内的进一步融合。

2. 欧洲经济共同体中的理事会政府间主义权威

自煤钢共同体成功运营以后，欧洲的政治领导者们致力于寻求新的合作方向和议题。在 1954 年的防务共同体失败之后，六国开始意识到政治领域推进一体化的难度以及经济层面上各方共同兴趣的存在。1955 年 6 月 1—2 日，六国外长召开墨西拿会议专门讨论将经济潜力综合在一起，以期长久地适应美苏两国的经济发展速度。最终决定在六国间建立共同的市场以及共同和平利用原子能、采取共同的交通网建设。[3]

---

[1] 黄伟峰. 欧洲联盟的组织与运作 [M] 台北：五南图书出版股份有限公司，2007：29.

[2] 罗秦伯. 欧洲一体化进程的政治分析 —— 兼论欧洲共同外交及安全政策 [D]. 长春 吉林大学行政学院，2009：32.

[3] 惠一鸣. 欧洲联盟发展史 [M]. 中国社会科学出版社，2008：376-379.

1957 年 3 月 25 日西欧六国在罗马签订了极富意义的《建立欧洲原子能共同体条约》和《建立欧洲经济共同体条约》（统称《罗马条约》）。《罗马条约》是继《巴黎条约》（《建立欧洲煤钢共同体条约》）之后，另一个将合作目标锁定在经济领域的同时更进一步完善和提升欧洲各国相互间深层次合作的国家间条约。该条约特别明确地将欧洲国家经济联系的密切程度同欧洲人民之间日益紧密的联盟相关联[1]，在具体的目标和方式上，锁定落实关税同盟和建立同时包括工业品和农业品的共同市场。具体的运作方式，则是依靠共同机构与规则为基础的国家间的合作。在形式上，"《罗马条约》是一个融合了机构 — 程序 — 目标三方面因素的条约框架，预先勾勒出了共同体今后将长期使用的谈判体系……重新采纳了煤钢共同体所勾勒的制度草案：在成员国的认可下，向同时代表共同体、成员国和公民三方面利益的共同体机构（三驾马车）进行主权授权，以此保证了各个层面的合法性之间的平衡"[2]。在具体运作上，委员会负责代表和捍卫条约及共同体的利益；成员国的利益由部长理事会中各国政府代表负责；而欧洲议会则通过来自成员国议会的成员来代表公民的利益。

在欧洲经济共同体机构的权力关系设计上，一个同煤钢联营期间较为不同的地方在于，煤钢共同体中的部长理事会机构主要的功能在于，制约和平衡高级机构（High Authority）在做出决议时对大国利益的倾向；而在欧洲经济共同体和欧洲原子能共同体时期，部长理事会的功能则开始转变成为一个以多国平衡为主基调的决策性机构，而不仅仅是煤钢共同体时期的那种控制性机构。[3] 在煤钢共

[1] 原文为"矢志为欧洲各国人民之间一日益紧密联盟奠定基础；决心以共同行动消除分裂欧洲的障碍，确保其国家的经济与社会进步"，戴炳然，译. 欧洲共同体条约集 [M]. 上海：复旦大学出版社，1993：65.

[2] 法布里斯·拉哈. 欧洲一体化史：1945—2004[M]. 彭姝祎，陈志瑞，译. 中国社会科学出版社，2005：50.

[3] 部长理事会的建立初始来源于比利时与荷兰两个小国的提议，在煤钢联营时代其功能的控制性和在欧洲经济与原子能共同体时代其功能的决策性主要区别在与高级机构（欧洲委员会）相比较其权力和地位的分量是大还是小。基本定性的认定参见尤利·德沃伊斯特. 欧洲一体化进程 —— 欧盟的决策与对外关系 [M]. 门镜，译. 北京：中国人民大学出版社，2007：41.

同体时期，高级机构的权力被赋予较之当时的特别部长理事会更多的权限范围。据美国学者的整理，煤钢共同体的 47 项业务中，有 32 项业务高级公署可享有完全的提案、立法、执行及监督权，而仅 15 项需经特别部长理事会的同意。到经济共同体时期，超国家主义浪潮势微，在解决有关共同体机构同国家主权之间关系问题上，《罗马条约》所设计的共同市场模式主要通过一个为期十二年的过渡期，逐步建立部长理事会的条件多数决机制，根据当时比利时外长史派克的想法，主要期待形成一种协调委员会与理事会之间"总体利益和个体利益"不断对话的伙伴关系。[1] 根据共同体条约，从 1958 年起到 1970 年分三个阶段建立起关税同盟。在第一、二个过渡期中，理事会的绝大部分决策都采用一致决，这一点本身就已将经济共同体时期的理事会政府间主义性质显著地突出了出来；到 1966年，原本依照计划将于 1 月 1 日生效的第三阶段过渡，由于戴高乐将军于前一年7 月制造的法国代表拒绝参加理事会及其他合作机构会议的"空椅危机"（empty chair crisis），导致部长理事会有效多数决范围扩大的推迟 [2]；尽管危机本身最后并没有阻碍许多决议上特定多数决的实施，但以"卢森堡妥协"（Luxembourg Compromise）为结束的法国代表国家主权与共同体机构权力权限之争，却深刻反映出在当时条件下，国家行为体自主权力仍然在欧洲区域性的机构组织中占据着绝对重要的地位和分量。"卢森堡妥协"表明"某些成员国希望监督共同体的发展，这些国家不准备接受官方决策机构之外自动或扩散的权力让渡。今后的任何决定，如果它将深刻改变共同体机构的运作，或者导致朝共同体方向的额外的权力让渡，成员国都要先召开政府间会议，对条约进行修订"[3]。

到 1968 年 7 月 1 日，欧洲经济共同体的关税同盟正式成立，比计划提前了一年半。工农业产品区域内共同市场的开放为西欧六国带来了显著的经济贸易成

---

[1]　黄伟峰 . 欧洲联盟的组织与运作 [M]. 台北：五南图书出版股份有限公司，2007：155.

[2]　黄伟峰 . 欧洲联盟的组织与运作 [M]. 台北：五南图书出版股份有限公司，2007：160.

[3]　法布里斯·拉哈 . 欧洲一体化史：1945-2004[M]. 彭姝祎，陈志瑞，译 . 中国社会科学出版社，2005：68.

就。1958—1970 年，共同体内部的贸易增长了 5 倍 [1]；整个 60 年代共同体进出口额占世界总额的比重有了显著增长，并最终于 1980 年超过美国、日本成为世界第一大经济贸易集团。[2] 回顾欧洲经济共同体自 1958 年至 70 年代这段时期的发展，关税同盟相对顺利的推进，以及共同农业政策在艰难谈判中获得的基础性地位，可以说西欧六国的区域一体化及其参与治理的进程，是较为成功且具有长远性意义的。在这个阶段，欧洲各国的区域治理形态超脱了从一开始煤钢联营时期的积极超国家性质，而转向了更多涉及国内经济领域实践的更为广阔的联合领域，从工业品到农业品的生产、加工、营销和价格税收政策等，都通过区域共同体的机制设计，实现区域内国家间以政府主导协调为主要方向和基石的权力关系形态。不可否认，在这其中大国如法国、联邦德国等的因素在组织区域性合作的建设过程中，可能会起到其他小国所难以起到的强大牵引及助推性作用，但是从基本的区域机构体系设计的秩序平衡角度 [3] 来看，欧洲的经济共同体已然开创了国家间经济社会政治合作的新型关系模式。这一点从欧共体与其几乎同时期产生，但主要遵从政府间合作、缺乏更进一步国家主权内在深化融合和经济利益建设的欧洲自由贸易联盟的对比上，可以更为清晰地看出来。欧洲自由贸易联盟作为一开始成立即肩负与欧共体相竞争使命的区域性合作组织 [4]，到 70 年代，其创始国之一的英国在对欧共体和欧自联的经贸利益对比状况比较之后，毅然脱离欧自联加入欧共体组织。尽管前者能够在内在政府间决策机制上，更符合强调国家主权自主独立性的英国外交传统，但是现实的国家利益需求、欧自联组织能够提供

[1] 皮埃尔·热贝尔. 欧洲统一的历史与现实 [M]. 丁一凡，程小林，沈雁南，译. 北京：中国社会科学出版社，1989：223.

[2] 胡瑾，郇庆治，宋全成. 欧洲早期一体化思想与实践研究（1945—1967）[M]. 济南：山东人民出版社，2000：199.

[3] 以部长理事会和高级机构（委员会）为例，按照大小国家之不同分配的代表席位及给定的投票权重有所差异。但再通过整体性的一致决或特定多数决等方式（在委员会方面则主要通过其提出建议后获得通过所需的流程），平衡国家之间以及国家同共同体机构即区域性整体利益之间的权益关系。

[4] 项冲. 从西欧两个对立的经济集团来看帝国主义国家之间的矛盾 [J]. 经济研究. 1961（3）：59-71.

资源及对外贸易交往上的局限性仍决定了英国（随之还有丹麦）在欧共体与欧自联达成自贸协议后转而脱离欧自联加入欧共体，至此，两相竞争的区域合作组织在经历对抗之后开始转向密切的联系。

总体而言，欧洲特别是西欧六国（70 年代第一次扩大后为九国）自二战后以来，开创性地迈上国家行为体内部经济部门区域化机制合作的道路之后，一直到 20 世纪 80 年代初期，其区域性机构在负责协调和统领各国共同面对及关心的议题、利益并采取相应措施进行治理的过程中，主要经历了从早期的超国家性色彩强烈到为适应更宽泛层面上各国间的合作而采取的政府间主义性质的机构体制设计进程。这种政府间主义性质的一体化合作主要来自于以法国利益为根本出发点的戴高乐将军于 20 世纪 50、60 年代对西欧一体化组织建设中超国家性国家间秩序的改造：凡忽视国家和民族利益的国际秩序都是不稳固、缺乏民意基础的；只有政府才有力量要求和强制某些决议的效果执行；法国在其中如果不能削弱盎格鲁 - 撒克逊色彩，则这种基调下建成的组织其对欧洲利益的代表性是值得怀疑的。[1] 要综合分析当时的国际国内力量对比形式和国家战略谋划方能理解兴起于西欧漫发于欧陆的一体化所带来的国际社会秩序变革和国际关系中国家行为体之间交往合作方式的改变。在这一秩序性的调整中，政府间主义和新功能主义的思想占据着一体化的主导方面，在共同体的机构运作中，直到 1987 年"单一法令"实施前，"理事会往往对每个问题要求或寻求使用一致通过的表决机制"[2]，而在与委员会的关系上"理事会把很多日常工作委派给成员国的官员来做……设法让委员会考虑成员国的意见和了解它们的情况"[3]。这种政府间性质的机制合作的主要的成就在于：从关税同盟到共同农业政策的制定这种国家的功能性需求得到了一定程度上的实现。以共同农业政策为例，原来几个成员国中就业人数减少

---

[1] 惠一鸣. 欧洲联盟发展史 [M]. 中国社会科学出版社，2008：446-447.

[2] 约翰•平德. 联盟的大厦：欧洲共同体 [M]. 潘琪，译. 沈阳：辽宁教育出版社，1998：30.

[3] 约翰•平德. 联盟的大厦：欧洲共同体 [M]. 潘琪，译. 沈阳：辽宁教育出版社，1998：32.

所带来的问题得到了缓和。[1] 正如戴高乐及其支持以政府间关系替代大西洋倾向性浓厚的超国家秩序的伙伴们所预期的，"以政府间合作为主的机制显示了它们在重大事情上能团结各方面保持一致的能力，以及在困难时期能继续工作和一旦形势好转恢复势头的本领"[2]。欧共体机构中政府间性质的合作，内蕴区域治理在当时的条件下对外树立欧洲人自身的国家利益判断标尺，对内强化国家实质性社会经济利益实现的步骤和方法，因而在实质意义上为欧洲的一体化乃至国家间新秩序的产生提供了独特的而实际的增长点。直到 20 世纪 80 年代中期，随着欧共体应时势的变迁而做出的新机制性调整，这种区域性的治理新秩序开始体现出更强大的活力并获得新的政府间合作的动能。

（二）80 年代区域治理的秩序结构升级

在欧洲区域治理的体制问题上，60 年代主张"欧洲化"人士在预算的决定权上倾向于议会对共同体一体化方向的控制，由议会选举产生委员会主席，并且支持朝着与美国相接近的欧洲核防务多边组织力量发展。[3] 在戴高乐主义派人士的反对下，欧洲区域的治理机构设置，采取以代表国家利益的部长理事会为主要决策机构，委员会和欧洲议会的职责与功能相对弱化。1965 年委员会借增加共同农业政策财源的共同体超国家控制程度的建议提升自身权限的做法激起了法国的强烈反对，共同体的体制危机就此引发。1966 年完成的妥协并未采取一致通过方式取代多数通过体制，只不过决议均在完全的协议基础上达成，从而较少使用否决权，委员会的动议权下降，而部长理事会的权力重心相对上升，欧洲议会的协商咨询机构的性质没有发生变化，延续着煤钢共同体时期的基础功能性设计。[4]

---

[1] 约翰·平德. 联盟的大厦：欧洲共同体 [M]. 潘琪，译. 沈阳：辽宁教育出版社，1998：35.

[2] 约翰·平德. 联盟的大厦：欧洲共同体 [M]. 潘琪，译. 沈阳：辽宁教育出版社，1998：36.

[3] 皮埃尔·热贝尔. 欧洲统一的历史与现实 [M]. 丁一凡，程小林，沈雁南，译. 北京：中国社会科学出版社，1989：281.

[4] 张嵩. 欧盟决策机制研究 [D]. 长春：吉林大学，2005：20.

一直到 1986 年的《单一欧洲法令》签署之前，欧洲区域的一体化合作及其展现出的区域治理机构特征，主要包括了一种"双元体系"[1] 并立的运作进程，即一方面依托于现有的区域共同体机构设置进行整体性的决策规划和建议，促成一体化的经济聚合效应；另一方面，则是以政府间的政治合作为依托，在尊重国家主权的基本原则下，形成在未来国际关系上协同一致和具有共同行动立场的体系。然而，这种以部长理事会共同协议、一致通过为主的组织运行模式在缓慢推动欧洲一体化发展并奠定一定基础的同时，也在 70 年代与 80 年代初的国际形势中显示出其内在功能的有限性和基本架构及秩序结构的局限性。70 年代资本主义世界普遍的经济危机、国际货币体系的动荡、第三世界国家力量的崛起等，促使欧洲各国开始认真思考怎样在新一轮的全球经济高新科技的竞争中获得新的增长点与活力，特别是在区域内英伦岛和北欧国家、南欧地中海国家陆续寻求加入的背景下，欧洲经济共同体进一步巩固了民主政体的基本国家价值观念的同时必须开始在区域性的机构体系上强化国家权益方面更进为深化的合作，正如莫内在其演说中所提到的，只有制度能使各种经验长久地留存下来并将一体化的智慧凝结于其中，贯彻人们的意愿追求。[2] 因而，80 年代中期以解决各国合作壁垒为首要目的的《单一欧洲法令》其一重要变革在于对既有共同体机制架构的运作规则的变更。具体而言主要集中在理事会的特定多数决的针对范围问题上。

80 年代中后期的欧共体经历着其历史中最为重要的阶段。自 1968 年以来确立的自由贸易共同市场开始进入重新启动和推进的新一体化过程。[3] 在度过最为

---

[1] 主要意指政治层面上所体现出来的特点。参考刘雪莲. 欧洲一体化与全球政治 [M]. 长春：吉林大学出版社，2008：110.

[2] 原文为"欧洲的联合不能仅仅建立在善良愿望的基础上，还必须制定各种规章。当今世界的种种悲剧，我们经历的种种事件，或许已经使我们变得聪明起来。但一生一世，来去匆匆，一代接替一代，我们将拿什么留给后人？是我们个人的经验吗？不！它将和我们一同离去。我们应该留给后人的是一些组织机构，组织机构的生命力比个人的要强大得多。这些机构若能很好地建立起来，就必可集人类智慧之大成，世代相传，永无穷尽。"让·莫内. 欧洲第一公民——让·莫内回忆录 [M]. 孙慧双，译. 成都：成都出版社，1993：447.

[3] Andrew Moravcsik. The Choice for Europe: Social Purpose and State Power From Messina To Maastricht[M]. New York: Cornell University Press. 1998: 114.

艰难的对欧共体失去信念的 80 年代初期的一段岁月之后，各国政治家在保持西欧团结、重振共同体活力、在实际的预算及法德轴心等问题上达成了积极的共识，这为后来的消除人员流动边界限制的申根协议和推动一体化内部市场的《单一欧洲法令》提供了坚实的政治保障。[1]

《单一欧洲法令》使欧洲区域的一体化发展进入到一个崭新的阶段，包括三个方面的变革 [2]，其中涉及共同体机构部分的主要有两个：一个是在合作程序（cooperation procedure）下扩大了欧洲议会的权限，规定"议会与部长理事会在共同农业政策和运输政策等领域要根据合作程序进行决策……议会在立法决策中对理事会有一定的制约力。议会还得到了批准权，即通过同意程序对一些涉外问题点头同意的权力，如在欧同体扩大方面需要议会的批准"[3]。另一个是引入了特定多数决制度，在 1966 年达成的"卢森堡妥协"中，成员国可以通过声称涉及生死攸关（vital）或非常重要的利益否决提议；而《单一欧洲法令》在关涉到内部市场实现的议题上正式扩大了特定多数决在部长理事会中的使用范围，这实际是对"卢森堡妥协"的一种否定，"它可以使部长理事会在设计内部市场、研究和技术、地区发展政策和环境保护等方面采用多数表决制，提高了部长理事会的工作效率，具有重大的意义"[4]。

按照《罗马条约》的规定，彼时欧共体的内部统一市场虽然在名义上已经成立，但其中仍存在着大量的行政障碍、技术障碍、边界障碍等，极大地制约了区域市场效能的发挥，成员国之间的内部贸易亦受到制约。根据欧洲委员会 1986 年公布的白皮书统计，共同体于 1968 年关税同盟完成后通过了 270 件立法，但距离

[1] 惠一鸣. 欧洲联盟发展史（下）[M]. 中国社会科学出版社，2008：698-701.

[2] Andrew Moravcsik. The Choice for Europe: Social Purpose and State Power From Messina To Maastricht[M]. New York: Cornell University Press, 1998: 315.

[3] 阎小冰，邝杨. 欧洲议会：对世界上第一个跨国议会的概述与探讨 [M]. 北京：世界知识出版社，1996：19.

[4] 胡瑾，郇庆治，宋全成. 欧洲当代一体化思想与实践研究（1968—1999）[M]. 济南：山东人民出版社，2000：66.

一个真正意义上完全的共同市场要求还需要 300 多件立法才能达到。[1] 为了进一步推动欧同体市场的建立，时任欧洲委员会主席德洛尔提出了建立统一市场的计划设想，于 1992 年底消除商品、资本、服务和人员自由流动的各类障碍。各成员国在艰难的经济形势和内部市场无法深入的矛盾加剧的情况下，意识到必须走消除内部贸易障碍共同改善市场环境之路。1983 年，共同体在斯图加特峰会上通过了《关于欧洲联盟的庄严宣言》，在成员国之间明确了进一步改革并深化政策和法规协调乃至于走向外交及安全等更高层面政治合作的一体化方向。[2]1985 年 6 月，以著名的"白皮书报告"为标志，建设大市场计划正式启动。1986 年 2 月成员国相继签署并通过了《单一欧洲法令》，1987 年 7 月正式生效。

在具体内容上，《单一欧洲法令》主要是修订和充实了《罗马条约》的内容，不仅围绕统一市场建立的具体措施对已有的共同体条约进行了系统的修订，并且在组织机构和理事会的决议程序上引入了少数服从多数的决策机制，极大地改善了共同体在区域层面上的决策能力，与此同时，就欧洲议会的作用、与经济政策相关的各项社会政策、技术科研开发领域的合作以及外交领域内的合作条款等均做出了相应的规定或说明。用菲利普·施密特和沃夫冈·斯特里克（Schmitter and Streek，1991）等学者的话来讲，如果说以往的一体化更多是由某种"外溢"的技术层面上需要的效果考虑发展而来的话，那么这一次《单一欧洲法令》的文件则使一体化进程产生了一个"多边、跨部门的政治动力"，极大地改善了各类利益团体参与欧共体活动的体制结构。[3] 由于目标明确后所产生的巨大推动力，为之前一直在各国利益斗争中徘徊不前的共同体注入了新的活力，至此，欧洲地区的经济一体化也进入到了一个新的发展阶段。

正是由于共同体在此之后的区域性机构的协调及各国政策合作中逐步走向了以共同体利益为基本牵引力、有着区域性机构的配合及国家进一步让权的新型治

[1] 苏宏达 . 欧盟理事会 . 欧洲联盟的组织与运作 [M]. 台北：五南图书出版股份有限公司，2007：156.

[2] 惠一鸣 . 欧洲联盟发展史（上）[M]. 中国社会科学出版社，2008：682-685.

[3] 兰天 . 欧盟经济一体化模式 [M]. 北京：中国社会科学出版社，2006：142.

理秩序形式，从而也为欧洲区域的国际政治新格局打下了秩序变革的结构性基础。在之后的章节，我们将就这种新型的政治秩序中各类行为体关系的变迁与巩固做进一步细致而深入的论述。

三、欧洲区域治理的国际机制实体：欧洲联盟

国际秩序，一般而言是指"相对稳定的国际态势的基本运作机制和位次顺序"[1]，具体而言意含各类国际社会中的行为体如主权国家或国际组织等按照一定的原则、规范、目标和手段来处理彼此间关系及各种国际问题，建立并维系国际政治经济有序状态的运行机制。[2] 与国际秩序及其所引领下的国家间关系状态相关的是，区域治理意指对达成某种状态下国际政治关系所体现出来的秩序样貌进行一定程度上的并带有方向性的调节乃至于改变的过程。就欧洲地区而言，其区域治理的典型表现在于通过一体化进程中的机构建设和制度设计重新安排欧洲主权民族国家之间内在的政治经济关系和区域范围内的国际政治经济秩序规则。机制与秩序之间的关系在于，前者通过一定的带有价值色彩和规范性特征的行动安排，给置身于其中的行为体就权力或利益方面的分配及行为带来不同的后果。[3]这种后果所反映出来的行为体之间的关系状态即意味着某种意义上的秩序的发生与存在。欧洲区域治理获得成效的一个重要体现就在于在一体化的进程中是否以及如何形成对各个国家行为体产生有效制约并形成较为稳定的互动关系状态的机制性制度框架体系。我们认为，从西欧六国发起并扩大至几乎整个欧洲大陆的区域一体化进程最显著的机构性制度机制体系就是以国家间条约为基石的欧洲共同体及欧洲联盟规则运作框架。该规则运作框架的发展不仅体现了欧洲区域治理在不同阶段上的治理目标、方式、结果及一定阶段上面临的新的问题和挑战，而且从更为宏观的视野上来看，为面向 21 世纪的欧洲区域的整体性发展提供了一个

---

[1] 周敏凯 . 国际政治学新论 [M]. 上海：复旦大学出版社，2004：176.

[2] 张丽华 . 规范、制度与国际秩序 [J]. 吉林大学社会科学学报，2007.47（6）：47

[3] Stephan D. Krasner. Structural Causes and Regime Consequences: Regimes as Intervening Variables[J]. International Organization. 1982.36(2): 186-189.

难以取代的国家间关系存在方式和区域性国际关系新秩序的发展模型。

（一）区域治理的任务与发展走势

从前文所述欧洲区域一体化进程中新成员国的加入以及战后一体化发展启动一直到 80 年代中后期内部市场的基本建立，大致可以梳理出三条决定区域治理发展走势的国际国内线索：其一，以美苏争霸为基本走向的欧洲经济合作发展由向美倾向性到独立自主权益的争取之路；其二，整个全球经济政治发展态势决定的欧洲区域集团化发展从内部各类区域化合作组织的竞争中脱颖而出的超国家式发展之路；其三，以欧洲民族国家本身内在的共同面临的政治经济发展需求及问题为基本指向的机构设计和治理目标与规则功能的选择之路。下面笔者将依据此三条线索，将欧洲地区自二战以来的区域治理进程划分为战后初期至 80 年代、80 年代至 90 年代、90 年代至 21 世纪三个阶段，分别论述其治理的阶段性任务与发展的基本走势。

1. 战后初期至 80 年代

这一时期西欧六国及后来加入的英国、爱尔兰、丹麦等欧洲国家共同面临的区域治理的主要任务是使欧洲特别是西欧诸国的经济社会发展在共同合作与协调的基础上迈上符合欧洲国家自身发展特点与规律的轨道上来。

1946 年底至 1947 年初，欧洲国家的经济形势趋于恶化，工农业生产均不能自给，许多食品、原料及能源产品有赖进口，财政开销难以平衡。[1]1947 年 6 月，美国推出了精心炮制的马歇尔计划，旨在援助西欧建成统一自由市场的同时减轻美国的负担、为美国商品和资本的输出铺平道路、平衡英国同欧陆国家矛盾、遏制苏联的势力扩张。[2]马歇尔计划在欧洲最需要帮助之时提供了经济复苏的动力和外援，但是也埋下了分裂欧洲的种子。该计划一要点在于必须制定一个欧洲国

---

[1] 皮埃尔·热贝尔. 欧洲统一的历史与现实 [M]. 丁一凡，程小林，沈雁南，译. 北京：中国社会科学出版社，1989：66.

[2] 纪胜利，郝庆云. 战后国际关系史（1945-2000）[M]. 哈尔滨：黑龙江人民出版社，2002：34.

家整体性的复兴计划，这实际上是将苏联及其东欧卫星国排除在了援助的框架之外。[1] 马歇尔计划出自美国政府之手，对欧陆国家的影响既包括经济复兴的一面也包括加大美国在欧洲势力范围影响力的一面。在经历这一计划之后的欧洲国家并未走向真正实质意义上的一体化，而是在恢复元气之后在美苏之间仅仅充当提供战略中间地带的角色。真正的一体化之所以起始于 50 年代的煤钢联营，除去切实的国家之间超国家性机构组织的建立及国家内部经济产业部门的联合之外，还应看到美国在欧洲的力量借助重新武装德国从而给法国以致整个西欧国家实力均衡变动所带来的压力。[2] 对于西欧六国而言，只有从内部法德两国和解并完成可由类似于荷比卢关税联盟这样的经济模式联盟结构的建设，才能一定程度上抵消掉美国在欧洲经济势力上的影响同时还可以保证内部联盟中政治安全层面上的信心。一直到欧洲经济共同体建立之前，欧洲都未曾放弃过对美国就欧洲一体化政策的依赖，欧洲防务共同体即为一例。然而防务共同体的失败带来的教训既深刻又影响深远，一方面事实证明当时的欧洲各国还远未达到走向除经济之外其他领域内建设共同体的一体化阶段，另一方面包括联邦德国在内的领导者们开始反思"统一的欧洲应该是成员国利益的共同体，而不是别人利益共同体"[3]，并且，"美国同欧洲国家之间的利益不常常一致，而见解也不常常一致"[4]。

60 年代建立起来的欧洲经济共同体及之后围绕关税减让、共同农业政策、预算和扩大问题的进展风波，欧洲区域的治理发展开始正式步入国家之间整体宏观调控层面上的组织协作与职能配合中来。当时的国际形势依然以两极格局为主要态势，但 70 年代第三世界国家力量开始壮大，作为老牌资本主义发源地的欧洲正经历着难以靠小国经济发展模式维持必须转向区域性经济联合的方向延展的前景。彼时共同体所提供的治理架构在开始时依循委员会为基本权力重心的发展方向，但对单个国家内部利益独立性的忽视迫使法国等为代表的政府成员在坚守辅

[1] 惠一鸣. 欧洲联盟发展史（上）[M]. 中国社会科学出版社，2008：294.

[2] 惠一鸣. 欧洲联盟发展史（上）[M]. 中国社会科学出版社，2008：322.

[3] 惠一鸣. 欧洲联盟发展史（上）[M]. 中国社会科学出版社，2008：368.

[4] 康拉德·阿登纳. 阿登纳回忆录（三）[M]. 上海：上海人民出版社，1976：4-5.

助原则 [1] 的同时要求共同体更加重视政府本身的利益，从而进一步凝聚了共同体内部的团结，使得各方成员在面临重大事务问题上能更好地保持一致的能力，面对困难也能继续工作。[2]

2. 80 年代至 90 年代

这一时期在经历了包括共同体政治体制价值确认在内的两次扩大及中期内部统一大市场计划确立之后，欧洲各国在参与一体化建设进程中所面临的共同的区域治理任务开始从早期的经济启动和社会初步稳定转向在摆脱两极争霸势力影响的基础上为了进一步适应经济全球化中高科技竞争态势的局面，开始考虑完成区域性的国家间经济政治合作整体结构性升级的目标。

进入 80 年代，美国里根总统上台，在对外关系上采取"现实主义、实力加谈判"的原则处理与苏联关系，美苏进入僵硬对抗的新冷战时期；在经济上，通过"经济复兴计划"，对生产消费结构以及国民收入分配做出重新调整，虽然缓和了整个资本主义世界经济的滞涨局面，但同时也加剧了与西欧、日本的金融战和贸易战 [3]；在军事上，谋求与西欧、日本的战略同盟关系，构筑围堵苏联的战略防线，以美国为中心使盟国服从于抗苏战略。面对此形势，西欧共同体一方面在意识形态上通过接纳希腊和利比里亚半岛民主政体转型后的国家来明确自身在政治价值倾向上与美国势力的一致，另一方面则在内部的社会政策、地区政策和环境政策等问题上展开新的调节手段，为强化新扩大后不同发展水平上的国家彼此间的协调提供区域机构的结构化动力，这也标志着以西欧为主兼顾南欧地区的欧洲经济

---

[1] 根据欧洲经济共同体条约第 3B 条，"在不属于其专管的方面，共同体应根据辅从原则采取行动，即只有在和仅限于下述情况下，所拟行动的目标非成员国所能充分实现，且由于所拟行动的规模或影响，因此而最好由共同体来实现。"戴炳然，译. 欧洲共同体条约集 [M]. 上海：复旦大学出版社，1993：69.

[2] 约翰·平德. 联盟的大厦：欧洲共同体 [M]. 潘琪，译. 沈阳：辽宁教育出版社，1998：36.

[3] 梅荆. 里根"经济复兴计划"剖析 [J]. 现代国际关系，1981（1）：27-28.

一体化运动进程开始发生了质的飞跃。[1]

如果说在早期的 60、70 年代欧洲地区的一体化及欧洲共同体的目标任务主要在于完成内部关税同盟的基本建立和工农业产品及价格政策上的初步协调的话，那么进入到 80 年代，美国引领下的高新科技产业结构革新则促使欧洲各国进一步考虑区域内尖端科研开发的计划与竞争能力，而与此相应配合的则是可以容纳更多欧洲成员国公民参与其中的单一市场计划。以 1985 年 11 月《尤里卡计划》会议在汉诺威的召开以及法国籍欧共体委员会主席德洛尔提出的旨在撤除欧洲现存所有关税和非关税壁垒，取消商业、贸易、财政与经济政策等方面差异的"单一市场计划"为标志，欧洲地区的区域治理开始进入到为适应全球经济领域新科技发展而对成员国之间经济产业结构化调整进一步深化的历史时期。与之同步进行的还有关涉到区域共同体机构机制改革的"道奇报告"（Dooge Report），建议加强政府间会议机制，使各国从 30 余年的经验中得以发挥联合的最佳优势。[2]

3. 90 年代至 21 世纪

这一阶段欧洲区域治理面临的外部形势最大变化在于冷战的结束和经济全球化时代在更为广泛和深化的意义上进一步扩展开来。就欧洲区域自身的治理机构建设而言，在两德统一的条件下坚守柱型的法德合作结构，于 1991 年 12 月 9 日订立《欧洲联盟条约》（《马斯特里赫特条约》），既明确了欧洲一体化朝向外交及政治、内务等方面涉及较为核心的国家利益上的合作，另一方面也以建立经济与货币联盟为近期目标，为迈向深层次的合作构筑经济上更为实质性的联合。

冷战的结束，两德统一打破了自二战结束以来欧洲大陆力量的微妙平衡。如同当时的英国首相所担忧的，德国的重新统一从其本质上而言容易再度成为欧洲

---

[1] 法布里斯•拉哈. 欧洲一体化史 1945-2004[M].彭姝祎,陈志瑞,译 中国社会科学出版社，2005：80.

[2] 李世安，刘丽云. 欧洲一体化史 [M]. 石家庄：河北人民出版社，2003：164.

的"一股破坏安定的力量，而非安定的力量"[1]。正是面对这种新的形势，对于欧共体内的各方成员而言，一则担心欧陆再起战火硝烟，二则担心已有的一体化成果会在难以妥协的各方利益较量中失去其存在的意义。此时，法德两国的态度成为了决定未来欧洲一体化发展进程的关键。1989 年 11 月，在柏林墙倒坍前几天，法德召开峰会，认为即便两德统一，也不能减缓共同体进一步深化的步伐，相反，加速一体化的深化进程与发展才是两国战略利益的最大公约数，即在当前目标下致力于"把欧共体作为稳定的锚加以建设并把它改塑成一个拥有共同货币的欧洲联盟"[2]。在明确了基本的方向后，剩下的便是具体政治机制建设原则上的分歧了。

就一体化的政治发展方向及具体的治理方式上，欧共体内部存在着以法德为代表的荷、卢、比、奥、芬等支持扩大联合的所谓柱型结构一方与以英国、丹麦、西班牙等为另一方反对欧共体权力进一步扩大、应以内部建设紧密联系为主的所谓树型结构的意见。[3] 所谓柱型结构是指充分发挥超国家性机构组织的作用，以各国边界管理及社会经济文化的联系为主要发展目标，致力于消除国家内部集团间的分歧；所谓树型结构不主张以损害或取代成员国主权为代价发展欧洲的政治统一，要求保留有各国之间的内部差异，认为不宜过快发展一体化的速度和突出超国家性的结构与职能，应以相对松散的经济联盟与政治合作为未来模式。

1991 年 12 月，经过激烈的辩论后，欧共体 12 国政府最终采纳了突出未来发展超国家性的柱型结构理论，签订了《马斯特里赫特条约》即成立欧洲联盟的《欧洲联盟条约》，其主要内容包括修改欧共体条约，建立经济与货币联盟，提升成员国间的外交事务上的政治合作机制为共同的外交与安全政策，建立司法与民政事务方面的合作等；根据 1993 年德国联邦宪法法院的裁决，欧盟具有一种特殊

---

[1] 玛格丽特·撒切尔. 撒切尔夫人回忆录·唐宁街十号 [M]. 呼和浩特：远方出版社，1997：523.

[2] Christoph Lind: Die deutsch-franzoesischen Gipfeltreffen der Aera Kohl-Mitterrand 1982-94, Nomos Verlag, 1998, S.163. 参见惠一鸣. 欧洲联盟发展史（下）[M]. 中国社会科学出版社，2008：769.

[3] 李世安，刘丽云. 欧洲一体化史 [M]. 石家庄：河北人民出版社，2003：176.

的性质，"相当于一个国家联合体，即主权国家联盟……在定义和实施共同体政策的时候，不仅需要共同体机构和成员国代表及其行政机构参与，有时也需要地方领土单位参与。为了解决欧盟、成员国、地方各个层次上的权限划分难题，欧盟今后将参照《欧洲共同体条约》第 3B 条款中的辅从原则，该原则规定：除了专属欧盟的权限外，除非在欧盟一级采取行动比在国家、地区和地方一级采取行动更为有效，否则不由欧盟出面"[1]。由此可见新成立的欧洲联盟作为区域层面上治理机构欧洲共同体的升级组织，其政治性及整体性色彩更浓，不仅在职责功能上深化了经济共同体以来的国家在金融领域上的合作，而且在机构与国际间的合作层次上逐步朝着以主权国家为根本基调的多层级协调的方向发展。

（二）迈向新秩序的欧洲联盟

进入到欧洲联盟时代的欧洲区域的一体化运动，其整体性和区域治理的结构化力量日益增强。2003 年欧盟委员会出台文件《欧洲安全战略：在更好世界中的一个安全的欧洲》[2]，明确提出作为一个拥有 25 个国家超过 4.5 亿人口的欧盟无疑已成为一个重要的全球性行为体，欧洲应该准备好在一个建设更美好世界中承担其全球安全的责任，这也就意味着一种良好运作的国际制度和以法律为基础的国际秩序正成为欧盟有关国际秩序和国际体系认知的理念，其"有效多边主义的国际秩序"[3] 的基本价值形态也正慢慢浮出水面，呈现于世人之中。面向 21世纪，欧盟所要展现出来和面对的治理调整主要来自其对内和对外两方面的融合与能力，内部包括在区域的共同体、国家及国家内部三个层级上如何纵向渗透的公共行为及配合，外部则是针对全球性的经济浪潮挑战、人道主义援助或发展计

---

[1]　法布里斯·拉哈.欧洲一体化史：1945-2004[M].彭姝祎，陈志瑞，译 中国社会科学出版社，2005：99.

[2]　http://www.iss.europa.eu/uploads/media/solanae.pdf.

[3]　此为欧盟三大战略目标之一，并频繁出现于其对外战略话语中，在《里斯本条约》里，其阐述为"欧盟将致力于'促进以多变方式……解决共同面临的问题'……推动基于更强有力的多边合作及全球良治的国际体系"。王展鹏.全球治理视野下欧盟规范力量探析——以欧盟国际货币基金组织代表权改革为例 [J].欧洲研究，2011（1）：57.

划等横向的责任承担。由此，在国家主权不断让渡和重新整合的欧盟机构框架内部如何形成真正的世界之一极，成为了欧洲区域层面治理的实质性难题。而秩序的建立及其惯性有赖于制度与机构存在为其提供一体化的动力，因此，笔者在第三章将重点在区域的制度化建设上进行论述并探讨欧洲的一体化进程中区域治理的体现及其深化过程。

第三章　欧洲区域治理的机制：
国家行为体构建的多层级体系

　　回顾欧洲区域一体化的发展历程，从 1946 年在美国的提议下通过马歇尔计划开启欧洲国家合作共建的经济协调组织意识，到法德关系修复于 1951 年煤钢共同体的建设正式带动西欧地区一定独立性的区域经济一体化发展之途，一直到 20 世纪 80 年代中期前后欧洲经济共同体机构组织及其相关政策运作的调整、推进，最终形成 90 年代以来以欧元区为经济一体化合作的总动力源兼涉政治、军事外交、内政社会民事交往等综合领域的欧洲联盟大厦，从最初的西欧六国到目前发展扩大至几乎整个欧洲区域范围内的 27 个成员国的构成规模，我们所能看到并把握的是，欧洲区域的民族国家在不同的发展历程的内外时代性发展环境及背景下，如何从自身国内的经济生产及社会协调稳定的宏观建设立场出发，借助于同区域内各国之间深层次的交往与协调合作，完成区域性集体经济的规模性升级，乃至在国际关系和世界总体性的力量格局当中占据一席之地。从松散的国家间经济交往和政治协商体系的一般性组织架构，发展成为一个世界范围内难以找到同样带有超国家主义性质的国家间的组织机构系统，欧洲国家的经济政治联盟最为重要的一点条件在于，从其一开始便为各国所遵循或默认的，由国家权力进行部分让渡之后成立的带有区域性权威的部门组织机构和以国家间具法律效力的条约签订为基石的各类法规、规则、行动条款等制度性的机制设计与运行，以此保证区域治理的进程中国家间关系存在的基本样式和秩序关系。应当承认，这种秩序的架构并非从一开始就十分完善，相反，一直到《单一欧洲法令》出台之后，在 80 年代初期各国政府对部长理事会机制中一致同意程序深感掣肘，以及对欧共体整体机构框架内委员会和议会的权力不足导致的一体化建设难以有效推进的理性认知之后，以西班牙和葡萄牙的加入为契机，1985 年 12 月奠定《单一欧洲法令》文件最终文本的卢森堡理事会会议上，以修订既有的三项共同体条约、改革共同体制度运行机制为采取特别多数制度并扩大欧洲议会的参与程度以及扩大欧共体委员会权力、以完成 1992 年底之前的单一内部大市场建设、加强欧共体产业的高技术基础为主要内容的一体化方向[1]与大致措施、意向的共识才基本完成。欧洲国家的区域治理进程也开始迈向一个新的台阶，步入连同机构组织化建设同各国国内经济与社会化的统一联合性发展的新阶段。

正是由于这种机构性的设置，实实在在地改变了欧洲国家之间关系的存在式样，以及从传统的国家间政治关系上来看，新成立的机构与欧盟制度体系内蕴着与现行国际秩序和国际政治结构全然不同的力量对比关系，因而，无论是从学理的角度还是从现实实践的经验需要上来看，都有必要对欧盟所树立的新型国际政治机构及其机制化的国际关系秩序模式有一较为清晰的探讨。正如欧洲学者自己所承认并意识到的，即便欧洲暂时在"行为体特性"的共同意志方面缺乏严格而有效的行为能力和影响力，但是就欧盟自身及其已然具备的所谓后现代式的规范性价值理想而言，欧洲一体化及其区域治理所形成的欧盟政治关系制度体系所致

[1] 李道刚. 欧洲：从民族国家到法的共同体 [M]. 济南：山东人民出版社，2003：33-34. The Single European Act. Luxembourg. 17 February 1986. 伍贻康，戴炳然. 欧洲一体化进程的新里程碑——《单一欧洲文件》评析 [J]. 世界经济文汇，1986：67-71.

力于的目标就在于对现存国际关系运行方式的根本性变革。[1]

在本章节中，借助国内外学界已有的研究成果[2]，我们将着重论述作为一种特殊治理组织形式的欧洲联盟是如何及在怎样的规则架构下为欧洲民族国家的行为体之间新的秩序关系提供机制性运作体系的。

一、欧洲联盟的治理组织体系

制度的意义在于能够为行为体确立其行动及其相互间关系的长久准则，从而使行为体在特定的规范、角色和制度化的保障中确立理性预期的确定性，而不论这种规则体系是一种协商式的产物还是自发组织形成。而政治制度的关键之处在于"制定并实施有约束力的、涉及全社会的决策的调控系统"，为人们的行动提供"秩序和方向"[3]。欧洲区域一体化中的区域治理，为各个国家的经济发展和

---

[1] 汉斯·莫尔. 未来全球安全与经济秩序中的欧盟 [J]. 世界经济与政治. 2009（2）：67-76. 欧洲安全战略的世界新秩序理想在于以规则而非强权为基础使权力在法律的约束之中完善融国家行为体于其中的国际制度建设，在实现广泛的国际利益的背景下实现国家利益。参考 Eureopean Security Strategy (A Secure Europe in a Better World European Security Strategy). Brussels. 12 Dec 2003 & Javier Solana. Europe in the World The Next Steps. Oxford Cyril Foster Lecure: Http:// www.consilium.europa.eu/ueDocs/oms_Data/docs/pressData/en/discours/99116.pdf.28 February 2008. 以及 Javier Solana. Europe's global role - what next steps? London. 11 July 2009: http://www.g-l-f.org/ index.cfm?pagepath=Members/Speech_Bin/Speech__Javier_Solana__Europe_s_global_role_what_ next_steps__&id=29429. 原 文 "Essentially, the EU was set up to abolish foreign policy among the participating states. Our organisational culture was geared towards taking legislative action in a slow-moving world. Now we are taking executive action in a fast-moving world."

[2] 贝娅特·科勒 - 科赫，托马斯·康策尔曼，米歇勒·克诺特. 欧洲一体化与欧盟治理 [M]. 顾俊礼，潘琪昌，周弘，等，译 北京：中国社会科学出版社，2004；Liesbet Hooghe Gary Marks, Kermit Blank. European Integration from the 1980s: State-Centric v. Multi-level Governance[J]. Journal of Common Market Studies. 1996.34(3): 342-378；雷建锋. 欧盟多层治理与政策 [M]. 北京：世界知识出版社，2011；李道刚. 欧洲：从民族国家到法的共同体 [M]. 济南：山东人民出版社，2003；刘文秀. 欧盟的超国家治理 [M]. 北京：社会科学文献出版社，2009，等。

[3] 贝娅特·科勒 - 科赫，托马斯·康策尔曼，米歇勒·克诺特. 欧洲一体化与欧盟治理 [M]. 顾俊礼，潘琪昌，周弘，等，译 北京：中国社会科学出版社，2004：96.

社会政治协调设定了一个在统一的政策中，以区域性的市场经济和民主代议制为基本方向的多国发展秩序路径。但是由于存在客观的不同国家之间经济发展水平和社会政治制度具体体制上的差异，各国之间的统一协同，必须由一定的组织机构来专门负责处理和实施。欧洲国家间的基本交往方式和为达成阶段性一体化目标而设定的关系状态，也主要从条约所规定的制度和机制化机构运作中反映和表现出来。从早期创造性地设置不完全受制于政府性代表的理事会控制的高级机构，到统一内部市场计划所赖以实现的超国家性特征日趋显著的欧洲联盟组织架构规则体系，理解欧洲区域一体化进程中以机构为依托的治理规则，成为了理解欧洲国家在政策制定上如何达到对一体化和治理目标的不断推进的一个前提与关键。[1]

（一）区域性的机构代表

欧盟依据其参与国家相关事务的领域不同，基本划分出来两种类型的国际关系组织方式，一类是以共同体为基石的超国家性的制度规则架构，另一类是以政

---

[1]　国家行为体的地位及其职责、功能、作用一直为国际问题研究领域中的一个重要议题，同一般的国际组织相比，欧盟系统在政策上完全依赖并有效保证了欧洲国家彼此间的政策协作与共同决议、执行的政治活动循环。用戴维·伊斯顿的理论来看，尽管在军事外交等强势权力领域欧盟仍缺乏国家权力的充分支撑，但是借助条约等法律条文约束的力量，一定程度上欧洲国家间已形成了"一个具有对社会价值进行权威分配的特殊政体"，亦即某种形态的决策治理体系。（雷建锋. 欧盟多层治理与政策 [M]. 北京：世界知识出版社，2011：11.）这种国家与超国家性机构共存构成区域性治理的国际组织完全打破了已有的国际关系的理论解释模型，进而引发的争议也更多地开始从国际国内政治经济的分离转向同时关注国家如何借助于有效的机制性国际合作来完成国内事务建设和改进国家间关系存在状态的可能。用国际关系研究资深专家霍夫曼的话来讲，欧盟的研究应该以一种围绕通过协商式的政策合作来管理独立经济的国际机制成功化设计的方向上来展开（原文 "in line with Hoffman's argument, that the EU should be studied as 'a successful intergovernmental regime designed to manage economic interdependence through negotiated policy coordination' ", Anne Mette Kjaer. Governance[M]. UK: Polity Press, 2004: 106.）有关国际关系理论对欧洲一体化研究的争论及国家行为体的地位作用功能的学界关注参考 Anne Mette Kjaer. Governance[M]. UK: Polity Press, 2004: 100-106; Neill Nugent. The European Union: Volum 1: Perspectives and Theoretical Interpretations. In. Hants: Dartmouth 1997: xvi.

府间主义合作为原则的主要涉及共同外交及安全警察司法领域内的合作。[1] 作为欧盟机制运作中心的共同体模式，尽管自一体化初期建立以来有过多次调整和改进，但是这种模式始终保持着在立法创制机构、决策机构和司法咨询机构的共同配合下完成对成员国相互间关系在区域范围内共同完成相应治理任务的协调。欧盟委员会和欧洲议会[2] 分属欧盟共同体机制体系中的动议机关和监督机关，它们共同构成了欧洲一体化中履行区域性利益要求的重要机构。

欧盟委员会又称欧洲执委会或简称为委员会，最早源自 1951 年煤钢共同体中四大机构之一的"高级公署"（the High Authority）。在经济共同体时期除享有较大行政权外，同时享有政策的提案权与部分立法权。[3] 尽管在委员会的发展历程中在同理事会和议会的关系上一度有过此消彼长的动态化变迁过程，但在整体上而言，委员会作为整体区域性机构及区域利益的代表维护条约法律的地位、对外代表谈判以及决策或动议的提倡者与执行者的身份和职能并未发生太大变

---

[1]　根据学界的通识，欧盟的结构依照共同体领域、共同外交与安全政策领域和司法与内务合作领域分为三大支柱，其中后两个支柱依照不同于共同体的政府间性质的合作机制与逻辑运作（法布里斯·拉哈. 欧洲一体化史：1945—2004[M]. 彭姝祎，陈志瑞，译. 中国社会科学出版社，2005：99、188；贝娅特·科勒 - 科赫，托马斯·康策尔曼，米歇勒·克诺特. 欧洲一体化与欧盟治理 [M]. 顾俊礼，潘琪昌，周弘，等，译. 北京：中国社会科学出版社，2004：95.），但是自《尼斯条约》和《里斯本条约》以来，许多原属第二、三支柱的内容逐渐朝第一支柱中以有效多数决为特征的决议性质的机制靠近，近似于有学者称为"以欧盟取代了欧共体"的"里斯本体制" [戴炳然. 里斯本条约下的欧盟共同外交与安全政策 [J]. 战略决策研究，2010（1）：70.]，然而有鉴于国内学界对《里斯本条约》所带来的欧洲联盟整体机构框架性质的模糊与未来发展的不确定性因素的探讨（如易小明认为《里斯本条约》并未对第二、三支柱中的"一致同意"表决方式全然地取消，而前者能否在未来朝向第一支柱方向靠近仍有待新约的出现。参见易小明. 欧盟《里斯本条约》[J]. 国际资料信息. 2007（12）：12，本书仍将主要集中在以共同体机制为中心的欧盟政体形式与组织结构职能的分析上，从宏观特征而非微观调整出发来把握欧盟与其他一般性国际组织的制度与机制上的区别。

[2]　在机构名称及相应的实体选取上主要参见最新条约中机构条款对联盟机构框架的规定，以下同。程卫东，李靖堃，译. 欧洲联盟基础条约：经《里斯本条约》修订 [M]. 北京：社会科学文献出版社，2010：37.

[3]　黄伟峰. 欧洲联盟的组织与运作 [M]. 台北：五南图书出版股份有限公司，2007：226.

更。委员会在立法创制上享有提出立法议案的动议垄断权[1]，这意味着委员会在欧盟某项政策的提案建议上可以自行决定提出的时间、内容、形式与范围，只要是在基础条约所规定的框架内。根据条约规定，委员会的组成成员应当具有完全的独立性且对欧洲的集体性利益忠诚[2]，因而从理论上来讲欧盟委员会实际肩负着公平地提出议案、不为少数成员国影响或受其他行为体指示对欧洲的一体化及区域治理目标有所偏离。

在同其他欧盟内部的机构关系中，最重要的欧盟委员会与之相联系的机构关系主要来自于同欧盟理事会[3]之间的联系。"根据欧共体'成立条约'的逻辑，共同体的制度平衡是这样保持的：只有在两个各事其主的机构共同参与的条件下，才能做出重要的政治决策。一边是代表共同体利益的欧盟委员会；另一边是由成员国政府代表所组成、致力于维护自己国家自主权的部长理事会。"[4]对欧盟治理的机构框架系统有着权威性认知和研究的德国学者将欧盟委员会同欧盟理事会之间的合作关系同欧洲一体化进程之间的动力关系做了一个形象的图形比喻，即在只有双方当事的欧盟机构都做好准备朝着同一方向且速度保持统一前进时，与共同体相关的一体化目标决议和区域治理效果才能够得以做出决策计划并顺利向前推进（如图 3-1 所示）。

---

[1]　尤利·德沃伊斯特.欧洲一体化进程——欧盟的决策与对外关系[M].门镜，译.北京：中国人民大学出版社，2007：30；贝娅特·科勒-科赫，托马斯·康策尔曼，米歇勒·克诺特.欧洲一体化与欧盟治理[M].顾俊礼，潘琪昌，周弘，等，译.北京：中国社会科学出版社，2004：104.

[2]　程卫东，李靖堃，译.欧洲联盟基础条约：经《里斯本条约》修订[M].北京：社会科学文献出版社，2010：39-40.

[3]　即部长理事会，简称理事会。

[4]　贝娅特·科勒-科赫，托马斯·康策尔曼，米歇勒·克诺特.欧洲一体化与欧盟治理[M].顾俊礼，潘琪昌，周弘，等，译 北京：中国社会科学出版社，2004：100.

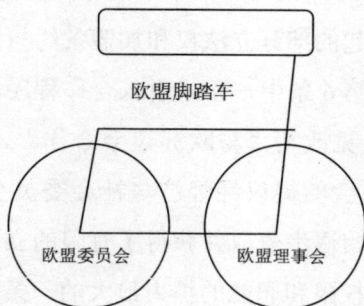

图 3-1　欧盟委员会与部长理事会组成的欧盟脚踏车 [1]

在一个完备的民主宪政体制中，议会是代表人民意愿、主掌立法及监督权的一个必不可少的权力机关。在欧盟的组织体系中，虽然欧洲议会远未达到一个民族国家内的议会的职责和权能的程度，但同欧盟委员会一样，它也同样至少在理论层面上代表并维护整个区域范围内的民众的意愿和要求，是另一个典型的以区域层级上的利益代表和以超国家性为特点的欧盟机关部门。

欧洲议会在早期源自煤钢共同体时设立了"共同大会"（Common Assembly）。与委员会不同，欧洲议会在成立的初期其地位与功能几乎没有被特别地受到重视，作为一个类似咨询性质的议会，尽管有法国代表建议共同大会享有对高级公署的提案和决定进行约束的权力，但在莫内的计划中，共同大会的设立仅为一种形象上的考量，而面对当时已然充分担当起咨询作用与功能的欧洲委员会 [2]，共同大会仅为一必要的"点缀"而已。[3] 但是，尽管如此，有鉴于欧洲议会在政治意涵上的民主代表性，在 1962 年正式更名及 1979 年完成直接选举之后，其在条约中所被赋予的职责和权限日益扩大。最典型的是在 1970 年和

———————

[1]　贝娅特·科勒-科赫，托马斯·康策尔曼，米歇勒·克诺特．欧洲一体化与欧盟治理 [M]．顾俊礼，潘琪昌，周弘，等，译 北京：中国社会科学出版社，2004：100.

[2]　Council of Europe，成立于 1949 年，是一个独立于欧盟的国际组织，主要致力于促进人权、民主发展、法律与文化合作。

[3]　黄伟峰．欧洲议会 [A]// 黄伟峰．欧洲联盟的组织与运作 [M]．台北：五南图书出版股份有限公司，2007：269.

1975 年取得了预算权、1987 年的《单一欧洲法令》获得了合作程序（cooperation procedure）下同理事会一起的部分立法权和加盟条约与候选国协定的同意权。

在《单一欧洲法令》第 6 条中，正式引入合作程序，将理事会就委员会的提议事先"征询"议会的意见改为"与欧洲议会合作"，并在多处提出补充在与议会合作的前提下将委员会的提议经经济与社会委员会征询后进行特定多数议决。[1] 由此，欧洲议会开始逐步争取并获得了有限的立法决策权和监督权。在欧洲议会的发展历程中，其权限和职能的扩大最大的一条线即在其立法和参与决策权及监督权限职能的扩大。在德国统一后，1992 年爱丁堡首脑会议决定将欧洲议会议员增加到 567 名。进入 90 年代之后，《欧洲联盟条约》和《阿姆斯特丹条约》分别进一步扩大了欧洲议会的立法等诸项权力及其在许多领域内的运用范围。例如，《欧洲联盟条约》规定，在大市场、科研、泛欧运输网络、消费者保护、教育、文化及卫生等领域，欧洲议会与理事会拥有"共同决策权"；在接纳新成员国和签订与第三国的国际协定方面有审批权；在《阿姆斯特丹条约》生效后，欧洲议会的共同决策权从 15 个领域扩展到了 38 个领域等。[2] 经过几次扩大及选举的调整后，目前在最新的经《里斯本条约》修订后的《欧洲联盟条约》中规定，欧洲议会除议长外的议会成员人数不得超过 750 人，公民代表制采用递减比例制，每个成员国至少拥有 6 名议员，任何一国的议席不得超过 96 席。[3] 可见，自 1993 年从《马斯特里赫特条约》中获得了共同决定程序（association agreement）中的立法权参与权，1997 年《阿姆斯特丹条约》中扩大了共同决定程序的使用范围之后，至今，包括在《尼斯条约》和《里斯本条约》的规定之后，欧洲议会已然成为欧盟治理组织体系中一重要的共同立法机构和对预算及委员会

---

[1] 《单一欧洲法令》中第二章，修改建立欧洲经济共同体条约的条款，第 6 条下若干款项；参见戴炳然，译. 欧洲共同体条约集 [M]. 上海：复旦大学出版社，1993：359-360.

[2] 王彩波. 欧盟政体与政治 [M]. 长春：吉林大学出版社，2007：77.

[3] 《欧洲联盟条约》第三编 机构条款，第 14 条第 2 款，程卫东，李靖堃，译. 欧洲联盟基础条约：经《里斯本条约》修订 [M]. 北京：社会科学文献出版社，2010：37.

进行监督的机关。[1]

根据台湾学者的研究，欧洲议会的组织架构及其行政运行机能十分复杂，但是其核心的权力运作特征及其最重要的内部安排为围绕党团和依意识形态而非国籍的派别划分。"欧洲议会之内并无真正跨国界的欧洲政党，而是由各会员国选出的不同党籍欧洲议员依意识形态的异同而组成的党团"，并且，"依据欧洲议会的议事规则第 29 条，每位议员仅能参加一个党团……这种制度设计无疑是希望欧洲议员能超越国界而以欧洲整体利益为重。此外欧洲议会也依据党团规模的大小给予党团若干特权"[2]。目前，欧洲议会议员依其政治理念特性组成了七大党团，而在实际的运作上根据不同的议题，不同的党团之间还会组成临时性的跨意识形态和跨国疆界的结盟。[3] 由此可知，欧洲议会与其他机构相比最大的不同在于相对于国家政府权力机关的独立性以及欧洲民众意识形态层面上的代表性。有鉴于欧洲议会在权能上对委员会及理事会的相互制约与合作功能，我们在对欧盟脚踏车这一图示进行改进的基础上添加欧洲议会的位置，意味着在欧盟的整个治理系统中欧洲议会所起到的非主导但却必不可少的部分决议与促进一体化及区域治理前进的功能（见图示 3-2）。

---

[1] 《欧洲联盟条约》第三编 机构条款，第 14 条第 2 款，程卫东，李靖堃，译. 欧洲联盟基础条约：经《里斯本条约》修订 [M]. 北京：社会科学文献出版社，2010：266；尤利·德沃伊斯特. 欧洲一体化进程——欧盟的决策与对外关系 [M]. 门镜，译. 北京：中国人民大学出版社，2007：55.

[2] 黄伟峰. 欧洲议会 [A]// 黄伟峰. 欧洲联盟的组织与运作 [M]. 台北：五南图书出版股份有限公司，2007：299.

[3] 黄伟峰. 欧洲议会 [A]// 黄伟峰. 欧洲联盟的组织与运作 [M]. 台北：五南图书出版股份有限公司，2007：300-301.

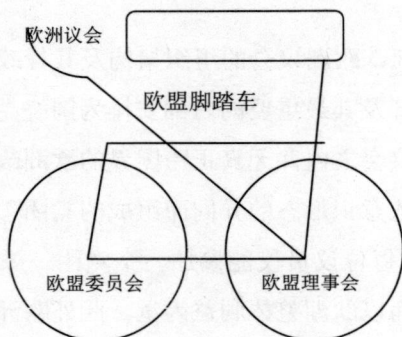

图 3-2　欧洲议会与委员会和理事会组成的欧盟脚踏车 [1]

（二）核心决策机关与最高决策中心

就一个完整的政治系统而言，其最核心与重要的组成部分便是它的决策权力部门。在西方民主政治理论思想中，国家权力往往被划分为立法、司法和行政三大类别，其中立法权又居于三类权力中的最高地位。[2] 欧盟的组织系统与国家的三权分立体系不完全一致，但在明确使哪些人就何种方面事务采取服从态度的权力问题上，关键性的决策权即委员会所提议的立法建议得到确认并通过执行程序的主要部门为欧盟理事会（又称部长理事会或简称理事会）。

欧盟理事会（The Council of European Union）自早期煤钢共同体中的特别部长理事会发展而来，主要由各个成员国派相关决策领域内的部长代表组成，除专门负责日常事务的总秘书处外，更准确地说是一种代表了各国政府进行议题磋商的会议机制 [3]，而非类似委员会或欧洲议会那样的欧盟机构。在欧洲经济共同体成立之前，一则由于所涉及的议题事项领域较为集中在专门的经济部门，如煤钢行业，另外加之强调推动一体化稳妥快速前进的超国家主义的思潮流行，理事

---

[1]　在图 3-1 基础上改进。

[2]　参见洛克的分权思想，徐大同 . 西方政治思想史 [M]. 天津：天津教育出版社，2000：162.

[3]　王坚 . 欧盟完全手册 [M]. 北京：中央编译出版社，2010：48.

会在对高级公署（即后来的委员会）所提出议案的否决权和约束力上权力薄弱，"在惩处违规企业、应变能源短缺、查察会员国违约行为等事务中，'高级公署'可直接制定具有约束力的'决定'和'建议'，而无需'特别部长理事会'的意见或同意"，仅在占总业务 1/3 左右范围内的事务中理事会享有同意或否决提案的权力。[1] 到经济共同体时期，理事会的行政与立法权限不仅得到了强化，形成了委员会与部长理事会分享立法与行政权力的"共同市场模式"[2]，而且自 1966 年"卢森堡妥协"之后，共同体内成员国约定只要涉及一国认为与本国利益至关重要之事，理事会就应采取一致通过的方式做出决定。[3] 这表明部长理事会的权重在欧洲区域治理整体系统中分量增加了，也同样反映出国家行为体在这一时期的一体化进程中所扮演的角色通过代表了成员国利益和诉求的理事会议事规则的变化看出其地位与作用的增强。

理事会在 80 年代之前的立法效力不彰实质反映的是欧共体在一体化进程的先期以国家行为体之间的合作为基本运行机理，而对应对区域性共同事务时超国家性机构及其他非国家行为体作用及功能的倚重并不十分明显。到 80 年代中期，欧共体内部一体化市场机制陷入瓶颈的状况渐成各国元首及政府首脑共识，此后《单一欧洲法令》的通过在立法目标上对区域一体化及治理任务加以明确，对禁锢理事会决议的一致同意决也进行了实质性的更改：除在 1986 年作为标准程序在预算等领域内应用外，进一步扩大了特定多数决的使用范围，被转移或引入至 12 项条款中，主要覆盖了单一市场内及欧洲网络、教育、公共卫生等新领域活动的主要决策程序，还包括环境及经贸同盟领域。[4] 到《马斯特里赫特条约》和《阿姆斯特丹条约》及《尼斯条约》之后，特定多数决被分别转移到 30 项和最后的

---

[1] 苏宏达. 欧盟理事会 [A]// 黄伟峰. 欧洲联盟的组织与运作 [M]. 台北：五南图书出版股份有限公司，2007：153.

[2] 苏宏达. 欧盟理事会 [A]// 黄伟峰. 欧洲联盟的组织与运作 [M]. 台北：五南图书出版股份有限公司，2007：155.

[3] 吴志成. 治理创新——欧洲治理的历史、理论与实践 [M]. 天津：天津人民出版社，2003：204.

[4] 梁远. 欧盟理事会表决权及决议规则进化过程探析 [J]. 牡丹江大学学报，2010.19（6）：74.

46 项条款中，全体一致程序的数目进一步从 73 项减少至 66 项。[1]

作为欧盟核心的决策机构，理事会的投票权分配一直是反映各国力量对比情况的一个关键性问题。通常所熟知的特定多数决是指在投票数达到一定的数目时提案才算通过可正式生效。而这一前提是各国享有依其实力大小和人口面积等实际情况所分配得到的投票权数在相加之后选取多高的位置上为通过的门槛。例如，在欧盟 15 国时期，总票数为 87 票，最低通过票数为 62 票，最低通过票数占有总票数额的 71%。[2] 在《尼斯条约》的规定中，旧的共同体方法为一复杂的政治妥协方案所取代，根据 25 国的人口及在旧体系中的表决权重，新的权重比更多地考虑了单个成员国的人口数量，一定程度上满足了法国等大国为防止小国在扩大之后数量上的增加而依旧权重比能轻易结成对抗或否决大国的同盟。在新的算法中，大国的选票数扩大到原来的 3 倍，小国的选票数则扩大到原来的 2 倍 [3]，在多数表决的计算方式中，需达到 71.26% 的赞成票数方可通过决议的执行，在新成员加入后，票数门槛以 73.4% 为上限，而在阻止政策通过的少数门槛上则定位 69 票，在扩大至 27 国后上升为 91 票。[4] 这意味着在通过决策的门槛中，如果得不到大国的支持，则在表决中很难顺利通过，而在否决提案中，扩大前只要三大国反对或四大国中的两国加任一中型国家或任意两小国即可否决政策或构成阻挠少数，而扩大后的 27 国中只需任三大国反对便可轻易形成阻挠少数，这表明大国的态度仍构成了理事会决策过程中的关键。[5]

到 2004 年和 2007 年《欧盟宪法条约》和《里斯本条约》时期，特定多数程

[1]　梁远. 欧盟理事会表决权及决议规则进化过程探析 [J]. 牡丹江大学学报，2010.19（6）：74.

[2]　尤利·德沃伊斯特. 欧洲一体化进程 —— 欧盟的决策与对外关系 [M]. 门镜，译. 北京：中国人民大学出版社，2007：47-48.

[3]　尤利·德沃伊斯特. 欧洲一体化进程 —— 欧盟的决策与对外关系 [M]. 门镜，译. 北京：中国人民大学出版社，2007：47-48. 具体 25 国票数的变动值可参见孙珺. 欧盟理事会制度析论 [J]. 中德法学论坛，2003：335-336.

[4]　蓝玉春. 欧盟尼斯条约评析 [J]. 问题与研究，2004 年 7、8 月.43（4）：77-78.

[5]　蓝玉春. 欧盟尼斯条约评析 [J]. 问题与研究，2004 年 7、8 月.43（4）：77-78.

序的应用被限定在 55% 的成员国数、15 个成员国以及人口总数的 65%，而阻止
决议通过的条件设置在至少四个成员国反对。到 2009 年生效的《里斯本条约》中，
更多的政策领域划归到有效多数决中，但到 2014—2017 年将以双重多数决制逐
步取代目前计算较为复杂的特定多数决，即主要以成员国数（55%）和人口数的
赞同比例（65%）来计算通过的门槛指标。[1] 在现有的计算尺度下，大国因其人
口优势相对而言在表决中一般处于更为有利的位置。

欧盟决策体制中另一重要的决策机构，实际居于最高权力中心位置的一个重
要的组织部门是欧洲理事会，又称欧盟高峰会，其主要组成人员为各成员国内实
际掌握权力的最高政治领导人及作为欧盟最具影响力的组织机构领袖 —— 委员
会主席。欧洲理事会在早期并不存在一个法律上的正式地位或机构制度化的机制，
仅在设立各类共同体初期时由各国元首或政府首脑不定期地举行高峰会议，直到
20 世纪 70 年代始明确规定下每年举行会议的次数并宣布高峰会的正式成立，到
80 年代《单一欧洲法令》正式将其纳入共同体的体制内，到 90 年代以后方明确
在条约中规定赋予其若干法定职权。在最新的条约中规定，欧洲理事会的主要职
能在于："为联盟的发展提供必要的推动力，确定总体政治方向和优先事项，但
不行使立法职能。"[2] 这意味着欧洲理事会在把握欧盟及欧洲一体化进程的方向、
确立区域治理目标等问题上享有其他各类机关组织所不具备的最高决定权力，但
是在实际操作和具体任务的实现上，欧洲理事会特别需要同其他部门机关之间的
配合与协作。

在同其他各类机构之间的组成关系问题上，台湾学者有过这样的总结[3]：就
部长理事会而言，由于理事会的主要构成人员在国内政治的阶梯中属于部长级的
层次，与欧洲理事会各国最高首脑代表的峰会相较必然存在法定位阶的上下级关

[1]　梁远 . 欧盟理事会表决权及决议规则进化过程探析 [J]. 牡丹江大学学报，2010.19（6）：
74.

[2]　程卫东，李靖堃，译 . 欧洲联盟基础条约：经《里斯本条约》修订 [M]. 北京：社会科
学文献出版社，2010：38.

[3]　黄伟峰 . 欧洲联盟的组织与运作 [M]. 台北：五南图书出版股份有限公司，2007：109-
111.

系，在高峰会议所形成的议题政策方向之后，理事会主要将按照其所被赋予的法律效力及各国利益的安排，依法定程序使之生效，因而部长理事会同欧洲理事会之间主要存在一种"明确的从属及分工关系"；就欧盟委员会而言，委员会所提政策的建议与议案通常构成欧洲理事会进行议题讨论的重要信息参考来源，由于委员会在专业性及对欧洲区域整体性利益的考量上更具发言权并且委员会主席同样全程参与高峰会的议题过程，因而尽管在法律程序上高峰会负有任命委员会主席的权力，但就裁决及判断依据而言，欧洲理事会对委员会的关系上有着相当程度上的意见依赖性。而反过来，委员会之于欧洲理事会所求者则是希望被赋予更多的合法及权威性的正式地位。二者之间处于一种"不对称的相互依赖"关系之中。就欧洲议会而言，在理论上，作为由 1979 年直选产生出来的欧洲议会理应代表最高的欧洲民主政治意愿，其位阶应然层面上同欧洲理事会中的各国领导层级是一致的，然而在法律条约及实践过程中议会不仅无介入高峰会议的议程设定，且在高峰会议召开之后高峰会主席需向欧洲议会进行年度报告经议员讨论，但无须接受质询或答辩。因此可以看出，议会相对于高峰会议而言处于较低位阶的身份且二者之间的之间往来及沟通十分有限。就其作为同一民意代表性质的机构关系而言可划归为一种"应然而非实然的对口单位"关系。

结合上述欧盟内四大重要的议程设计及决议机构之间的关系，我们进一步将这一决定欧洲区域一体化和区域治理前进方向及动力速率的机构体系在原有机构间关系基础上加入欧洲理事会后的图示描绘如图 3-3 所示：

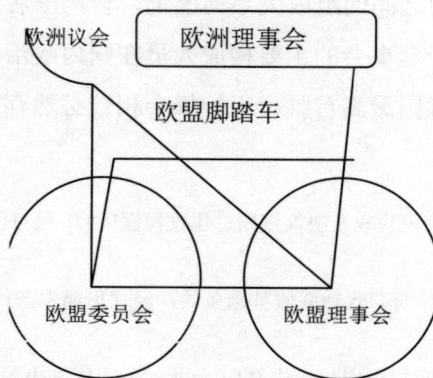

图 3-3：四大机构组成的欧盟动力机制体系

二、欧盟决策机制的特点：多层级与多行为体互动

由于欧洲地区的一体化进程所涉及的领域及涵盖的国家面十分广阔，因而其为完成治理目标而确立的组织机构也同样呈现出复杂的一面。由于欧盟的决策过程有赖于各个组成机关间的相互配合，且其本身又处于不断变化之中，因而要对其做出十分精确而完备的定性和判断，是十分困难而难以完成的任务。然而，就欧洲大陆迄今所取得的一体化的成效而言，以国际条约为架构的超国家性机构组织的设计与配合，仍不乏为与国际关系领域中各类一般性国际组织相比的一大创新之处，并且这一特点也正如早期主张联邦主义者们所致力宣传的，为欧洲一体化成果的巩固和继续稳妥地推进提供了制度上的重要保障。为了阐述清楚欧洲民族国家体系，在欧洲一体化进程及欧洲区域治理的成效中，所发生的体系结构性变动在机制上的体现，本节将主要从欧盟（欧共体）中多机构共同合作下的决策机制出发，尝试对其所反映出来的整个欧洲区域治理模式体系中，由单一的国家行为体或大国之间的决策，转变为多层级式的决议方式，以及以往的国际关系主要呈现为国家政府间关系，在新的区域一体化环境下，包括超国家性国际组织机构、次国家政府、民间团体或区域范围内的利益集团等，各种非国家行为体关系的重构做一简要说明和总结。

（一）欧洲区域治理的决策机构机制

如果说治理是指一种秩序向另一种秩序的形成过程的话，那么区域治理则是指国家之间以国家政府为主体的政治决策程序机制，向着区域性范围内的新型政治决策机制的转换。这种秩序及权力结构的转换，通常以各国政府及行为体组织之间共同的意愿和目标的实现为基础。欧洲区域决策形式的特殊性在于，欧洲民族国家通过不同时期内，就共同市场建设的领域内事务相互间达成治理相应事务

的权威转移到区域性组织机构的权力之中的共识 [1]，而这种从区域整体性出发的决策机制，本质上反映的是欧盟所代表的区域性利益同国家层面各成员国的国家利益之间的博弈与妥协 [2]。在《里斯本条约》之前，欧盟的决策机制，大致反映在三个不同的支柱事务之中，但仍以第一支柱即构成最初欧共体成立的决议制度规则为主导。欧洲委员会、欧盟理事会、欧洲议会三大机构为条约所规定的决策机制的三大参与性机构。由于在政策的制定、立法起草、审批决议及法律实施等不同阶段上，各个机构的专家委员会或专门的咨询专家工作组等也会参与其中，因而实际上决定欧洲区域一体化不断推进的决策过程，融入了各类行为体不同的立场、利益愿望及要求的满足。下面我们将首先从决策机制中的三类程序出发，介绍三大机构的参与及合作的决议过程。

1. 咨询程序（consultation procedure）

咨询程序是一个源自《罗马条约》中的规定，在第一支柱中历时时间最为长久的一项决策程序，通常又被称为一读程序。在这一程序过程中，理事会为最终的决策权力机关，但是在欧委会提出立法建议后，理事会必须等待欧洲议会（后根据提议所涉及内容的不同，又增加了欧洲经济和社会委员会及欧洲地区委员会）反馈回的意见之后才能做出决策。欧洲议会的议长将提案交予某一委员会进行考虑，以监督提案是否与欧洲共同体的立法基础有不符合之处；若专门委员会对提案在立法上的正当性或合适性有所怀疑，则应当将情况与欧洲议会的法律事务委员会讨论后报告给欧洲议会。欧洲议会可以对立法决议草案进行表态同意或拒绝，后者的方式是要求欧委会撤回议案或欧洲议会自己提出修正意见。在法律

[1]　西方学者在对 1950—2001 年欧洲层面上对国家权威的转移梯度进行测量和预测的数据中显示，在经济和对外经济谈判及援助等议题内的国家权威转移的程度最高，而在社会文化及政治内务和外交等事务领域内其国家权威向欧洲区域层面上转移的程度较低，但也仍呈现出逐步上升的趋势。图表数据参见 Gary Marks Fritz W. Scharph, Philippe C. Schmitter and Wolfgang Streeck. Governance in the European Union[M]. London: SAGE Publications. 1998: 125, Imagining the Future of the Euro-Polity.

[2]　王坚 . 欧盟完全手册 [M]. 北京：中央编译出版社，2010：74.

上欧委会和理事会可以不予接受欧洲议会的建议，但在实践操作过程中欧洲议会可以推迟提交意见的时间，从而获得在理事会表决之前同委员会或理事会达成谅解或妥协的机会。就一般情况而言，"委员会通常赞同欧洲议会的意见并接受其大约 3/4 的修正条款，而理事会较少赞同欧洲议会的意见，其接受修正的比率在相当的程度上少于 1/2"[1]。从咨询程序中可以看出，理事会、委员会、欧洲议会和其他咨询委员会分列为决策咨询程序的权力序列中的不同高低位阶，就各个机构所分属代表的利益及立场关系上看，在这一程序进程中国家行为体的政府性行为及其意见决定基本处于主导型位置。

2. 同意程序（Assent Procedure）

同意程序是由 1987 年《单一欧洲法令》引入近似于一读的决策程序。该程序主要适用于签署国际协定、新成员加入、统一选举规则、欧盟公民迁移与居住自由等领域事项。《欧洲联盟条约》之后，欧洲中央银行权力的规定、结构基金协定、委员会主席的同意权等也被纳入到该程序的范围之中。与咨询程序相类似之处是，该程序也同样规定了理事会必须在得到委员会的提议案之后向欧洲议会征询同意的意见，但与咨询程序不同之处在于，如果议会对提案未以绝对多数表决制通过，则理事会不得立法。后一条实际上赋予了欧洲议会在相关议案的决策程序上的否决权。之所以被称为"同意程序"，实质指代的是欧洲议会在其中所起到的较为重要的政治性意涵，即必须以获得具有欧洲居民代表资格的议会的同意才能具备合法的法定决策依据。在这一点上同咨询程序的不同凸显了欧洲议会中持不同政治立场或意识形态的欧洲区域内党团代表意见的重要性。

3. 合作程序（Cooperation Procedure）

合作程序同样为《单一欧洲法令》中引入的条款，该程序主要采取了二读的程序，扩大了欧洲议会参与的权限及立法的效力，只不过最终的决定权依然在理

---

[1] 张嵩 . 欧盟决策机制研究 [D]. 长春：吉林大学，2005：30. 原文字载于刘秀文，埃米尔 •J• 科什纳 . 欧洲联盟政策及政策过程研究 [M]. 北京：法律出版社，2003：41.

事会的手中。根据《单一欧洲法令》中机构条款第 7 条的规定，合作程序的流程图大致为图 3-4 所示：

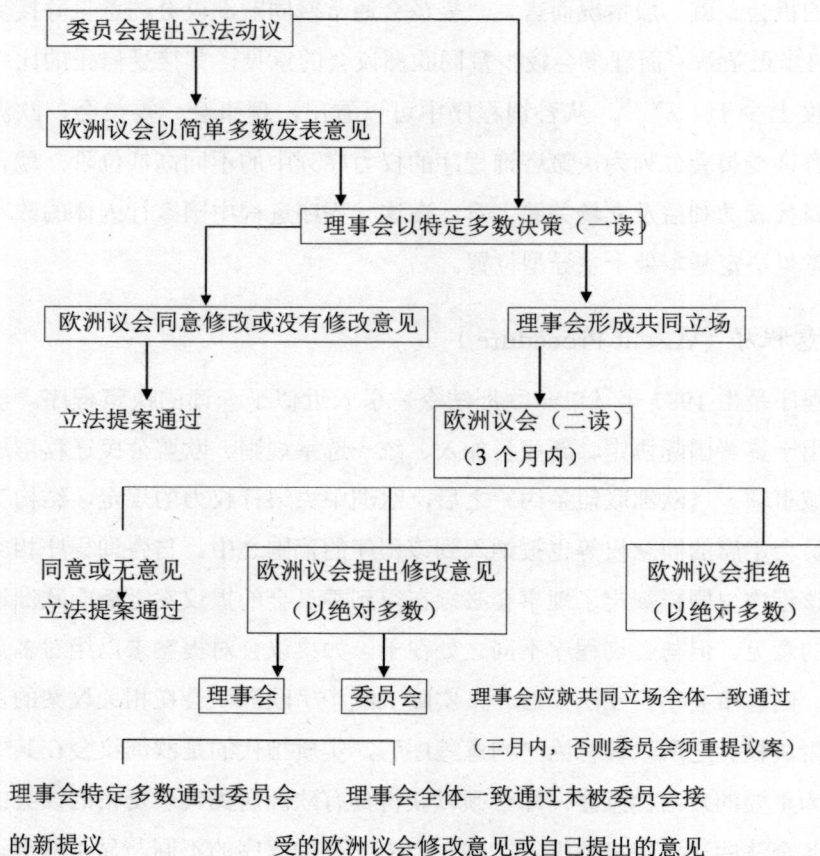

```
                  ┌─────────────────┐
                  │ 委员会提出立法动议 │
                  └─────────────────┘
                           │
                  ┌────────────────────┐
                  │ 欧洲议会以简单多数发表意见 │
                  └────────────────────┘
                           │
                  ┌──────────────────────┐
                  │ 理事会以特定多数决策（一读）│
                  └──────────────────────┘
            ┌──────────────┴──────────────┐
 ┌─────────────────────────┐      ┌─────────────────┐
 │ 欧洲议会同意修改或没有修改意见 │      │ 理事会形成共同立场 │
 └─────────────────────────┘      └─────────────────┘
            │                              │
      立法提案通过                  ┌─────────────────┐
                                   │  欧洲议会（二读）  │
                                   │   （3 个月内）    │
                                   └─────────────────┘
       ┌───────────────────┬──────────────────────┐
 同意或无意见      ┌─────────────────┐      ┌─────────────────┐
 立法提案通过      │ 欧洲议会提出修改意见 │      │   欧洲议会拒绝   │
                 │  （以绝对多数）   │      │  （以绝对多数）  │
                 └─────────────────┘      └─────────────────┘
              ┌──────────┴──────────┐
         ┌────────┐          ┌────────┐   理事会应就共同立场全体一致通过
         │ 理事会 │          │ 委员会 │
         └────────┘          └────────┘   （三月内，否则委员会须重提议案）
              └──────────┬──────────┘
 理事会特定多数通过委员会       理事会全体一致通过未被委员会接
 的新提议                    受的欧洲议会修改意见或自己提出的意见
```

图 3-4：合作程序流程 [1]

从决策流程图可见，理事会在决策过程中必须充分地听取欧洲议会的意见和修改提议，如果议会的反对或提议无法得到理事会全体一致的表决态度，则议案的提议将重新进行。合作程序主要用于禁止国籍歧视的法规，在运输、泛欧网

---

[1] 文字参考戴炳然，译.欧洲共同体条约集 [M].上海：复旦大学出版社，1993：366.图表流程参考下页的基础上自制贝娅特·科勒-科赫，托马斯·康策尔曼，米歇勒·克诺特.欧洲一体化与欧盟治理 [M].顾俊礼，潘琪昌，周弘，等，译.北京：中国社会科学出版社，2004：120.

络、发展政策、社会基金、在职培训措施、社会与安全相关事项的政策、工人的
移动自由、开业自由、职业培训等领域。[1] 在这些领域中，欧洲议会所代表的各
个不同阶层意识形态社会团体的意见和理事会所代表的各个成员国政府的统一性
意见，几乎居于同等重要的地位，而委员会的提案则是在更多地需要考虑整体区
域性利益与合作机制共构的基础上，结合考虑到各国政府及其民众是否有充分的
接纳力度。

4. 共同决策程序（Co-Decision Procedure）

共同决策程序是一个在二读立法程序基础上，增加并延伸了三读程序的一项
立法决策程序。其最早于 1993 年的《马斯特里赫特条约》引入，目前已成为欧
盟的立法实践中运用最为广泛的一项重要程序。作为最为复杂的一项表决程序，
与合作程序相较，共同决定程序在一读流程中与合作程序基本一致，不同之处在
于，在进入二读程序后，如果议会拒绝了理事会的共同立场，在合作程序中由理
事会全体一致投票表决是否通过共同立场的决议，否则则由委员会重新发起议案
（委员会参与其中的意见表达）。但在共同决定程序中，则由议会提出修改的议
案提交理事会和委员会共同讨论。如果理事会以特定多数批准了议会修正案的全
部内容，则相当于修改后的共同立场的法案得到通过；但是如果委员会对此修正
案提出反对意见，则理事会应以全体一致同意才可获法案通过。不仅如此，假如
理事会全部拒绝了议会提出的修正案，则在规定的六个星期时间内，理事会主席
在征得议会主席同意后，召集理事会和议会相同人数的成员来组成"调解委员会"，
"其任务是以理事会成员或理事会成员代表的特定多数同意和欧洲议会代表的多
数同意就一项联合草案达成一致意见。委员会参加调解委员会的工作，采取一切
必要的主动行动以协调欧洲议会和理事会的立场。调解委员会应以欧洲议会的修
正案为基础对理事会的共同立场进行审查"[2]。由此通过调解委员会的流程整个

---

[1] 朱仁显. 欧洲议会的立法程序 [J]. 人民政坛. 1999（2）：36.

[2] 吴志成. 治理创新——欧洲治理的历史、理论与实践 [M]. 天津：天津人民出版社，
2003：219.

决策程序开始进入三读程序。所谓三读程序是指在调解委员会批准了一项联合性质的提议草案之后，由欧洲议会和理事会各自在草案批准的六个星期内分别以绝对多数和特定多数同意来通过相关文件。只要任一机构未能批准该草案，则委员会的提案被视为没有通过。同样，如果调解委员会未有批准联合草案，则委员会的提案亦同样被视为未通过。条约所规定的"三个月"和"六个月"的时间期限可根据议会或理事会的倡议，分别延长最多一个月和两个星期。由此可见，在共同决策程序中欧洲议会的参与权不仅大大扩展和增加，而且更为重要的是，其意见对于议案最终的通过与否一定程度上起着和理事会同样重要的效力。在最后的调解程序下，如果议会或理事会任一方无法就议案达成共识，则都会出现委员会提议未获通过的局面。尽管在实践当中三大机构的配合合作较为良好，一般的提议和立法建议在一读和二读阶段即获通过，但议会这种带有一定否决权性质的立法权力的扩大，一方面使得欧盟的决策机制更多地具有了超国家性的特征[1]，另一方面也说明借助欧洲议会对区域内民众意识形态上观念及政治倾向性上的代表力，凸显出欧盟机构在区域一体化和区域治理的合法性及凝聚力上进一步增强。目前共同决策程序适用的领域计划包含了原合作程序的几乎所有方面，在涉及有关人员流动、内部市场、关税合作、环境、消费者保护等诸多民众生活密切相关的事项中都有该程序立法的适用之处。至 2000 年底，仅有三次在共同决策程序下的立法提案完全失败。[2]

通过上述四类不同且三大机构之间的配合逐级深入的欧盟决策机制程序，我们可以发现伴随着欧洲一体化的推进，欧盟（欧共体）机构的决策程序逐步朝着机构间深化配合及更多强调不同立场和性质代表的行为体的参与构成立法的全程。早期的一体化在国家政府间主义思潮的引领下，立法程序也以凸显部长理事会的决策职能为主要方面，欧洲议会的决定权参与较少的咨询程序与同意程序占据主导的一面；而到欧洲一体化进入到内部统一大市场的发展阶段之后，欧洲议会开始在决策过程中起到一定决定性作用的合作程序与共同决策程序开始逐步成

[1]　张嵩 . 欧盟决策机制研究 [D]. 长春：吉林大学，2005：34.

[2]　张嵩 . 欧盟决策机制研究 [D]. 长春：吉林大学，2005：34.

为更多领域内的立法程序。这一方面表示，欧洲区域层面上的利益开始逐步同国家内部的一些政策领域和利益关切逐渐趋同，借助于机构之间的配合深化开始显现出来；另一方面也是表明了在欧洲区域范围内，超国家性机构的职权及作用功能愈加重要，由此带动起来的，则是更多不同利益及立场上代表的行为体的参与。这种参与过程正为区域治理提供了现实性的支撑和进一步发展的基石。

（二）决策体系中的层级性与多行为体互动

2001 年欧洲共同体委员会（即欧洲联盟委员会）正式发布了《欧洲治理：白皮书》，明确提到自 2000 年始委员会启动欧洲区域层级治理面向上的改革计划。其中最为重要的问题即为"欧盟将怎样使用好由其公民所赋予它的权力"[1]。在已有的欧盟决策程序中，我们可以看到各个不同欧盟机构之间的合作，既保证了联盟在一定范围内的权益多样性，同时也保证了最终决议达成的有效性。这种提供不同成员国之间利益均衡并为委员会的一般代表性、国内利益由理事会进行政府性质的代表以及由欧洲议会一同形成的联盟合法性，被称为欧盟运作的"共同体方法"[2]。在这种以共同体为中心兼顾更为广阔的政治安全领域内的欧盟（欧共体）决策模式中，其一重要特征在于国家行为体在其中不再能够垄断区域层面上有关政策制定的内容，而这种决策制定的权责与职能正在为多种类型的行为体所分享。[3] 简言之，欧盟的机构机制化运作所呈现出来的，是一种多层级和多行为主体互动性的特殊治理模型。

欧盟及欧洲一体化的多层治理研究最早始于 90 年代初期，由美国学者盖瑞·马克斯（Gary Marks）在对 1988 年欧盟的结构政策改革进行分析和研究时

[1] European Governance: A White Paper. Commission of the European Communities. 25.7. 2001: 8.

[2] European Governance: A White Paper. Commission of the European Communities. 25.7. 2001: 8.

[3] Anne Mette Kjaer. Governance[M]. UK: Polity Press, 2004: 109.

提出，之后逐渐发展成为一种对欧盟决策机制模式的研究路径。[1] 马克斯作为该研究领域内的权威学者，其于 1996 年发表的《20 世纪 80 年代以来的欧洲一体化：国家中心 v. 多层治理》[2] 通常也被视为欧洲多层治理研究的开创性文献。下面我们将主要结合该文所提供的信息以及国内学界相关研究成果对欧洲区域内多层级与多行为主体互动型的治理模型进行一初略分析。

1. 超国家性机构中多层级行为体的政策参与

根据政治体系运作的一般流程，作为一个大致完备的权力运作组织，其政策的制定与完成将至少经历决议提案、政策议决和政策执行三大步骤。在每一步的决策制定流程中，超国家性机构组织在分工合作的同时也带来了不同行为体参与政策制定与完成过程的途径。按照盖瑞·马克斯与里斯贝特·胡吉的理论思想，多层级的治理模式取决于三大条件的满足：首先，民族国家的机构代表与其他超国家性机构之间处于相对分权的地位；其次，集体性的国家决策决议不能令单个国家的期待或要求完全地得到满足；最后，次国家层面上的利益主体可以借助欧盟作为一公共空间来直接在欧洲范围内动员并向国家的行政力量施压，要求其采取特定行动。[3] 由此可以逻辑地推出，有且只有非国家行为体在政策制定过程中的有效参与，才能证明欧洲一体化制度体系运作的多层级性存在。

在政策的决议提案阶段，首先参与的主体是欧盟委员会。政策的决议提案是欧盟及欧共体政策制定过程的首要环节，而委员会依据法律享有对创制权的独揽，单独拥有正式的提议和起草立法的权力。[4] 在条约中，委员会成员被规定必须"为

---

[1]　Ian Bache and Matthew Flinders, "Themes and Issues in Multi-level Governance", in Ian Bache and Matthew Flinder, (eds.), Multilevel Governance, Oxford University Press, New York, 2004: 2. 转自雷建锋 . 欧盟多层治理与政策 [M]. 北京：世界知识出版社，2011：14.

[2]　Liesbet Hooghe Gary Marks, Kermit Blank. European Integration from the 1980s: State-Centric v. Multi-level Governance[J]. Journal of Common Market Studies. 1996.34(3): 342-378.

[3]　Liesbet Hooghe Gary Marks, Kermit Blank. European Integration from the 1980s: State-Centric v. Multi-level Governance[J]. Journal of Common Market Studies. 1996.34(3): 356.

[4]　Liesbet Hooghe Gary Marks, Kermit Blank. European Integration from the 1980s: State-Centric v. Multi-level Governance[J]. Journal of Common Market Studies. 1996.34(3): 356.

共同体的普遍利益，完全独立地履行其职责……既不寻求也不接受来自任何政府或来自任何其他机构的指示"[1]。这意味着委员会首先在法律上即享有了不由国家政府权力做支配和影响的、居于欧洲区域范围内利益考量而决定的超国家性立场。而与此同时，在委员会的提议创制过程中，各类行为体，如成员国政府、地方政府、地方组织和公司等各类利益集团都可以对委员会施加直接或间接的政策创议影响。"不管政策的内容范围如何，'委员会'在政策倡议推动的过程中必须顾及其他欧盟机构（欧盟高峰会、理事会、欧洲议会）或行为者（会员国政府、区域或地方政府、利益团体、私人公司等）的意见。"[2] 在对法国行政法院的指令和法规进行分析的一项研究中发现，在 500 份欧盟提案中仅有少数由欧盟委员会自主提议，相当数量的提议最初产生于欧洲议会、经济与社会委员会、地区性政府及各种各样私人的或公共的利益团体。[3] 这一点看上去似乎与委员会独享创议垄断权相矛盾，但在实际操作中委员会的主要功能与作用之一，便是在必要时对各种各方面发表出来的意见进行妥协或调和 [4]，只不过这些所有的立场和建议都将统一在委员会所负责代表的区域整体性的利益考量之内。而在同国家政府性代表的部长理事会的关系上，由于委员会委员一般由其所在国政府推举，因而在实践中委员会的提议受理事会的影响仍然很大。[5] 只是在这过程中，委员会依凭其自身强大的专家及技术委员会等资源，可以对决议的可行性与必要性进行更为精确的测评。

在政策的议决阶段，部长级理事会为法定的主要立法实体，在这个环节里，国家行政官员们具有完全的控制力，可为集体性的偏好调整政策、界定欧洲联合

---

[1] 戴炳然，译. 欧洲共同体条约集 [M]. 上海：复旦大学出版社，1993：173.

[2] 黄伟峰. 欧洲联盟的组织与运作 [M]. 台北：五南图书出版股份有限公司，2007：229.

[3] Majone, 1994，转引自 Liesbet Hooghe Gary Marks, Kermit Blank. European Integration from the 1980s: State-Centric v. Multi-level Governance[J]. Journal of Common Market Studies. 1996.34(3): 367.

[4] 黄伟峰. 欧洲联盟的组织与运作 [M]. 台北：五南图书出版股份有限公司，2007：229.

[5] 黄伟峰. 欧洲联盟的组织与运作 [M]. 台北：五南图书出版股份有限公司，2007：230.

的限度，决定欧盟委员会及法院的角色，甚至还可以缩减这些机构的活动。[1] 但是，依据不同政策领域内立法程序的不同，欧洲议会在 80 年代中期后起，也开始扩大其立法权限，逐渐发展成为与理事会共享决策权的主体之一。[2] 在这一政策制定的决议环节，超国家性主要体现在欧洲议会的介入与有效多数决适用范围的持续扩展。前者显示出欧盟政策决策体系中不同超国家性机构组织之间的配合，后者则防止理事会的职责与功能陷入到国家间利益角力的泥潭，而一定程度上能够保证特定政策在以大多数国家利益的维护基础上顺利推进。而在次国家层面，大量非国家行为体参与欧盟政策制定形成过程的渠道，主要是通过在布鲁塞尔设立办事处或代表对超国家性机构进行游说、搜集信息等。据委员会的一份报告显示，1992 年有 3000 个利益集团和游说团体，约 1 万人驻扎在布鲁塞尔，其中包括 500 个以欧洲层面上的利益为目标的"欧洲性组织"（Euro-groups），且大多数将它们游说活动的目标锁定在欧盟委员会和欧洲议会上。[3] 正如前文所提到的，在咨询、同意、合作、共同决策等程序中，欧洲议会、欧盟委员会和理事会均有机会参与决策的建议和修改，所不同的是在不同的程序框架中，理事会的最终决策权的权重比有所不同。而开放式的决策参与过程为各类不同的行为体意见的表达与实现提供了桥梁和平台。

政策的执行，乃政策决策和完成过程中最重要的一环。委员会所具有的正式授权，使其可以自由决定对立法的解释并且发布与特定案件相关的行政条例

---

[1]　Liesbet Hooghe Gary Marks, Kermit Blank. European Integration from the 1980s: State-Centric v. Multi-level Governance[J]. Journal of Common Market Studies. 1996.34(3): 361.

[2]　刘文秀，汪曙申. 欧洲联盟多层治理的理论与实践 [J]. 中国人民大学学报，2005：126-127.

[3]　Liesbet Hooghe Gary Marks, Kermit Blank. European Integration from the 1980s: State-Centric v. Multi-level Governance[J]. Journal of Common Market Studies. 1996. 34(3): 358.

（regulation）。[1] 欧盟委员会设立执行委员会程序（Committee Procedure），来对相应的决策立法议案依据不同的专门性领域的特点及要求，委托专门的执行委员会行使执行权。欧盟及欧共体的政策执行阶段最为直接地体现了欧洲区域性多层级的治理特点。由于欧盟本身作为主权国家的联合体，尚不具备独立完成执行政策的能力，因而其政策的执行必不可少地有赖于超国家层面和国家政府层面上多方位的合作。在超国家层次上，委员会作为首要的执行机构，其主要任务在于实施监督权：依据条约规定，委员会对成员国不履行欧共体所应当承担的义务时将启动"宣告违法程序"，在经给予该国意见陈述的机会之后提出意见，若在期限范围内该国仍未履行，委员会则有权移交至欧洲法院进行裁决，以处以罚金或相应条款的惩罚措施。[2] 在国家层次和次国家层次中，成员国政府及地方政府是欧盟政策执行中的主要承担者。[3] 在执行指令或一些建议与意见时，国家的政府机关往往起到主要的实施功能。在委员会的执行委员会程序中，大多数委员会的参与者来自由政府挑选或是受到政府支持的利益团体如农业、联盟、工会组织、技术专家、科学家、学者等行业或领域。[4] 这其中民族国家政府的政府代表身份在这些行为者们身上表现得很少，而国家行为体的参与则主要通过对欧盟指令及相关决策的行政化实施来体现。

从上述的欧盟（欧共体）政策制定及实施的环节中可以看出，各类不同的行

---

[1]　Liesbet Hooghe Gary Marks, Kermit Blank. European Integration from the 1980s: State-Centric v. Multi-level Governance[J]. Journal of Common Market Studies. 1996.34(3): 367. 在欧盟理事会和欧洲议会制定的决策的法律层级中存在依次效力高低的派生性法：对所有成员国均具直接约束力的条例［又有见称"规制"（regulation）］，在特定目标上据有约束力但在实现的方式和方法上由各国自行决定的指令（directives），对特定对象如国家或公民、法人等具有直接约束力的决定（decisions）和不具有约束力的建议和意见（recommendations and opinions）。参见朱贵昌. 试析欧盟多层次的政策执行机制 [J]. 国际论坛 . 2009.11（2）：60.

[2]　黄伟峰 . 欧洲联盟的组织与运作 [M]. 台北：五南图书出版股份有限公司，2007：233-234.

[3]　刘文秀，汪曙申 . 欧洲联盟多层治理的理论与实践 [J]. 中国人民大学学报，2005：128.

[4]　Liesbet Hooghe Gary Marks, Kermit Blank. European Integration from the 1980s: State-Centric v. Multi-level Governance[J]. Journal of Common Market Studies. 1996.34(3): 368.

为体在超国家层面上，分享了由民族国家体系所决定的政策议案提议权和决定权，而在政策的执行阶段，由民族国家政府所推荐的各方利益代表，亦有机会参与到执行的过程中。相反，国家行为体作为单独的一个利益集团，在集体性的决策和政策制定过程中，不再能够完全依照自身的偏好来影响整个区域范围内治理活动的发展，因而，这实质上满足了多层级性存在的超国家性机构分享权威、国家融入集体性的决策机制之中实现自身利益，以及次国家行为体借助区域层面力量影响国家权益建设三个方面的条件。因此，我们可以确认的是，欧洲区域治理的欧盟模式，是通过不同利益立场上的各类行为体共同参与的多层级组织模式，这种模式最大的内在要素在于，打破了原有的民族国家主体的机制组织形态，通过立法的方式，约束单一国家在特定领域内权益扩张的要求，特别强调的是包括国家行为体在内的各种行为主体之间的协商与互动式交流，尽管以国家利益为代表的理事会机制仍居于决策和政策执行的中心。

2. 政策性领域中多元行为体的合法途径

在欧盟的第一支柱中，有许多政策如卫生政策、环境政策、工业政策、结构政策或凝聚政策（cohesion policy）等都体现了欧洲一体化中区域治理的多层级性。[1] 其中，凝聚政策通常被视为多层级治理政策网络中最具代表性的一个领域。[2] 该项政策致力于通过欧盟（欧共体）区域层面上政府性的公共财政力量调节并改善不同成员国及地区之间，因市场经济的发展而带来的贫富差距和社会发展不平衡问题。"在那些被认为发展低于实际潜力的地区，提高它们的绝对的和（或）相对的产量和收入，或者在那些被认为经济活动过于密集或有变得过于密集危险的地区，减少其产量和收入。为此，政策措施可以制订成在'萧条'地区鼓励发展现有的或预期中的企业，或者在密集地区限制它们的进一步扩展。"[3] 在经历1988年实质性的改革之前，凝聚政策的前身始于1975年欧共体用于调整落后地

---

[1] 雷建锋. 欧盟多层治理与政策 [M]. 北京：世界知识出版社，2011：96.

[2] Anne Mette Kjaer. Governance[M]. UK: Polity Press, 2004: 110.

[3] A.M. 阿格拉. 欧洲共同体经济学 [M]. 伍贻康，戴炳然，等，译. 上海：上海译文出版社，1986：

区经济发展与结构的小型欧洲地区发展基金（ERDF）。在 1986 年由《单一欧洲法令》第 130A 条款引入"凝聚"概念之后，在强调加强经济与社会凝聚力作用方面，欧洲开始出现并统一使用"凝聚政策"一词来描述一系列用于缩小地区和社会差距的政策，包括后来融合了地区发展基金、社会基金和欧洲农业指导与保证基金的结构基金与结构政策。[1] 在本节里，我们主要借助凝聚政策的发展，来理解在欧洲的一体化政策层面上，区域治理如何从超国家和次国家两个层面上的法制性规范，来确认多行为体参与的多层级治理过程，即区域治理的多层级多元行为体，由一般行为体转为行为主体的结构性变迁过程。

在凝聚政策正式以财政工具的方式出现之前，早在 1958 年的《罗马条约》中各国就有承诺："切望缩小存在于各地区间的差别和降低较贫困地区的落后程度，加强各国经济的一致性和保证它们的协调发展。"[2] 众所周知，欧洲地区各个不同的民族国家之间由于地理环境与人文社会历史背景的不同，在经济发展程度乃至各国内部的地区经济发展上都存在有较大的不平衡。虽然在早期也存在一些欧洲社会基金（ESF）、欧洲投资银行（EIB）、欧洲农业指导与保障基金（EAGGF）等财政安排，但从共同体层面上来统一进行指导和规定的措施与政策仍然缺失。1975 年地区发展基金与共同地区政策成立，且规定"对成员国地区发展的援助不应导致成员国自己对本国地区发展的资金投入，而应是成员国地区发展努力的补充"[3]，即确认了在欧洲区域治理层面上，将加强国家内部地区之间平衡发展的政策，作且仅作为成员国政策发展措施的补充和辅助性原则

---

[1] 1988 年 6 月 24 日欧洲理事会就欧洲现有全部基金用于经济和社会凝聚方面达成一致意见，从而使凝聚政策成为欧盟在国家和区域层面上支持经济和社会发展的主要工具。参见张晓静. 欧盟凝聚政策的演变及其收敛效应 [J]. 国际经贸探索，2009.25（10）：34. 需要强调的是，在 1993 年西班牙政府要求下设立的欧盟聚合基金（Cohesion Fund）同地区发展的结构基金有所不同，前者主要以国民经济发展在欧盟中所居水平的国家为对象，后者以经济发展较为落后的地区为资助对象。结构政策、凝聚政策和地区政策的区分参见雷建锋. 欧盟多层治理与政策 [M]. 北京：世界知识出版社，2011：97-98.

[2] 戴炳然，译. 欧洲共同体条约集 [M]. 上海：复旦大学出版社，1993：65.

[3] 雷建锋. 欧盟多层治理与政策 [M]. 北京：世界知识出版社，2011：100.

（additionality principle）[1] 的法律地位。在这一阶段一直到 1988 年的改革之前，超国家性质层面上的措施，主要是在成员国的主导下，部分地参与到地区性政策的协调与经济援助的过程中。换言之，此时的欧洲区域多层级的治理形态依然处于萌芽期，尚未完全充分地实现，仅就非国家层级行为体的参与及协同实现区域内社会凝聚及团结发展的目标等问题上达成了共识。

1988 年以结构基金改革为主要内容的凝聚政策，于 3 月由欧洲理事会在布鲁塞尔通过的第一期凝聚政策计划（1989—1993）中体现：其一，严格确定了受益于结构基金及政策工具的区域范围，将地区划分为不同的发展层次，针对不同地区的具体情况展开政策援助、分配预算金额；其二，设定了该阶段的四项原则和五大目标，其中就有开创性的"伙伴关系原则"（partnership principle），即"政策程序的设计和执行角色要涵盖欧盟、各成员及其区域，还要包括社会合作伙伴和其他非政府组织，以确保政策干预的所有权和透明度"[2]。总体而言，新的结构基金与凝聚政策的改革，使政策施予各国加以援助的地区对象更加明确，执行的原则和方式更为具体，来推动了各国就地区发展和社会凝聚问题积极参与的同时，更为重要的方面在于，首次使超国家层面的欧盟委员会得以借助于伙伴关系原则"穿透"成员国主权的"硬壳"与次国家的行为体之间搭建起直接联系的桥梁。[3] 在此次改革之后，除双重的预算分配之外，一种统一的规制性（regulatory）框架在不同的国内架构中施行，欧盟层面上的计划和项目开始在法律规范的意义上，寻求同地区以及次国家层面上的更为密切的合作。用学者里斯贝特·胡吉的话来讲，欧盟的凝聚政策"必然将带来通过赋予次国家层面上的权威而导致的对成员国之间边界关系的影响"[4]。同样，这些新的规则也将会被作为一种对委员

---

[1] 此处的原则与强调国家立场上的辅助原则（subsidiarity principle）不同，这里更多的是指一种对国家政府政策起补充性作用的法律规定，是站在欧洲区域共同体立场上而言不干涉国家政权内部运作的一种原则，而辅助原则是指从国家的需要出发要求欧洲区域性组织就特定事物问题起协助和辅从性作用的原则规定。

[2] 张晓静. 欧盟凝聚政策的演变及其收敛效应 [J]. 国际经贸探索，2009.25（10）：35.

[3] 雷建锋. 欧盟多层治理与政策 [M]. 北京：世界知识出版社，2011：104.

[4] Mette Kjaer Anne. Governance[M]. UK: Polity Press, 2004: 110.

会而言新的制度性伙伴提升区域层级的位置。至此，欧盟（欧共体）中的区域治理的多层级格局渐成定型。

1988 年之后，凝聚政策又经历了两次调整，其中一个较为重要的机构性设置是在马斯特里赫特首脑会议上，决定设立凝聚基金和地区委员。1993 年的结构基金和凝聚政策的调整包括两个方面内容：其一是设立一个关于欧盟地区问题的顾问委员会，主要作用与功能在于，对涉及地区性的事务和发展问题上发表意见，而超国家性的欧盟委员会与欧洲议会机构在制定政策或发表政策性建议时，须向地区委员会进行咨询，而后者作为独立的主体，可以不受任何强制性的指示约束，为共同体的普遍利益履行其职责 [1]；其二，建立一个专门的援助工具即凝聚基金，用于促进相对落后的国家如希腊、西班牙、葡萄牙、爱尔兰等国（人均 GDP 低于欧盟平均水平的 90%）的经济发展，这一基金的启动意味着凝聚政策正式构成了超国家层级、地区层级（次国家层级）以及国家层级三位一体的多层级治理框架模型。借助凝聚基金，伙伴关系的队伍从原有结构基金中的次级政府扩大到了经济与社会行为体，包括公共和私人组织、多国公司和大学等，而在对欧盟区域层级的政策影响上，次国家行为体不仅能够通过结构基金所设立的伙伴关系直接同欧盟委员会或欧洲议会进行接触和联系，而且还可以通过凝聚基金的条件，通过影响成员国政府机构的立场和偏好进而通过理事会上的博弈，来参与到区域层面的政策制定与执行过程中。在 1999 年的结构政策改革中，针对东扩问题，主要确定将结构基金的管理权部分归还成员国，进一步调动起国家政府参与经济与社会区域协调建设的积极性，进一步完善了国家行为体在借助同次国家行为体之间关系的协调中，达到区域层级超国家行为体之间的立场协调及目标实现的需要。[2]

综合上述的分析，我们可以看出，欧盟（欧共体）的多层级区域治理的进展

---

[1] 戴炳然，译. 欧洲共同体条约集 [M]. 上海：复旦大学出版社，1993：385、452-454，《欧洲联盟条约》第一编共同条款；第二编第 198A 条，第 198B 条，第 198C 条。

[2] 1993 及 1999 年的结构基金与凝聚政策改革资料参见雷建锋. 欧盟多层治理与政策 [M]. 北京：世界知识出版社，2011：104-107. 张晓静. 欧盟凝聚政策的演变及其收敛效应 [J]. 国际经贸探索，2009.25（10）：35-36.

过程，大致经历了一个从初期的设立目标到中期的确立超国家机构对次国家区域层级上的影响和政策支持，最后发展特定的财政工具，引导成员国政府加强同超国家机构和次国家行为体之间联系的过程。而多行为体转变成为参与区域治理的行为主体的实践方式，主要包括确立政策运作与执行的原则、明确不同行为体或机构之间的关系、设立专门的办事机关或机构、设立专门的财政基金资助计划项目等手段。尽管在政策制定的不同阶段以及不同的行为体，包括同为国家行为体的不同成员国家之间，对政策制定的影响效力均存在较多差异[1]，然而次国家行为体对欧洲区域性事务的参与及其渠道的扩充、超国家行为体介入到国家层面开始从整体上调节与控制各国发展的经济轨迹，以及国家行为体日趋关注本国及他国之间区域性事务的发展等事实上，多行为体的层级性主体间合作却已然有了较为显著的表现与发展。直到《2007—2013 年财政框架》文件出台，欧盟致力于经济与社会凝聚的共同区域政策已然在财政资源、政策工具和政策目标上有了进一步更高的标准与要求，其间虽然受一体化进程特定目标的影响，遇到的挑战也仍十分巨大，但其从制度结构性角度，综合调节财政金融工具平衡区域与国家之经济协调关系的问题上，仍给其他国家的地区和区域性政策的制定提供了丰富的经验。[2]

三、欧洲民族国家行为体构建的区域治理机制体系

本章主要从制度的角度来谈欧洲一体化进程中的区域治理，论述的核心在于，国家行为体如何从多层级的区域治理中形成新的国际关系存在方式的结构化变动。正如国内一些学者所看到的，当前国际社会尽管仍存在以威斯特伐利亚体系建立起的主权国家为单元的国际行为体行动原则，并进而构成了国际系统与政

---

[1] 就此点而言，国内学者雷建锋在对国外学者马克斯与胡吉的专著《多层级治理与欧洲一体化》进行研读的基础上有过较为详细的论说。参考：雷建锋．欧盟多层治理与政策 [M]．北京：世界知识出版社，2011：114-116.

[2] 李朝晖，邓翔．欧盟共同区域政策的历史演进与经验 [J]．学习与探索，2010.187（2）：154.

治力量的对比格局，但是以欧洲地区区域一体化发展为代表的国家间关系正在呈现出一种超越于传统国家间关系存在方式的新的治理体系。在这种新的治理体系或者说国家间的治理关系中，并不存在唯一的核心中央权力机构，同时也不完全由主权国家构成的国家集体来行使和运行区域内社会经济政治发展运作变动的力量。在这种新的体系里，国家的主权权力仅仅成为区域治理体系中的一部分，而与此同时，每个成员国的自主权力的行使反过来也一定程度上必须要在区域治理的框架下才能够得以实现和完善出来。"欧洲的一体化给我们展示的可以说是一种主权归属不明的区域政治，主权在这里即使没有消失，也是模糊了。而另一种情况则是，主权行为体仍然享有它的支配性地位，同时其他非主权国际行为体也被承认其国际地位，获得相应国际空间。"[1] 区域治理与一体化的不同之处在于，前者是在一定的既存的政治系统之中，依循秩序的变化过程展开的有目标的共同事务的解决，后者则是以几乎完全统一的由各个部分组成的整体的固定秩序方向进行的运动过程。欧洲的当代一体化进程起始于西欧六国在特定历史背景下的功能性需求，而其不断推进的内在动力，却是欧洲大陆传统的国际政治关系在全球化的历史大潮流和社会公共性问题凸显的时代背景下，旧有单个国家及单纯主权国家间组织与合作方式的局限性。欧洲区域一体化进程中的区域治理，借助于多层级的治理网络体系和机制，核心在于保证两个方面的力量存在：国家自主权的维护和非国家行为体的地位设定。

在国家自主权的维护方面，欧洲一体化的区域治理主要体现在机构设计中，代表民族国家行为体利益的欧洲理事会和部长理事会的权责地位以及约束欧共体及欧盟利益同国家之间利益分配关系的辅助原则（The Principle of Subsidiarity）上。在前文已然就欧洲理事会与部长理事会在一体化进程中起方向性和决策决议权上的功能和作用有过论述，在此主要谈辅助原则。辅助原则，又称辅从性原则，是在《单一欧洲法令》中首先写入而后在《马斯特里赫特条约》中明确引入的一项重要的确立欧共体权限的基本原则，就欧共体的行动边界问题做出了原则性的规定。辅助原则的最早思想萌芽可以追溯到古希腊亚里士多德对社会组织模型的探

---

[1] 陈玉刚. 超国家治理 —— 国际关系转型研究 [M]. 上海：上海人民出版社，2009：167.

讨，"每一个团体的自治都要受到尊敬。团体只有在绝对必要的情况下才被允许干涉其他团体的自治"[1]。到 17 世纪欧洲的政治活动家开始赋予该思想以双重含义，即在试图保持自己城邦政治独立的状况下同时也可以维护其他地域的经济繁荣和商业利益，即其限制干预和寻求协助的双重性所在。[2] 辅从性原则正式为欧洲一体化机构组织写入条约中是在 1986 年的《单一欧洲法令》，在欧共体的环境政策领域，其目标在于限制欧盟的干预。[3]1991 年《马斯特里赫特条约》正式引入辅助原则，在对《罗马条约》款项加以修改的基础上提出了欧盟在辅助原则的基础上奠基，条约在第一编共同条款的第 B 条中写道："联盟的目标，应如本条约所规定和遵照其中确定的条件与时间表，予以实现，同时尊重《建立欧洲共同体条约》第 3B 条所限定的辅从原则。"[4] 著名的第 3B 条条款规定："共同体应在本条约赋予它的权力与指派予它的目标的限度内行事。在不属于其专管的方面，共同体应根据辅从原则采取行动，即只有在和仅限于下述情况下：所拟行动的目标非成员国所能充分实现，且由于所拟行动的规模或影响，因此而最好由共同体来实现。共同体的任何行动，均不应超越实现本条约目标所必须的程度。"[5] 尽管作为一项平衡各方争议的工具，辅助原则不乏其模糊、复杂之处，各国对其语言的解释可以有多种说明 [6]，然而自《欧洲联盟条约》至《阿姆斯特丹条约》再到《欧洲宪法条约》和《里斯本条约》，委员会每年负责提供一篇有关执行辅助原则情形的报告给议会和理事会以供公开辩论的参考数据，并且自《阿姆斯特丹条约》之后，以附属议定书的方式确定了该原则的应用，2004 年被确认为一项宪法原则，辅助原则自其初衷起在保证共同体不会对成员国造成主权利益侵害以及区域性的超国家机构对国家中央政权的负担上，已然载负起了欧洲

———————————

[1] 李玲飞 . 试论欧洲一体化进程中的辅助原则 [J]. 辽宁大学学报，2011.39（3）：62.

[2] 阿尔特胡修斯（Johannes Althusius）的思想。李玲飞 . 试论欧洲一体化进程中的辅助原则 [J]. 辽宁大学学报，2011.39（3）：62.

[3] 苗静 . 欧盟宪法辅助原则的历史发展与当代含义 [J]. 广西社会科学 .2007.140（2）：88.

[4] 戴炳然，译 . 欧洲共同体条约集 [M]. 上海：复旦大学出版社，1993：386.

[5] 戴炳然，译 . 欧洲共同体条约集 [M]. 上海：复旦大学出版社，1993：390.

[6] 李玲飞 . 试论欧洲一体化进程中的辅助原则 [J]. 辽宁大学学报，2011.39（3）：64.

人的企盼。[1]

在非国家行为体地位的设定上，首要的是保证了区域层级上超国家性质机构及相应机制的确立并在政策设计的程序中确认其相互间的关系。正如之前所谈到的，欧盟委员会、欧洲理事会及部长理事、欧洲议会等区域性机构已然在政策制定的创议、讨论、决策及执行等环节有了各自相应的职权范围与相互间合作的规定，而与此相关的，区域性政策的制定与执行不仅离不开成员国政府在行政效力上的配合，同时也在次国家层面上与地方政府和非政府组织的影响效力保持着一定联系。借助于超国家性机构中各类咨询委员会机制，以及80年代共同体内部统一市场建设时期地区及社会凝聚政策中各类基金的财政手段措施的建立，更多的非国家行为体开始在区域治理的政策过程中发挥影响及参与性的作用或功能。国家行为体特别是政府部门领导人之所以能够允许这种会令其丧失一部分国家权威控制力的多行为体参与的方式存在，其一是出于对国内压力向区域层面上机构及各类利益主体进行转移的考虑，其二则是在某些特定的情况下，次国家行为体的参与可为国家的经济带来额外的资金，从而使其行为得以为中央政府所容忍。[2]这种多行为体参与从而带来国际领域各类具体事务问题上多行为体主体互动式的区域治理模式，其实质是在国际关系领域提供了新的力量均衡和对比的模型，即从过去单独的国家单元行为体之间的力量对比状况，开始转向打破了国家控制边界的向区域层级和次国家层级上转移权威并出现的新兴行为主体力量，这种力量尽管仍然受控于国家强制性武装力量的最终极的制约，但是在国际法及国际条约的正式协定与法制规范框架下，许多原本由国家政府单方考虑并自上而下执行的领域，逐渐转向多种类行为体进行磋商、自上而下与自下而上两方面权力运行方式共存的形式进行。这在实际上改变的是国家之间的合作与存在关系与方式，即以一种更为综合性的政治观点来看待彼此间的利益及其共存，而非仅以物质性的或军事性的力量存在及非此即彼的零和博弈对抗方式来完成并看待合作。

［1］　苗静. 欧盟宪法辅助原则的历史发展与当代含义 [J]. 广西社会科学 . 2007.140（2）：88.

［2］　Liesbet Hooghe Gary Marks, Kermit Blank. European Integration from the 1980s: State-Centric v. Multi-level Governance[J]. Journal of Common Market Studies. 1996.34(3): 349.

英国的历史学家爱德华·古利克早在 1943 年即不无忧虑地写道：如果政治家们无法改变均势及并非必然的限制的国家体系存在方式的话，等待我们的将会是一个不安的未来，而不得不去考虑平衡一个全副武装的国家，那么更多一次的世界大战将不可避免。[1] 借助国内学者所引介的西方学者的话，我们可以理解欧洲一体化中区域治理所带来的国际关系可能的秩序变革中，所蕴含的伟大历史意涵。在第四章里，笔者将借助于特定的农业政策领域内区域治理模型的国际新政治关系秩序，来透视欧洲区域治理的特殊多层级与多行为体的互动，以及由此带来的各国应对全球化时代新经济政治秩序变动挑战的成就。

---

[1]   E.V.Gulick, The Balance of Power [Philadelphia: Pacifist Research Bureau; Coercion: A Study in the Use of Force Series II: Number 2 (March, 1943), p.57.] 转自王义桅 . 超越均势：全球治理与大国合作 [M]. 上海：上海三联书店，2008：260.

第四章　案例透视：
欧洲共同农业政策中的区域治理

　　欧洲地区的一体化进程自二战后发展至今，不仅已发展成为当前国际社会最大的一个区域性经济政治联合体系，并且通过几十年的发展，其内部的共同农业政策已然担负起平衡各成员国之间利益、维护区域内食品战略安全、巩固并凝聚欧洲一体化进程中经济产业化成果、提升农业从业人员收入及生活水平的一项重要机制。面对国内国外激烈竞争的农业生产国际市场和有限的先天自然环境地理条件，欧洲各国通过区域内的治理机能，共同发展出对农产品价格进行指导和统一税收的、调节社会经济政治运行状态的政策体系，尽管尚不能完全从根本上彻底解决因区域内外经济社会发展不平衡带来的各种市场经济竞争的综合性问题，但至少在区域层级内，可以形成较有优势的经贸互补形态，从而借助区域内聚集起的各国农业领域的发展力量，完成对全球化时代国际市场发展所带来的挑战的因应举措。这其中，超国家性区域机构同国家行为体之间的决策博弈，以及次国家行为体参与区域性政策中的执行和部分决策的过程，共同构成了欧洲区域内共同农业政策发展及变革的内在动力。本章将主要从共同农业政策的发展历史、区域治理的主体及层级互动、欧洲民族国家在区域治理的农业领域中所得到的应对全球化挑战的优势三方面出发进行论述。

一、欧洲共同农业政策简述

对于欧洲共同农业政策的评价存在较多争议。有人认为它是欧洲一体化建设的支柱，在事实上使欧共体"免于在多次的停滞和危机中分崩瓦解"；也有人认为它"不仅不是什么凝聚力，而且很可能成为最终使欧洲联合希望破灭的导火线"。[1]对待这一问题，本书较为认同戴炳然先生的看法，应该从较为全面而综合性的角度来看待并评价欧洲的共同农业政策。[2]借助于对共同农业政策历史发展历程的梳理，笔者将在本节简要介绍并总结欧洲共同农业政策所取得的成就及起到的作用，并对其进行评价。

（一）共同农业政策的起源与发展

农业对于一国具有重要而基础性的战略地位。欧洲国家人多地少，早在数百年前即已有施行特殊保护政策的传统。"如果一个国家农产品尤其粮食主要依赖从国外进口的话，隐伏着极其危险的政治和经济脆弱性，一旦发生事变，易受制于他国。"[3]第二次世界大战结束后带来的粮食危机以及美元赤字下欧洲借贷美元购买农产品的困境促使欧洲各国更为清醒而严峻地意识到提高本国粮食自给

---

[1] 戴炳然. 评共同农业政策的作用、问题与改革 [J]. 西欧研究. 1987（4）：10.

[2] 在有关共同农业政策的评价上西方经济学者往往提出与传统认知相反的观点，即认为该项政策的作用效能十分有限（如研究学者 Folmer 等于 1995 年提出的观点，参见 arjoleine Hennis. Globalization and European Integration—the Changing Role of Farmers in the Common Agricultural Policy[M]. New York: Rowman & Littlefield Publishers, 2005: 37.），然而这仅仅是一种从经济学角度和立场出发来得到的研究与结论，如果更多地从政治或者国内及区域范围内的政治经济范畴上来看的话，则共同农业政策的效能与作用仍然是十分重要的。对从政治角度来理解共同农业政策的意义与作用持支持态度和观点的文章同样可参见有 Knudsen Anne-Christina Lauring. European Integration in the Image and the Shadow of Agriculture. // Origins and Evolution of the EU[M]New York: Oxford University Press, 2006: 191-217.

[3] 杨森林. 欧盟农业保护主义的历史与现实根源 [J]. 世界农业. 1996. 9.

率、扩大国际粮食供应市场份额、保护国内农业利益的重要性。1958年1月1日，《罗马条约》在六国议会的批准下正式生效，其基本目标在于"建立共同市场与实行共同的社会经济政策"[1]，其中第38—47条规定了农业领域内建立共同市场和实施共同农业政策的计划。第39条规定共同农业政策的目标为："1. 通过促进技术进步和通过保证农业生产的合理发展及生产要素特别是劳动力的最佳利用，提高农业生产率；2. 特别是通过提高农业从业人员的个人收入，为农业社会保证良好的生活水平；3. 稳定市场；4. 保障供应；5. 保证消费者以合理的价格取得供应。"[2] 当时施行共同农业政策的背景是，在设计建设欧洲经济共同体时，一个基本的理想目标是建立各个国家内部统一的共同市场，简单而言就是在内部和外部的经济环境中设立起统一的关税同盟，即内外税收政策上额度的一致。根据《关税及贸易总协定》，关税贸易应理解为对所有商品的贸易上在内部市场中废除关税和其他限制性的贸易规定。这也即意味着不能将包括土地耕作业、畜牧业和渔业的产品排除在经济共同体的安排之外。[3] 对于缔约的六国而言，当时的资本主义世界内六国属于发达的工业地区，但是农业却相对远远滞后于工业。如果不建立农业共同市场，不仅关税同盟难以实现，而且还将最终影响到工业的发展。另外，当时共同体各国国内农业从业人口的收入水平普遍较低，从而各方面的因素共同促使了共同农业政策的制定和实施。[4]

针对当时各国面临的国际上相对美国等国农业居于弱势、国内及区域范围内粮食供应及市场普及率不足的问题以及由《罗马条约》所制定的区域内农业领域发展的计划目标，欧洲一体化及区域治理初期的西欧六国所需要完成的共同农业政策任务主要包括共同的价格机制措施、补贴政策以及区域内的结构性改革的措施政策。共同的价格机制措施主要是指对共同体内部的农产品施行一定程度上的

————————

[1] 胡瑾，郇庆治，宋全成 . 欧洲早期一体化思想与实践研究（1945—1967）[M]. 济南：山东人民出版社，2000.5.

[2] 戴炳然，译 . 欧洲共同体条约集 [M]. 上海：复旦大学出版社，1993：87.

[3] A.M. 阿格拉 . 欧洲共同体经济学 [M]. 伍贻康，戴炳然，等，译 . 上海：上海译文出版社，1986：158.

[4] 曲直 . 论欧盟共同农业政策的贡献及存在问题 [D]. 长春：吉林大学，2009：8.

价格干预，使之在一定的价格范围内波动，一旦超出范围，价格支持机制则发生作用，使之复归到允许的范围内，并且通过制定统一的目标价格、门槛价格、干预价格等一整套指标和机制来调控内外农产品贸易并稳定内部市场。[1] 共同价格机制的主要目的在于在区域范围内实现对农产品价格的普遍管理，使其价格维持在世界市场价格相较的高位，同时内部排除其他非成员国农产品的低价竞争、维护内部农业生产者的利益。补贴政策是一项同共同价格机制相关联的政策，一方面通过对特定农产品的价格干预机制为低于目标价格的生产者提供生产补贴，另一方面，则是对出口到国外的农产品提供出口补贴，除此之外，贮藏补贴、生产补贴及消费补贴等也被纳入到共同农业政策的财政资金预算项目中。[2] 补贴政策在价格管理机制之外为欧洲区域的农业生产与销售提供了资金上的保护，尽管欧洲农业政策一体化上的保护主义为世界其他国家广为诟病，但不可否认的是，这种保护制度却为早期欧共体区域内各国的经济建设的稳定及农产品的稳定增产增收提供有力保障。除价格机制与补贴政策外，构筑区域内的农业共同体另一个重要的政策措施是进行成员国间农业结构上的改善与调整。所谓农业结构，是指"农业经济中生产单位的规模与类别、农业就业状况及生产要素的配置等"，而结构政策"是指欧共体以改革农业结构、提高农业生产率为目标而采取的政治措施"[3]。与价格及补贴机制不同，结构政策主要以指令的方式出现，这意味着同以规制为主的立法形式的价格与补贴措施相比，结构政策将更多地由国家行为体一级而非共同体一级的机构与职能部门自主执行和实施。在 1958 年首次农业政策问题的斯特雷萨会议上，各国提出了改革农业结构使之更有特色但不能破坏家庭农场特色等原则；60 年代末"曼斯霍尔特计划"由欧共体农业委员会首次体系化地提出了结构改革的主张，重点强调农场的现代化、劳动力更新与重建、鼓

[1]　孙定东 . 市场一体化的欧盟治理：CAP 与地区政策的借鉴研究 [M]. 北京：时事出版社，2010：46-48.

[2]　参考孙定东 . 市场一体化的欧盟治理：CAP 与地区政策的借鉴研究 [M]. 北京：时事出版社，2010：49-50；程极明 . 欧洲共同体共同农业政策 [M]. 南京：译林出版社，1994：104-105.

[3]　程极明 . 欧洲共同体共同农业政策 [M]. 南京：译林出版社，1994：110.

励技术进步给予农民职业培训等计划。[1] 自 1961 年 12 月的欧共体部长理事会谈判到 1968 年 7 月，欧共体共建立了 20 多个农产品共同市场组织，对包括了谷物、果蔬蛋禽、酒类、烟草、橄榄油、棉花、亚麻、蚕、种子等在内的近 70% 的产品实行了统一的价格支持和干预制度。[2]1969 年六国范围内的农产品关税取消，区域范围内的农产品自由流通和对外国农产品的差价税征收启动。与此同时，用于干预市场和提供技术与结构改革资金支持的农业基金建立。至此，欧共体的共同农业政策初步建立、完成基础性的架构。[3]

共同农业政策在建立之后经历了 4 次较为重要的改革。可以说，欧洲共同农业政策的发展史就是一部伴随着其改革而不断进化的历史。[4] 在其改革的计划里，包括了各国政治力量的较量以及超国家性机构同国家政府行为体之间利益的权衡，同时更为主要的还在于其对欧洲区域内部农业市场从整体面向上的经济政策与结构性的调节与改进。20 世纪 60 年代的欧洲农业在农业指导和保证基金（EAGGF）与价格保护机制的制度支撑下从 1962 年 85% 的自给率发展成为 60 年代末呈现出生产过剩的态势。[5]1968 年欧共体委员会农业事务委员曼斯霍尔特向部长理事会提交了一份"关于欧洲经济共同体农业改革的备忘录"，开启了第一次农业改革的计划之路。该项计划建议从减少农业用地和从事农业劳动力人口的角度来限制生产、提高效率，但未触及农业政策的关键性制度即价格机制；由于该项计划开始在重建就业岗位上需在 70 年代支出每年高达近 50 亿计算单位，各国部长均表示难以接受 [6]，最终，首次改革计划仅以强调从不同方面提供技术

[1] 胡瑾，郇庆治，宋全成 . 欧洲早期一体化思想与实践研究（1945—1967）[M]. 济南：山东人民出版社，2000：205；程极明 . 欧洲共同体共同农业政策 [M]. 南京：译林出版社，1994：111.

[2] 胡瑾，郇庆治，宋全成 . 欧洲早期一体化思想与实践研究（1945—1967）[M]. 济南：山东人民出版社，2000：207.

[3] 胡瑾，郇庆治，宋全成 . 欧洲早期一体化思想与实践研究（1945—1967）[M]. 济南：山东人民出版社，2000：207-208.

[4] 姜南 . 试析欧盟共同农业政策的改革 [J]. 世界历史，2002（4）：38.

[5] 裘元伦 . 欧盟共同农业政策改革 [J]. 求是，2003（8）：58.

[6] 姜南 . 试析欧盟共同农业政策的改革 [J]. 世界历史，2002（4）：39.

或农民收入资金支持或补助以促进农业现代化进程的三项指令告终。尽管没有丝毫影响到共同农业政策所占共同体预算开支的分配结构，但首次的调整与变革计划开启了从单一封闭的政策体系转变为多元复合政策网络的区域性国家间治理之路，一个更为注重农村和农业发展与保护的欧洲共同体区域正在人们面前展现出来。[1]

到 20 世纪 80 年代，农业指导与保证基金在欧共体总预算中所占的份额与比例居高不下，1982—1989 年持续保持在 60% 以上，1985 年高达 73%。其中保证部分的开支占基金比例 95% 以上 [2]，给共同体预算和市场调节带来很大压力。不仅如此，由于在既有的农业价格支持政策下，农业生产效率提高的同时农民免受市场力量的压力，带来了严重的农产品生产过剩，而且欧洲区域的农产品价格人为地高于世界市场的价格设定，实际也带来了区域内国家与国际第三方国家之间的贸易障碍。由此直接触发了 80 年代中后期至 90 年代初以缩减开支与调整价格机制为目的的第二轮欧洲区域内共同农业政策的改革计划。

1989—1992 年的德洛尔委员会中，爱尔兰人麦克萨利担任农业事务委员并成为了 1992 年改革计划的主要设计者。1991 年初欧盟委员会公布了一份题为"共同农业政策的发展和未来"的讨论文件，确定从整个社会的角度制定农业环境保护目标并为家庭农场提供活动框架，为实现这一目标必须重新考察价格支持机制，以适应 90 年代新背景下共同市场、共同体优惠和共同财政三原则的要求。[3] 在新的政策中，谷物的市场支持价格被大量削减，使其原有的补偿性支付水平不再与当前的农民生产产量相依赖，农业收入同价格支持之间的直接联系被打断，从而实质上改变了欧盟同其他国家交往的方式，即内部价格政策同对外贸易之间的冲突被减弱。[4] 由此麦克萨里改革对内部价格支持机制进行改革的同时也适应了国际贸易竞争的发展趋势。麦克萨里改革主要针对的是 70—80 年代共同农业政

[1] 李忠．浅析欧盟共同农业政策改革 [J]．欧洲，2001（4）：56

[2] 数据来源：Agricultural Situation in the Community《共同体的农业状况：年度报告》，参见姜南．试析欧盟共同农业政策的改革 [J]．世界历史，2002（4）：40.

[3] 李忠．简析麦克萨里改革 [J]．欧洲，2001（1）：51.

[4] 李忠．简析麦克萨里改革 [J]．欧洲，2001（1）：56.

策占预算开支庞大及农产品市场供需严重失衡的问题采取的调整举措。在 1988 年的部长理事会上形成的《农业财政指南》中规定到 1992 年用于价格支持的保证金部分支出的增速不得超过欧盟 GDP 增长率的 3/4，即占欧盟总预算的份额将从 62.4% 降到 56.1%[1]，而麦克萨里改革则是与此目标相对应的一些列新的旨在降低农产品保证价格的实施措施。到《2000 年议程》时期，90 年代初确立的政策思想开始得到全面落实。

在 1992 年改革计划确认的削减预算、更改农业支持机制方式、增强农业国际市场竞争力的目标基础上，1997 年欧委会根据东扩及当时世界贸易组织新一轮谈判要求的背景，提出了进一步推进以市场为导向的政策改革建议[2]，2000 年首脑会议通过的《2000 年议程》成为 40 年来共同农业政策改革步子迈得最大的一次计划，其中包括对未来 7 年内农业预算总支出的限额及谷物、油料、奶品、肉类、果蔬等农产品的具体生产价格及补贴规定。在农业补贴方式的变革上，主要采取以不与生产挂钩的直接补贴形式取代以往的同生产挂钩的直接补贴形式。在调节预算的支出分配上，加大了对以农业为支柱同时突出环境及农村发展问题上的建设关注与资金支持，努力使农村发展成为欧盟共同农业政策的第二支柱。[3] 尽管《2000 年议程》试图改善对生产者的直接补贴从与生产挂钩向不挂钩的方向转变，但其转变的速度仍很缓慢，农业预算的支出增长势头并未终结，并且扩大后的欧盟某些农产品的剩余问题加剧，难以兑现世界贸易组织的出口补贴削减承诺。在此情势下，2002 年 7 月 "2003 年改革计划" 方案出台，成为继麦克萨里改革和《2000 年议程》后欧盟及欧共体组织在欧洲区域范围内调整共同农业政策的又一项重点计划。

2003 年农业改革措施的主要内容仍集中于直接补贴方式的变化和削减预算开支，例如采取以 "单一的农场补贴" 取代之前与当年种植面积与种类相挂钩的复杂计算的补贴政策，进一步促进不对生产和贸易有影响的绿箱政策，通过减少

---

[1] 裘元伦 . 欧盟共同农业政策改革 [J]. 求是，2003（8）：58.

[2] 刘莎 . 冷战后欧盟共同农业政策改革问题探析 [D]. 2006：20.

[3] 宋波 . 欧盟共同农业政策的改革及其特点 [J]. 国际经济合作，2003（5）：23.

每月支持价格随季节变动的增加幅度来稳定市场价格，加强食品安全及环境动物健康等福利标准的要求，加大农村发展资金建设促进力度，设立农场咨询系统，调整并减少对大农场的补贴等。[1]2003 年的改革新方案既是对《2000 年议程》的一次中期考察，同时也是有史以来最深刻的一次改革，即采取了与产量脱钩的农产单一支付措施，从而满足了 WTO 的规定，使农民获得补贴的方式同更趋于市场化的生产及贸易相联系起来。不仅如此，在资金管理上还形成了一个财务纪律机制，为市场支持和直接补贴支出设置了上限。继此次改革之后，2007 年与 2008 年的农业"健康检查"与补贴政策改革基本在之前的改革方向和措施基础上继续稳固与推进。[2]

从历次的改革历程与计划中可见欧洲的共同农业政策在取得了区域性保护及生产增长的成效基础上更多地存在着应对国际贸易市场及区域内协调与平衡农业领域生产规模、方式与结构的问题。然而，即便如此，作为区域共同政策的首要支柱性领域，对共同农业政策的地位的评价必须更为细致与综合化地看待。

（二）共同农业政策的一体化效应与地位

农业市场一体化的主要效能在于通过市场化机制实现区域内部产供销的一体化经营，通过农工商的有机结合促进现代农业的发展。欧洲大陆在二战结束后初期的农业领域基本处于传统农业的范畴，生产力水平较低，劳动力集中，区域内各国之间的农产品价格缺乏协调，同区域外的贸易价格机制也存在较多困局。共同农业政策最为核心的价格机制与基金模式将整个区域内的农业生产及农村发展纳入到一个统一的制度框架内，实际上反映了自上而下与自下而上双重政策调节职能的运行。

分析共同农业政策的价格制度有助于我们进一步理解欧洲区域内农业政策领域的基本功能与机理及其相应取得的成就，由此推出共同农业政策在共同体及区域一体化进程中的地位。

---

[1]　王靖宇. 欧盟共同农业政策的改革及变化趋向 [D]. 2004：39-40.

[2]　田菊莲. 欧盟共同农业政策改革过程探析 [J]. 世界经济情况. 2009（7）：21.

简单而言，共同体的统一价格机制包括目标价格、干预价格和门槛价格三类。[1] 目标价格（Target Price）是指在每年进行农产品贸易或交易的地区某种农产品供不应求时的最高市场价格，其中包括了运费和贮藏的费用，但仅属于供生产者和消费者参考的价格而不是一个生产者的价格。区域内的各成员国若在该农产品领域上有生产的比较优势，则可以以较低于目标价格的市场价出售给其他成员国家；但是，如果该产品的销售价格过低，则会遇到共同体所制定的干预价格限制。所谓干预价格（Intervention Price）是指每年生产者出售某类农产品可以采取的最低价格。干预价格的出现主要目的在于保证市场价格，即使某类农产品的生产及出售不会过分低于目标价格的设定形成倾销之势。以谷物为例，其干预价格通常较目标价格低 7%—8%，其价格的稳定主要通过 30 余个设在各成员国的干预中心采取的收购或差价补贴来实现。一般享受干预价格的农产品的品种、规格和生产限额等，由欧共体的统一规定来审核执行。由于干预价格的主要效果之一在于保证生产者不至于遭受低于成本的价格损失，因而通常也可以称为保护价格或保证价格。

在对区域范围内实行的目标价格和干预价格有所了解后，更进一步需要了解的是针对区域外非成员国对区域内国家输入农产品的价格限制机制即门槛价格措施。所谓门槛价格（Threshold Price）是指在共同体的主要港口中设定针对共同体外部国家运输农产品进入区域内的价格征收进口差价税，以避免较低价位的商品进入共同体形成对成员国相关农产品的竞争冲击。由于门槛价格不包括贮藏费和运费，因而对于进口的农产品而言，在共同体内部市场上的销售价格通常会达到甚至超过目标价格的设定，由此失去了与区域内成员国同等质量农产品的竞争优势。另一方面，为了鼓励区域内成员国农业产品生产的对外销售和贸易，在同世界市场上同类农产品以世界价格进行竞争时，共同体还会采取出口补贴或出口退税的方式提升成员国农产品的国际竞争力。通过这样一种内部和外部价格调节的措施，欧洲共同体实际形成了针对农业生产和销售的一个保护范围，为成员国

---

[1] 价格机制介绍主要参考孙定东. 市场一体化的欧盟治理：CAP 与地区政策的借鉴研究 [M]. 北京：时事出版社，2010：48-49.

之间的农贸合作及成员国作为一个集体共同应对世界范围内的农产品竞争提供了政策与制度上的支撑。（图4-1）

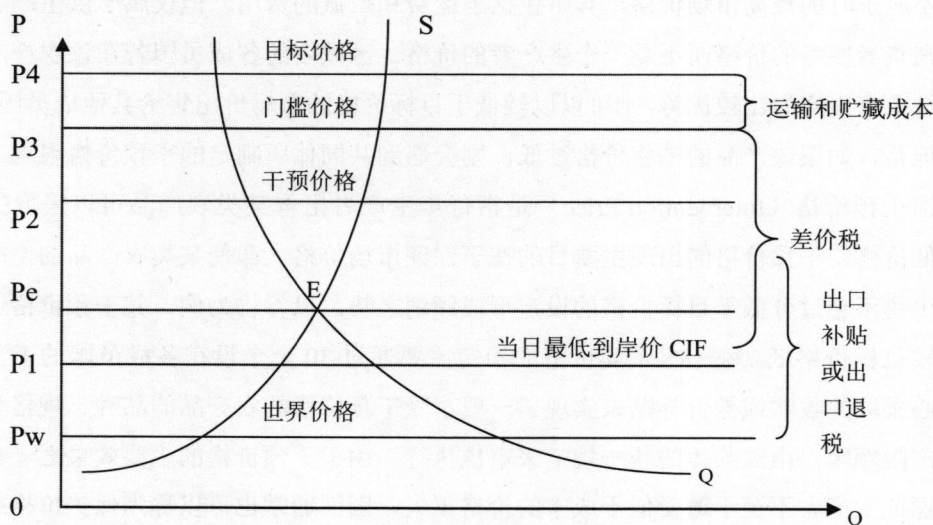

图 4-1：共同农业政策农产品价格机制图示 [1]

共同农业政策不仅仅是价格机制上的干预性政策，更为重要的在于反映了各个欧洲国家间政治经济联合意愿与智慧考验。在 20 世纪 60 年代之后，1969—1973 年，欧洲共同体范围内劳动生产率年均增长 6.6%，超过同期工业劳动生产率和整个国民经济劳动生产率的增长，主要农产品如谷物、肉、蛋、奶、糖等到 70 年代末均实现了自给有余。[2] 对照《罗马条约》所设立的目标，共同农业政策的实施基本上不同程度地实现了农业产品区域内的自给自足，保障了粮食安全的供应，免于对世界市场的过度依赖，这其中包括了提高农产品的生产产量和劳动生产率，使农业生产者的收入得到增加，通过补贴措施提升了农产品的竞争力，缓和了工农业差别扩大造成了农业人口与非农业人口综合素质及生活水平差距的

---

[1] 引自孙定东 . 市场一体化的欧盟治理：CAP 与地区政策的借鉴研究 [M]. 北京：时事出版社，2010：48.

[2] 胡瑾，郇庆治，宋全成 . 欧洲早期一体化思想与实践研究（1945—1967）[M]. 济南：山东人民出版社，2000：208.

拉大，而内部及外部贸易额度也得到大幅增长[1]，从而为成员国的经济改善提供了良好的区域环境。以联邦德国为例，作为共同体内最大的农产品进口国，在启动共同农业政策之后内部的农产品生产率提升，到 1985 年自给率高达 122%，成为农产品净出口国。[2] 从共同农业政策所起到的作用来看，其在欧洲区域一体化进程中的地位至少有三个方面值得我们注意：其一，从经济的角度来看，农业居于一国国民经济的基础性和战略性的部门位置，它与工业部门之间的密切关联性决定了农业的发展将直接对国民经济整体的现代化进程产生深刻的影响，因此，欧洲区域内的共同农业政策的施行在保证了农业现代化的同时，也为区域内国家的国民经济调整与转型创造了机会与条件；其二，从一体化的角度来看，区域内成员国之间的一体化措施与制度的协商通常都是基于国家利益的考量，共同农业政策所提供的财政补贴和基金支持工具为处于不同发展阶段和经济运行状态的国家之间利益的平衡创造了条件，例如工业较为发达的德国与农业较为发达的法国之间通过农产品相互贸易措施和农业预算开支补贴各自获得有助于自身利益的结果，为两国之间的一体化合作扫除了障碍；其三，从整体区域治理的世界效应而言，共同农业政策所提供的区域保护模式尽管暂时更多地是从价格与生产方面补贴，而非完整意义上的结构与农村环境调整和改善的方面来提升欧洲区域内各国农业产品的国际竞争力，但整体区域内各个成员国所构成的技术与资金支撑的农业政策，至少在 80 年代中期全球经济化浪潮新技术革命升级之前，完成了区域内粮食自足以及一定程度上应对美国等农业出口大国挑战的风险与危机，因此尽管存在生产过剩及预算负担、环境资源紧张等问题，但相较世界其他区域与国家行为体的农业政策而言，欧洲区域已然达到了较好的程度与水平。综上所述，我们认为，欧洲共同农业政策的历史性地位相对于欧洲区域范围内的各国而言，应是一种起着根本性凝聚力作用的经济政治利益协调机制，其运作的成功与否将直

---

[1]　具体论述参见曲直 . 论欧盟共同农业政策的贡献及存在问题 [D]. 长春：吉林大学，2009：17.

[2]　胡瑾，郇庆治，宋全成 . 欧洲早期一体化思想与实践研究（1945—1967）[M]. 济南：山东人民出版社，2000：209.

接同欧洲区域的一体化及其区域治理的成败相关联。

二、农业区域治理的行为体及其层级互动

对于欧洲地区区域一体化的农业合作而言，在全球化的历史背景和时代性潮流下，发展现代化的农业体系是区域内各国治理合作的基本大前提。[1] 欧共体与欧盟借助已有的国家行为体的优势基础，率先开创出区域内的农业合作模式。特别发展出来依托区域制度框架多类型行为主体的从院外活动到直接同布鲁塞尔接触的区域治理协商态势。本节首先从欧洲共同农业政策的基本政策决议机制出发，重点就共同农业政策机制运作与其历史变迁进程中各类行为体之间在区域治理农业领域中的互动与配合进行初步的分析与阐述。

（一）基本政策机制

在欧盟及欧共体的法律体系中，其超国家性的法律条款一般来自于各成员国以条约的形式赋予相应机构的授权。而在这些一级授权机构的运作之下，产生对区域范围内各行为体具有约束力的二级法律体系。"一个目标或任务的设定默示着为达此目标而合理必需的权力的存在。可以这样认为，成员国在缔结条约并赋予欧共体超国家机构以权力的时候是保持了相当程度的谨慎的，不愿在宪法性条约这一原则性框架中授予超国家机构过多的权力，这形成了条约授权有限的特点。但是，随着欧洲一体化的不断进展，成员国政府在权衡利弊之后认为适当地扩大欧盟机构行使权力的范围对其自身也将是有利的。"[2] 在共同农业政策领域，参与区域二级立法活动中的行为体主要包括了以超国家性机构为代表的欧洲委员会、部长理事会和欧洲议会三个机构，而其他一些机构与外围的决策影响者也起

---

[1] 国际贸易竞争日益加剧、生产效率持续增长、农业小部门化进程加速是当今世界经济发展的三大事实，而与此相对应的，是国际贸易在自由化和农产品贸易供大于求的两大趋势和现象。孙中才. 世界农业发展与欧盟共同农业政策 [M]. 北京：法律出版社，2003：3-5.

[2] 赵昌文，Nigel Swain. 欧盟共同农业政策研究 [M]. 成都：四川财经大学出版社，2001：196.

着或大或小的作用。

就决策的中心来看，首先最重要的是以核心决策机关身份为定位的部长理事会。部长理事会通常由各成员国派出被授权的各成员国部长组成，只在欧盟总部布鲁塞尔做短暂会晤讨论专门议题。若议题涉及重大和全局性的问题时，由外交部长参与的部长理事会称为"全局部长理事会"（General Council），若仅涉及具体的部门领域，则称为"专门理事会"或"部门部长理事会"，由委员会派出代表列席。除召开讨论会议之外，为保证持续性的工作，还设立了一个常设代表委员会（Coreper），在召开会议前事先讨论或做会议的准备工作，例如在委员会的提议较难获得通过的情况下，将通过常设委员会来安排部长与委员会进行协商，因而常设委员会可视为部长理事会的一个延伸。

除部长理事会外，共同体政策的另外两个参与决策的重要机构分别为委员会与欧洲议会。主要负责提出议案和负责决策执行的欧盟（欧共体）委员会在决策机制流程中的地位十分重要，在农业领域，最主要的是一批由成员国任命、在法律上代表整个区域内共同体利益的农业专员负责每周参加一次委员会全体会议，提出有关农业问题的建议。农业专员们的工作主要是在细致讲解、综合准备有关农业领域内各项议题与问题的同时兼顾各个国家的农业利益需求，在第6总司（其办公室与农业总司）的协助下，向拟提交建议的委员做广泛的宣传和解释工作。欧洲议会在农业领域主要是由专门的农业委员会研究讨论供理事会决定的提案修改意见，同时负责批准预算经费的开支。作为一个咨询性质的机构，欧洲议会的下属农业委员会主要由一些从事农业活动的人士组成，对于委员会和部长理事会所转过来的建议报告草案进行讨论、修订和表决。理事会必须在经过欧洲议会和委员会的共同意见反馈后才能进行最后的表决，如果建议的法案被议会拒绝，则部长理事会必须在三个月内一致同意才能形成法律，而反之，如果是议会的修改意见反馈回委员会，而委员会不同意欧洲议会的修正案，则部长理事会也必须在三个月内以一致同意决通过提案才能成为法律。在委员会与欧洲议题共同意见反馈下的修正案表决中，理事会只需经由特定多数决即可完成表决程序。

就决策的周边参与的行为体来看，共同农业政策领域的决策程序与机制过程中还包括以各成员国利益为集中代表的欧洲理事会、居于整个欧洲区域范围内的咨询机构如经济与社会委员会和地区委员会、以执行职能为主要内容的农业委员会及管理委员会、对政策的违规或细则规范存在的纠纷及冲突进行裁决的欧洲法院，以及来自生产、消费或技术行业的各种利益压力集团或顾问代表团体等。[1] 欧洲理事会即由各国首脑定期举行的欧洲峰会，同时也是解决和处理三个核心超国家性欧洲区域组织之间协调事务的主要机构；其在委员会主席的参加下，着重讨论和研讨欧洲区域内建设发展的方向。每年举行两次，共同农业政策特别是其改革问题的一些原则性决议都由欧洲理事会讨论决定。管理委员会是在部长理事会决定之后参与管理各种农产品支持机制的执行机关，由各国农业部派出官员组成，每周一次会议，以特定多数决履行部长理事会做出的决定。欧洲法院则主要是在政策执行过程中对存在损害个别成员国利益、解决规范的细则解释等问题提出意见、参与裁决。而其他的农业利益或压力集团则主要有来自各国的农民组织及其联合会（EC Confederation of National Farmers' Organizations，COPA）、农业企业及消费者组织、食品产业团体、社会舆论与专家学者们。其中处于欧洲层级的有咨询委员会（Advisory Committees）、农民组织及其联合会、消费者组织与专家团体；处于国家层级的有农民联盟（Farmers' Union）、消费者组织与食品产业集团等。[2]

以农民组织及其联合会（COPA）[3] 为例，作为最早制度化的欧洲层级上活跃的职业化利益集团，COPA 成立于 1958 年，由六国 13 个农民利益集团的组织代表团体组成，发展到 15 国时达到 29 个团体。其主要的职责与功能是代表全体农业从业人员的利益，对欧洲共同农业政策进行检查，并发展同其他代表组织或社会团体的关系。在具体的行动上，协会组织主要起到沟通各国及整个欧洲利益

[1]　程极明. 欧洲共同体共同农业政策 [M]. 南京：译林出版社，1994：56-60；赵昌文，Nigel Swain. 欧盟共同农业政策研究 [M]. 成都：四川财经大学出版社，2001：第六章.

[2]　Alan Greer. Agricultural Policy in Europe[M]. Manchester: Manchester University Press, 2005: 19.

[3]　又有称欧盟农民利益集团（赵昌文，Nigel Swain. 欧盟共同农业政策研究 [M]. 成都：四川财经大学出版社，2001：201.）或欧洲农民协会 [王俊英 杨琦 王东 胡克成 路永强. 欧洲农民协会的发展及其启示 [J]. 世界农业. 2004（11）：30-32.]

维护与平衡的重要作用，通过保持与欧盟及各国政党、政府议员、政府有关部门官员的沟通和交流，了解并影响政府或欧洲层级上的涉农政策，与此同时在欧盟设立常驻机构，游说欧盟决策者或直接参与一些咨询机构的活动等，另外特别是在对欧洲议会上，也会通过向议员提供信息资料、参加议会听证会、发动地方议员等方式向欧洲议会施压进而影响到立法的决策意见。在国家层级，则通过拜访高层政府官员、通报农业农村情况等反映农民的愿望和要求，提出自己的建议和主张。

综合国内外学者的研究及上述所涉及的政策参与行为体的各自职责与功能，笔者将欧洲共同农业政策的基本决策过程的行为体相互关系影响图示绘制如图4-2 所示：

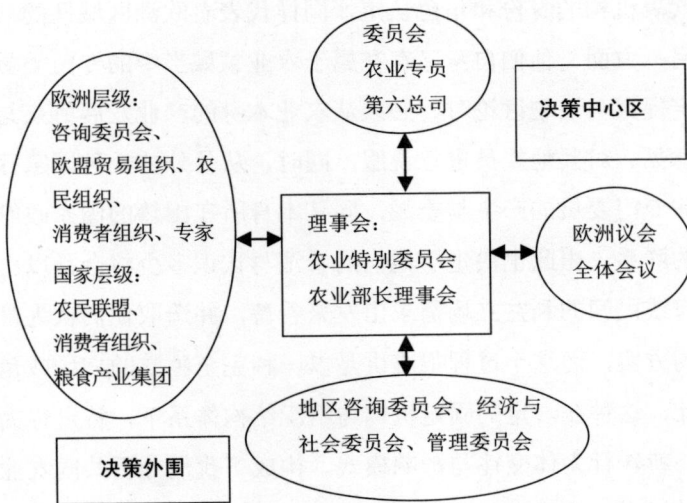

图 4-2：共同农业政策领域决策参与行为体及其相互联系图 [1]

[1] 参考 Alan Greer. Agricultural Policy in Europe[M]. Manchester: Manchester University Press, 2005: 19；程极明 . 欧洲共同体共同农业政策 [M]. 南京：译林出版社，1994：55.

（二）参与的行为主体及其相互关联性

上述勾勒出来的，是欧洲共同农业政策的制定过程与决策机制中，主要参与的行为体及其相互间的大致关系脉络，以及同决策位阶上的不同设定。有存在处于决策中心区的机构与组织，也有存在于决策外围的利益集团和专家团体，也有在超国家性机构中，细分出来的特定专门领域内的委员会成员。这些行为体的身份与角色站在欧盟（欧共体）的立场上来看，实质有着不同的代表，并且往往存在着一定程度上多种身份和角色立场的交织与重合。例如在委员会的序列里，专门的农业专员委员，一方面属于委员会当中的成员，应遵循并服从委员会自身作为欧洲区域性代表机构的身份和角色认定，同样代表着欧洲区域性的立场与利益需求表达；但另一方面，他们自身又存在属于农业领域当中的专门委员，从而决定了其看待特定提案与议题讨论时，必须从农业本身的产业发展特点与性质出发来思考并提出意见、对其他委员进行说服；同时，从另外的一种国家行为体的尺度上来看，这些专门委员的产生与委派，同其本身所在国籍的国家政府之间又存在着千丝万缕的联系，由此也决定了他们的看法与认识多少将会是以自身所处国家的成员国政府或民间的利益立场需求出发来看待，并选取他们认为最佳的议案提出法规制定的方案，而这个过程很难讲是以一种完全独立的立场或角度出发得出的结论。因此，这种在一定的固定机构与组织结构体系下，特定行为体拥有多种角色与身份的特殊行为体交往与影响模式，构成了我们分析共同农业政策领域内其区域治理过程中，多种类型行为体互构研究的一个基本出发点。欧洲区域的治理在总的框架与面向上是由国家行为体为主导、多种类型次国家或非国家行为体积极参与，共同形成的一种治理机制与模式，而通过对特定领域内的行为体区域治理动态发展演进进行探析，将有助于我们理解国家行为体如何在这一决策主体多元化的过程中发生变化，以及其相互间的关系存在模式如何发生改进，更为重要的是，这些变化与改进对国家行为体及其政府部门机构而言，是否以及多大程度上影响了其自身的结构与秩序的控制力。换言之，透过欧洲一体化中区域治理的演进历程，发现并理解国家间关系存在方式的转换，构成了我们全书论述的核心。

　　自共同农业政策于 20 世纪 60 年代初步建立并实施以来，欧洲地区的农业生产及农产品贸易有了显著的提升和改善。但是伴随而来的农产品过剩与巨额预算开支压力以及来自国际贸易市场美、加等国凯恩斯农业集团要求欧洲削减补贴的要求，促使欧共体各国于 80 年代中后期开始致力于对既有的共同农业政策进行改革。成员国扩大为 15 国，地区结构基金与凝聚政策于 1988 年做出重大调整与改革，致力于完成达到内部市场一体化目标并建立统一货币体系下的欧洲经济政治联盟等事件，为 20 世纪 80 年代中期至 90 年代中期欧洲地区一体化进程中的主要内容。内外因素的共同促动及欧洲区域内围绕共同农业政策领域中的治理问题各类行为体参与及互动的一个典型事例即为 20 世纪 90 年代由爱尔兰籍委员麦克萨里推出的《共同农业政策的发展与未来，委员会反思文件》的改革计划。[1]

　　1987—1988 年在哥本哈根欧洲理事会和布鲁塞尔首脑峰会上，欧共体各国就以国内生产总值为基础的第四财源和对地区结构政策的财政援助方案达成协议，确定了谷物的最高保证额。其中，西德与法国得到了较多的保证额度及土地闲置计划，英国、荷兰则得到了农业开支限制与超量生产的降价，地中海国家获得结构与社会政策的资助，委员会的财政新来源则助推欧共体继续发展，因而这一次的改革可以说是没有输家的妥协。但是临时的稳定作用并不能真正解决共同农业政策所面临的问题，1991 年公布的《共同农业政策的发展与未来，委员会反思文件》文件中，欧委会承认《罗马条约》所规定的目标，并未都能在已有的共同农业政策机制中完全地得以实施。麦克萨里改革的计划将目标设定在对家庭农场进行调整的框架内，保留足够数量的农民从事食品和原材料的生产活动，并保护自然环境。[2] 在早期的改革方案中，法国、爱尔兰、丹麦、荷兰等国在共同农业政策中的预算获益份额较大，不赞成激进的改革。其中以法国政府为例，价格支

---

　　[1]　The Development and Future of the CAP: Reflections Paper of the Commission. 1. February 1991. COM (91) 100 final, http://aei.pitt.edu/3415/1/000566_1.pdf

　　[2]　李忠 . 简析麦克萨里改革 [J]. 欧洲，2001（1）：54.

持维护的是农民和农业组织的利益。强大的农民组织利益集团对法国政府的施压，使其在一般的改革计划进程中通常采取较为保守的态度。

在 90 年代初期，除内部的挑战之外，更进一步面临着外部带来的强大压力。美国农业部长在 1981 年就曾表示要"尽一切努力来说服共同体改变其威胁整个世界贸易体系的农业补贴政策"，并于 1982 年威胁要采取报复性措施[1]；在 1990 年的乌拉圭回合谈判中，欧共体在农业问题上做出的让步与其他国家预期的相差甚远，巨大的福利损失迫使共同农业政策改革的议题在此提上日程。1991 年农业委员麦克萨里的《共同农业政策的发展与未来，委员会反思文件》，强调了要让农民固定在土地上，鼓励生产粗放化，以农民作为环境的管理者，要按最初意图实施单一市场原则、共同体优先原则和统一财政原则等，同时委员会也认为，应该将直接援助措施"融入市场机构中以保证生产者收入"，由此显示了委员会对直接援助措施的认可与接受[2]；7 月的改革计划包括：大幅减低谷物价格支持水平，"在 3 年内将谷物降到每吨 100 欧洲货币单位，比现在的平均买入价低 35%，其他农作物相应地降价；农民的收入损失由一个按面积支付的体系来进行补偿；补偿的条件要求年均谷物产量不超过 92 吨，土地持有量不超 20 公顷的农户获得全额补偿，超过这一界限的只能得到部分补偿，且补偿与土地闲置计划挂钩"[3]。

当时的形势在区域内部主要国家中，德国和法国的态度已然有了较大改变，德国统一后经济形势远不能与 1988 年相比。东德政府对生产与消费间的财政补贴，在统一后落到了德国政府的身上，再加上其他的财政开支，德国政府的财政压力面临极大困境，由此日益凸显的财政赤字危机迫使德国政府开始调整并转变对农业开支的态度[4]；而法国政府从最早期开始就反对改革，主要认为会使生产和收入减少削弱国内的农业，其国内的农业生产者工会（FNSEA）与全国青年

---

[1] 姜南. 麦克萨里改革与关贸总协定 [J]. 中国社会科学院研究生学报，2004（1）：81.

[2] 姜南. 试析欧盟共同农业政策的改革 [J]. 世界历史，2002（4）：46.

[3] 姜南. 试析欧盟共同农业政策的改革 [J]. 世界历史，2002（4）：46. 原文参考 The Devleopment and Future of the CAP, Follow-up to the Reflection Paper, COM (91) 258 final/3。

[4] 姜南. 麦克萨里改革与关贸总协定 [J]. 中国社会科学院研究生学报，2004（1）：84.

农民中心（CNJA）强烈反对改革，因法国农业部门在共同农业政策中都享有很大的好处。农民组织的示威游行使法国政府在谈判中必须考虑减少国内社会安定的风险；但是欧洲国家在关贸总协定中受益与法国的欧洲核心地位又直接相联系[1]，由此法国政府必须权衡好法国长期以来欧洲区域内国际政治关系和在经济繁荣的问题上同国内谷物生产者之间的平衡。为此，政府官员在召集农业集团领导人开会时，告之其在农业问题上的妥协和国际危机的化解相关联，同时，切断法国农业部同全国生产者工会干部间的联系渠道，借此，法国对关贸总协定的决策障碍即利益集团被排除在小圈子外了。这样一来，作为改革政策主要支持者的法国与德国核心其基本态度即联系在了一起。至于英国，则一贯以来为共同农业政策的批评者与改革的支持者，但是对委员会提出大农场更多地将土地退出生产而补偿部分却很少的倡议计划，英国国内主要农业集团即主要由效率高的大农场组成的全国农业联盟极力反对。最终的结果是删去对大农场补偿的调节，理事会于 1992 年 5 月 21 日达成诸多协议，包括削减支持价格，幅度小于委员会的提议；引入抵消价格上的削底对农民收入之影响的补偿金或补偿援助制度，其补偿同生产的数量相脱钩，转由土地的大小来决定或以过去生产的情况作参考，因而同鼓励生产的增加方面并无直接关联；除此之外，引入土地闲置计划且以庄家轮作作为基础，逐年设定闲置比例，在农地造林、环保、农民退休体系等方面实施同协议相关的配套措施，这些规定以一定的年度界限为期实行，绝大部分的农业市场机构被包括在内[2]；而在欧洲共同体的区域范围之外，同农业改革相对应的关贸总协定也开始加速了农业谈判的进程，《乌拉圭回合最后协议》于 1994 年在摩洛哥的马拉喀什正式签署，此时离欧共体的麦克萨里改革方案也还不到两年。尽管麦克萨里改革之后预算的下降部分并不十分明显，但却是第一次由外力主动推动而成的共同农业政策改革[3]，其动因在于使共同体政策与国际义务相一致，除

---

[1] 姜南. 麦克萨里改革与关贸总协定 [J]. 中国社会科学院研究生学报，2004（1）：84.

[2] 姜南. 麦克萨里改革与关贸总协定 [J]. 中国社会科学院研究生学报，2004（1）：85.

[3] 原文定性来自 K. A. 英格森特，A. J. 雷纳，R. C. 海因，等. 共同农业政策改革 [M]. 麦克米伦出版有限公司，1998：25、33.

非欧共体想让乌拉圭回合谈判彻底破裂；其内部的压力并没有大幅度解除，但却仍然是一次不小的进步和跨越，因为农业支持手段首次由支持体系变成了直接收入支持，"即意味着因价格支持而引起的贸易扭曲会有所减少，预算成本用于直接支付部分的费用较之过去的市场价格支持的出口补贴更易于控制和预测；而改革后的价格支持方式降低了市场价格，对消费者的获益也有增进"[1]。只不过此次改革的力度及开支的节省还有待提升。[2]

从麦克萨里改革计划的通过可以看出，共同农业政策的调节与制定首先来自委员会从区域层级的发展出发制定的报告或议案，从特定的分析文件中得出需要进行改革的方向及指导方针。而后能否得以最终通过及在多大程度上在哪些方面施以改革则主要来自于成员国政府首脑会议及以本国经济部门为核心利益代表的部长们讨论的结果。在成员国政府间会议协商的过程中，穿插着与政策领域相关的国内行为体，如利益集团的游说活动以及地区或特殊利益代表同国家政府官员们的谈判与妥协。而站在国家的立场上，政府首脑或部门官员则依据整个区域乃至国际政治关系大的背景形势的发展与国家利益的要求来同国内的利益集团及其领袖进行协商与博弈。即便是超国家性机构中的官员或理事会的成员，也最终必须要受成员国特别是较大的几个重要国家之间立场和国际利益妥协及平衡的决定影响来采取行动。

总而言之，欧共体及欧盟区域事务的治理模式在国际大的政治经济形势发展的总背景下，往往由其自身内部的国家间利益平衡的需求及一体化发展的新动力来推动新治理方式和目的的实现与达成。只不过在这一过程当中，起主导和决定性作用的是各个国家的政府首脑或部门的行政部长，而超国家性机构的行为体与国家内部的次国家行为体在对区域治理的决策过程体系的影响上起着或重大或活跃的结构性作用和功能。但是，这些带有层级色彩的行为体地位与作用功能的安排却并不意味着非国家行为体就不重要，恰恰相反，国家政府组织如果需要获

---

[1] 姜南.麦克萨里改革与关贸总协定 [J].中国社会科学院研究生学报，2004（1）：85.

[2] 改革过程中的成员国立场分析重点参考姜南.试析欧盟共同农业政策的改革 [J].世界历史，2002（4）：44-48.

得较为稳定和持续的在渐进式变革中的发展，则往往离不开非国家行为体特别是次国家层面上各类非政府组织的参与和利益需要的表达。而只有通过对地方各个不同面向上利益主体需求的全面把握与认知，国家行为体才能在国际关系定位及新的政治格局竞争中取得适宜的治理效能。同样，也只有通过超国家性机构在全球性的视野下对本区域内事务发生发展的矛盾性问题做出全局性的把握和分析，才能引导各个国家行为体采取方向明晰的卓有效益的集体措施和治理的区域性抉择。

三、欧洲国家在农业区域治理中的时代性成效

欧洲一体化进程中的区域治理主要是在政治的面向上实现一种新型的国家行为体间的组织形式与秩序状态。一体化的历史进程与区域治理的区别在于，前者是在假设存在一个一个相互间独立的单位，在特定的领域内通过合作与一体化的制度性建设逐步走向由各个单元组合而成的一个较为一致和统一的政治社会经济组织，即意味着是从一个一个单独的经济社会政治系统走向融合的更大范围内的政治系统的过程；而区域治理则是强调在已有的一定程度上已然达到政治性目标和特征的机构政策体系下，进一步为了应对区域范围内共同所面临的挑战或问题，由某一类或几类行为体共同参与，依靠已有的制度性规范和非正式性的价值意向上的约定或意识认同，来共同完成对特定议题或目标问题的解决，从而为各类行为体的自身利益及立场要求的满足与实现提供条件。如果说一体化进程更多地是从某一单个行为体的角度出发来看待彼此间关系的发展及未来趋势的话，那么区域治理则更多地是从一种区域式的整体视角出发，以全局性的眼光来衡量某一历史时期内各类行为体相互联系所存在的从一种共同的政治秩序中酝酿并衍生出新型政治秩序的状态。在这种新政治秩序状态的演化历程中，国家行为体自身及其相互间存在的秩序形态与关系方式为区域范围内治理活动的核心内涵。一方面，国家行为体本身存在有其自身所具备的经济、政治、社会、文化、历史等诸多方面及其构成的特定机能与形态；另一方面，国家行为体之间受各自根本性实力、综合国力以及国家利益扩张需求等因素决定，特别是在无政府状态的先验假设中，

国与国之间的关系被预先假定为彼此冲突型为主导的关系框架，导致在理论及现实的层面上国家行为体之间的关系通常以国家为单位的大国强权与国家均势控制为基本导向。而欧洲区域治理所带给我们的经验性启示则在于，无论处于何种强势地位的国家，其在特定的地理区域及历史背景环境下，必须同其他国家行为体一同发展并相互在国家内部的经济政治关系上构成一种互惠型的利益共存共进关系，才有可能获得自身良好的发展态势。在这个过程中，欧洲传统的强权国家在新的时代性的历史环境背景下，已不再具备依凭原有的行动方式或交互关系模式来获取并维持强势地位的条件与优势，相反，二战结束初期的欧洲大陆一个显著的特点在于世界性强势大国的缺位，以及既有的小国寡民式的大国各自均势模式的国际秩序方式的不合时宜。

就欧洲区域的共同农业政策而言，国家行为体自身的社会管理与经济调节机制在区域层面上成为国家间关系重新设置的一个典型表现。欧洲国家的经济制度在二战结束后已基本完成国家垄断资本主义的国有化发展程度。当时各国的经济政策在遵从市场经济调节的基础上更多地有国家政府参与宏观调节的成分。农业领域内的计划管理与保护主义尤为突出。欧共体（欧盟）的共同农业政策的实质"是在一国及欧共体范围内'以工补农'。由于工业与农业在劳动生产率及现代化程度上的差距，由于农业较为分散和更多地更经常地受自然界的制约，单靠农业本身的积累与自我发展，是很困难的。它必须要国家利用通过税收分得的主要从工业得到的国民收入，再投入到农业中去，才能保持农业的相对稳定与发展。也只有这种国民收入再分配的大量投入，才能使新的科技成果推广到农业中去，才能大规模地发展农村及农业的基础设施，才能使工农业的差距缩小"[1]。而这一点的实现，单靠自由市场中的经营单位农户或部分组织起来的农户都无法真正做到，必须发挥国家强大机器的调节与控制性作用。同样，如果仅仅靠与某一国或一个地区的范围，在商品、技术及人员、资金、服务等项目类别上的交流自然存在极大的局限性和障碍。而将国家之间的贸易壁垒打破，形成区域范围内不同国家之间农业产品及消费的贸易互补，将极大地增强区域内部贸易的流量和成员

---

[1]　程极明．欧洲共同体共同农业政策 [M]．南京：译林出版社，1994：151.

国之间的合作凝聚力。

以法国为例，共同农业政策在对国家行为体的影响方面主要体现在对农业产业本身的影响、对一国国民经济以及经济的整体现代化进程的影响、对该国在欧共体及区域性组织中地位的影响以及对该国同区域内其他国家之间特别是重要关系国之间关系发展状态的影响等方面。首先，在农产品价格方面，采取共同体确立的统一价格的法国农产品其市场售价得到普遍提升，同时出口补贴部分从共同农业基金中获取，农民收入得到提高的同时不至于将负担转嫁至消费者身上。其次，在法国的农业产业化升级上，由于法国农业传统以小农户的旧式分散化经营为主，直到 60 年代的生产技术改进才逐步实现农业的机械化、电气化和专业化。共同农业政策的市场化支持为法国农业技术的更新升级及生产率的提升提供了市场与资金的保障。再次，就提升整个法国国民经济的发展方面而言，由于共同农业市场为出口提供的农业补贴弥补了法国工业薄弱而带来的财政缺口，实际的法国农产品在共同体内的贸易不仅使农民获得了经济上的收益，同时也为法国工业品在缺乏竞争力的情况下，平衡国际收支与对外贸易赤字做出了贡献。以 70 年代中期以后为例，当时法国的外贸情况不佳，但农产品和食品出口却仍保持较好势头，1984 年的法国农产品食品顺差额达 256 亿法郎；1989 年达 482 亿，农业成为最大出口创汇部门，次年再次刷新纪录，以至农业被人们誉为法国的石油。[1]复次，就法国本身借助共同农业政策的制定与实施提升在区域性的欧共体组织中的地位而言，1969—1970 年在共同农业政策的财源问题上，法国基本控制住了谈判进程的节奏，迫使共同体让步，并在同英国的谈判中占据主导性地位，其影响已超出了欧洲区域的范围。最后，以法德关系为例，战后初期的法国同被占领军分割的德国一同从世界一流强国的位置上落下为跟随美、苏等超级大国的次强国家，两国在工业上有着密切的联系，但前者更多是要预防德国的再次崛起，而后者则希求摆脱战败国的耻辱；而欧洲一体化中经济共同体的建立必须在法德两国和解的基础上，在煤钢联营获得工业上的和解之后，共同农业政策的施行实际

---

[1] 相关数据及史实论述参见姜南. 欧同体共同农业政策对法国的影响 [J]. 欧洲. 1995（5）：72-75.

上为两国的和解在更为广泛的工农互补的经济领域内实现，从而为当时西欧联合即一体化的初期基础的建立打下坚实根基。总而言之，欧洲的一体化特别是其共同农业政策在维持欧洲国家的内部经济稳定、提升整体区域内经贸产品市场竞争力、缓解冲突国家间经济社会乃至政治性矛盾与摩擦等方面起到了重要的贡献及支撑性的作用。而这种由区域范围内的治理模式建立起来的国家行为体及其相互间互动关系更新的平台，离不开超国家性机构与次级国家行为体（如地区层级的政府机关或地方利益集团组织等）之间的协调及信息的沟通。因此，可以说区域治理的共同农业政策为国家行为体的内部经贸关系的重构及国家行为体之间关系朝向更富交流及建设性意义的等级差序秩序组合方向上发展。这种发展趋势，不论是就一国本身的存在与区域内的合作，还是就全球性的集团化竞争动向而言，都是对旧式的以国家而非社会为指向的国际关系均势秩序的一种挑战。

第五章　欧洲区域治理的经验与启示

欧洲一体化进程中的区域治理发展到当前，已然形成了在欧盟的政策框架和法律规则体系下，多种类型与多层级行为体共同组成的互动式治理模型。国家行为体在这其中正发生着从传统的固守于一定疆界和领土范围内、以内部民族社会力量为主要对象的政治秩序管理方式向着区域范围内多国共同采取协商式行动、以跨国性的领域和社会管理面向为支撑的新型合作方式方向上转变。这种国家行为体的转换过程，一方面是为了应对全球化的挑战，另一方面则是为了适应区域内部乃至自身社会化发展转型的需要。"欧洲国家……从上层而言，它受到以全球化为标志的复杂过程的挑战；从下层而言，它受到新出现的地方主义、当地主义和少数民族运动的挑战。此外，它还受到市场和市民社会发展的挑战。这样产生的结果就是国家正在被重组，无论是在功能方面还是在领土方面。而且，国家要求具有更加广泛的社会调节能力的呼吁也受到了质疑。"[1]

欧洲的区域治理是全球治理在区域层级上的一个缩影。面向 21 世纪的国际社会，人类正经历或面临着一系列超越国家和地区界限，事关整个人类生存与发

---

[1]　Francesc Morata. 欧盟的区域治理 [J]. 赵欣红，译. 欧洲问题研究论坛 . 2003（2）：1.

展问题的严峻考验。全球治理的提出，就是要在既有的主权国家为主导的国际社会关系体系中，通过更为广泛的国际社会认同及共识的达成，制定解决全球化带来的全球性问题的行动规则。"从本质上讲……全球治理要求权威中心的重构与社会规则的重建，要求对已经形成与正在形成的全球公民社会进行治理，要求对国际组织、跨国非政府组织、地区性组织等进行完善的治理；从运行的角度讲，全球治理日益显示出对国家领土、主权、公民的非政府要求。"[1] 换言之，欧洲区域治理中所展现出来的国家行为体，以合作的方式参与到区域性的机制建设之中，恰为全球治理所追求的主权国家同社会新兴起来的民间参与力量共同合作解决管理困境的一个典型例证。

"当我们用全球主义的政治观来观察人类社会所面临诸多问题时，会越来越感受到世界在新的时代所发生的改变与演进，感受到传统国际政治结构和国际思维框架的局限，进而感受到建立新的合作与协调模式的必要与可能。"[2] 在传统的国际关系理念中，国家主权不仅仅是一个核心概念，而且相关的国家行为体之间的关系状态以及对待国际事务的处理方式上，多从主权国家的存在及国家的独立为前提出发构建与设立起来。[3] 而欧洲的一体化发展史却不仅仅打破了民族国家的主权控制的边界，而且更为重要的是在国际关系和国际政治领域内，将原有的大国控制型均势模式更改为，由一定的区域或地理范围内民族国家内部社会化制度联系的协调与控制下的新型均势模式。换言之，欧洲一体化的区域治理，在国际关系的结构建设上设计出来一套打破国家自身控制的制度壁垒、联结其各个民族国家和国家行为体之间内部政策机能的新型区域性的制度体系。这一体系的核心在于，由国家政府部分让权后依托于超国家机构的引领和推动、在地方及次级政府或非政府行为体的参与下，共同建立区域性国家间合作与治理模型。2000年，欧盟国家与政府首脑启动了旨在推动欧盟建成为"最具竞争力和

[1] 周延召，谢晓娟.全球治理与国家主权 [J].马克思主义与现实，2003（3）：65-69.

[2] 刘雪莲.欧洲一体化与全球政治 [M].长春：吉林大学出版社，2008：293.

[3] 陈玉刚.国家与超国家 [M].上海：上海人民出版社，2001：339.

活力的知识经济体"的里斯本战略。[1] 其中的一个重要的创新之处就在于引入了"开放式协调法"（Open Method of Coordination，OMC）为代表的软治理（soft governace）手段。[2] 所谓软治理是指，与以指定执行条约及法规为方式的硬治理有所区别的治理，主要应用于社会政策领域，各个成员国政府以尊重各国差异性和特殊性为出发点，综合运用治理手段与辅助性原则，针对各自的国家或地区发展的短、中、长期目标制定出具体的实施措施，并在欧盟的指导方针下互相监督时间计划及学习实践过程。类似的治理措施在 70 年代的环境问题领域中也有委员会采取运用过，但直到 90 年代后里斯本高峰会议，才正式提出。

尽管里斯本战略所依赖的开放式协调的软治理法缺乏足够的约束力，但是这种方式所开创出来的成员国间相互学习，以及作为整体同欧盟层级机构之间保持互动和交流的模式，极大地补益了之前共同体治理方式中仅从区域经济发展的需要出发，寻求以超国家和国家层级行为体带动下的一体化进程模式，开始着眼于国家内部社会政策的整体性发展与协调。就欧盟的支持者来看，"以欧盟为代表的地区，是介于全球治理和国家治理之间的中间地带，具有成为多极世界中一极的潜力，可以承载国际社会的多样性和差异，成为多层次全球治理体系的一个重要组成部分，承担其国际体系变革的前驱力量的角色"[3]。在国际政治的传统现实主义理念里，国家之间的关系"从来就是一项残酷而危险的交易，而且可能永远如此"，每个国家都以最大化地占有世界权力而不管是否会牺牲其他国为自身压倒一切的目标。[4] 在这种典型的进攻性现实主义理念里，国际关系的思维逻辑无外乎两大核心，其一为自利及冲突原则；其二为绝对哲学与零和博弈。但是，

———————————

[1] http://baike.baidu.com/view/962766.htm

[2] 郑春荣. 从里斯本战略到"欧洲2020"战略：基于治理演进视角的分析 [J]. 欧洲研究，2011（3）：82.

[3] 王展鹏. 全球治理视野下欧盟规范力量探析——以欧盟国际货币基金组织代表权改革为例 [J]. 欧洲，2001（1）：59. "王新艳：开放协调方式与欧盟社会治理" http://www.pkusoftlaw.com/Contents.aspx?cId=6&ID=258&pId=4

[4] 约翰·米尔斯海默. 大国政治的悲剧 [M]. 王义桅，唐小松，译. 上海：上海人民出版社，2003：2.

欧洲区域的治理状态却突破了这样一种旧式的国际关系组合方式，不仅国家的自利与冲突原则无法在共同体的决策进程中完全地发挥，而且在执行的效能中有且只有普遍国家的集体式获益，才能助推区域一体化的升级或稳定区域内的经济政治环境。

应当承认的是，尽管欧洲区域一体化的治理形态有着其成功的示范效应，但同时其自身的特殊性与地理时代的规定性，也是我们值得注意的地方。欧洲区域治理模式是一种欧洲区域政治的基本形态；全球治理寻求的也不过是一种有效的秩序形成和问题解决的过程和方式方法。欧洲的区域治理提供了一种较为明晰的模式或者说路径的同时，也为主权国家同全球公民社会共同协作参与全球性公共事务问题的处理和解决提供一定的参考依据。具体而言，欧盟的治理经验在全球层面上来看有三点值得注意和借鉴学习之处。

一、共同的地缘经济政治环境

本书中，政治与经济的关系是密切交织在一起的。但在专门论述权力的影响力及秩序的倾向性时，多采用"政治"一词，而在论述有关国家内部的社会发展状态及由相关机制构成的社会运作模式时，则引入经济的相关活动情况。欧洲区域的当代一体化进程中所演化出来的区域治理形态，一个很重要的内在促动因素在于欧洲区域范围内各个成员国家之间彼此共同面临的较为相似的地缘经济政治环境和背景状态。以煤钢共同体时期的六国为例，当时的法、西德、意及三个低地国家不仅有着较为相近的经济意识形态上的需求，而且同时在地缘政治上也面临相似的困境。战后的法国，虽然以战胜国的身份获得了较高的国际地位，但是其受战争破坏的创伤使其一时难以恢复往昔强国的实力。与此同时，对美国势力在战后欧洲大陆的秩序设计、苏联对东欧势力力量的渗透以及对战败德国的防范等战略考量成为法国除自身内部经济战后恢复建设议题之外另一需要重点设计的国家利益。与法国不完全一致但也同样存在地缘战略利益考量的西德，作为战败国，其首要的追求在于摆脱战争带来的国际舆论与政治上的压力，虽然得到了美国的支持，但是其在战争中对其他国家带来的侵略伤害致使国际舆论并不十分支持德国的统一及国际地位的恢复。要实现这一愿望，必须采取将自身融入到欧洲地区的区域性发展事务之中，因为"只有当欧洲人的利益取得一致，争夺和战争成为不必要的时候，德国才有可能在重新获得欧洲信任的基础上，被彻底地从罪恶的耻辱柱上解脱下来"[1]。而意大利与低地三国，前者同为战败国，在地缘经济政治上北部城市化程度较高，与欧洲内陆相连，其南部地区处于相对落后状态，而低地三国的卢森堡、荷兰与比利时面积较小，资源有限，早在 1921 年，为取得集团化效应，比、卢两国即已组成了比卢经济联盟，成为三国联盟的前身；1957 年的欧洲经济共同体参照三国关税联盟的规则加以实施，可以说低地三国的经济发展一方面离不开欧洲内陆各国的紧密经济联系，另一方面三国率先施行的经济联盟也为后来的欧洲一体化经济联盟建设提供了经验性的参考。

在一体化的发展进程中，各类国家的扩大与融入分别对应着不同的地缘经济政治环境在全球化时代背景和经济全球化的发展过程中阶段性的效能促动作用。从全球性的角度来看，各个区域之间的地理经济政治环境必然各有优长与差异，但在应对经济全球化的挑战及国内的产业结构调整与升级上却是有着一定的共性。而欧洲区域治理给我们提供的启示与借鉴性要素之一便是，各国宜在自身区域范围内寻找到共同发展的战略伙伴，并依循既定的地缘经济战略来努力发展本国及区域内治理经济的框架模型。

二、一定的社会政治价值与文明的认同

一切制度及机制的设立，其前提之一在于参与行为体彼此间基本价值与意识文化背景的存在。欧洲大陆的文化有着显著的特点，首要突出的便是以基督教为代表的宗教色彩。"文明的范式为西欧国家面临的欧洲的范围在哪里结束的问题提供了一个清晰的、不容置疑的答案：欧洲的范围结束于基督教的范围终止、伊斯兰教和东正教的范围开始的地方。"[2] 基督教文明在人们的思想、观念、生活

---

[1] 惠一鸣 . 欧洲联盟发展史 [M]. 中国社会科学出版社，2008：373.

[2] 塞缪尔·亨廷顿 . 文明的冲突与世界秩序的重建 [M]. 北京：新华出版社，1999：171.

方式、习俗、人际关系、对宇宙的认识等方面深入地影响着欧洲社会各个阶层与领域。在欧洲的基督教世界中,语言的统一、法律观念的一致、宗教活动上的交流促进了欧洲社会经济文化上的同一性,随之出现诸多贤哲所追寻的欧洲统一理想。[1] 在西欧组织接纳新成员国的标准上,对西方世界基督教的认同成为一条基本的判断依凭。在扩大欧盟的成员国过程中,优先考虑的是文化上从属于西方的国家和经济上也更为发达的国家。[2] 严格来讲,欧洲文化是一种由多个民族国家组成的区域性文化,其主要构成除基督教外还包括希腊的思想和罗马法;自地理大发现之后,基督教在全球范围内的扩散同时也伴随着一些新的欧洲文明特征的出现,包括对自由和社会公正的崇尚、私有财产的存在、人们获取科学知识及妇女享有相对自由、以资本主义经济推动经济发展及物质繁荣等。[3] 在这种较为一致的文化认同的基础上,欧洲民族国家得以确认建构区域性治理机构与机制制度的价值根基,欧洲文化中的同一性构成了欧洲联合的思想基础,而欧洲文化中的多样性则构成了欧洲统一进程演化中必不可少的交流因子。"回顾欧洲历史不难看出,欧洲文化在欧洲民族国家出现前对欧洲所起的统一作用,在民族国家出现后所起的维系'精神欧洲'的纽带作用和再造欧洲统一的舆论作用。即使在欧共体的创建和发展中也可清楚地看到这种文化因素坚强的存在。否则至少就难以说明为什么欧共体的六个发起国正好是当年欧洲文化中心法兰克王国和查理曼帝国的地区,也难以说明为什么欧共体南部扩大的三国大致相当于公元前 50 年罗马帝国在欧洲还拥有的部分。"[4]

在全球范围内,不同的文明与文化在不同的地域中真实地存在,而欧洲区域治理的启示则在于,民族国家行为体基于其自身已有的国家意志与价值观念同其他国家展开合作将需要以一定的价值或文化的因子来为共同的制度建设提供原则性规定与机制化解读的保障。众所周知,一定的区域制度或机构设置必然由行为

---

[1] 刘雪莲. 欧洲一体化与全球政治 [M]. 长春:吉林大学出版社,2008:19-21.

[2] 塞缪尔•亨廷顿. 文明的冲突与世界秩序的重建 [M]. 北京:新华出版社,1999:173.

[3] 何平. 欧洲文化特征刍议 [J]. 首都师范大学学报,2005(6):2-3.

[4] 殷桐生. 欧洲文化与欧洲联合 [J]. 西欧研究. 1991(4):8.

体之间的协约协议或国家之间的法律条款所确立，然而，对条文条款的解读以及在何种意义与行动原则下采取履行条约的义务，以及确定彼此间规范的标准则主要来源于各个缔约国之间就意识形态及文化价值领域内的观念所达成的共识。因此，即便在全球范围内并不存在价值的普遍性认同，但就一个区域范围内的治理模式而言，观念上的价值互信及文化沟通与认可却实际上为治理活动的推进提供了各类行为体得以在主观上促进彼此间的认同的内在纽带，进而提升行为体参与区域性治理过程的效率与活力。

三、宽容而有原则的区域性机构机制设置

在全球化的时代背景下，国内社会性力量的崛起与国家主权的权威之间必然会存在因权力的让渡与国家权威统一性的维持之间的矛盾。在伴随着欧洲区域一体化的区域治理道路上，欧洲民族国家在处理国家行为体同区域治理机构之间的关系问题上，一直保留有一项重要的原则，即规定了有且只有在成员国不能有效实现某些特定的目的时，区域组织才能行使或分享、并存采取行动的权力，由于这一项原则实质规定的是区域性的治理机构所享有的仅为国家权力的辅助性作用的发挥，因而此项原则又被称为辅助原则或从属原则、辅从原则。[1] 辅助原则保障的是国家行为体的自主权力，即仅在成员国认为必须且自愿的原则基础上，欧共体或欧盟这一区域性的组织机构才能享有从国家政府权能中转让过来的职权或共享某些权力的行使，因此可以说即便是超国家性机构的某些类似主权性质的职能的运作，其归根到底的所有权仍掌握在成员国即国家行为体的政府手中。[2]

从 1986 年辅助原则首次被引入《单一欧洲法令》作为环境政策领域内的一项法律规定，到 1991 年《马斯特里赫特条约》正式引入辅助条约确立其在整个欧盟中的法律地位，该原则在很大程度上构成了欧洲一体化区域治理升级的一份核心内在原则。追溯该原则的思想渊源，其中本质性的一条逻辑规范在于承认个

---

[1]　1992 年《马斯特里赫特条约》首次正式引入辅助原则，刊载于第三条第 2 款 3-B 条款中。

[2]　肖振伟. 浅析欧盟法中的辅助原则 [J]. 法制与社会. 2007（3）：17.

人权利与社会权威之间前者的首要地位：个体享有自由思想与行动的权利，承认他们具备有处理好自身事务本能的天赋，只有当在个体没有能力或申请加于更多保护的情况下，社会才能够为之提供更多的处理各类行为事物的权力空间。[1] 国家构成的国际社会同个体构成的社会之间存在逻辑上的相似性，而辅助原则的理念核心即在尊重和促进国家行为体自主权和区域事务参与性的同时，对于一些无法完全或一时间即达到的主权让渡，表示出宽容和理解的态度及立场。更进一步的是，在区域治理的权威空间中，国家行为体同样基于辅助原则的核心理念，要对社会个体的区域性参与事务表达出一种尊重和理解的立场，由此推出的结果便是，在欧洲一体化的进程中，不光国家行为体在其中起着主导性的治理主体的作用和职能，更多的非国家行为体，特别是次国家政府及次国家层级上的行为体，也必须有参与区域性治理流程之中的条件和渠道。国家行为体和区域层面所构筑出来的权力及权威空间，实质上成为沟通超国家性行为体、国家政府官员及国内公民社会三大区域内行为体治理活动的主体化机制结构。这一点从全球治理的层面上来看，其意义也是同样突出的，如果能够在国际社会的各个国家之间达成对主权让渡及何种领域内次国家层级上的行为体可以参与到的国际共治的事务之中的共识，则全球治理的具体针对性议题将能够得到各种类型行为体的主体化支撑，进而完成治理的效率与业绩的递增。相反，如果国家层级的行为体之间无法认同对超国家性机构或行为体的让权，并抑制次国家行为体的主体化空间的话，则全球范围内的治理实践恐难以通过单一的国家政府及其合作的方式来得到有效的推进。换言之，对不同类型行为体的主体性有所承认并对其在国际层面上主体化过程有所宽容的同时，坚守住国家行为体及政府权威的基本组织化原则及国家主权最终底线的捍卫及维护，构成了欧洲区域治理模型对全球治理而言的第三种启示。

[1] 苗静．欧盟宪法辅助原则的历史发展与当代含义 [J]．广西社会科学．2007.140（2）：85-87.

结　　论

　　本书致力于在整体的视野下，探寻欧洲一体化进程中区域治理的基本形态及其特征，进而分析在全球化的历史时代大背景中，多层级的区域治理及欧洲的多行为主体的国际事务参与过程，对现代国际政治秩序结构的变迁有何影响、触动及启示。

　　欧洲区域的当代一体化进程，起始于二战后西欧老牌资本主义国家为实现本国的战后经济恢复和社会建设，以及欧洲大陆国际关系秩序的重构而发起的以经济层面的合作为基础，依靠国家间涉及内部经济产业部门的、区域性超国家组织机构的协调，进而发展出来的一套对各个欧洲国家保持一定程度上开放的、区域治理的制度及机制体系。在经历了 20 世纪 50 年代的初步建立、20 世纪 60—70 年代的关税同盟基础条件建设和经济共同体在调整中的缓慢前行、20 世纪 80 年代中期适应国际政治经济时代性发展而提升区域内的一体化水平、20 世纪 90 年代正式成立涵括经济货币同盟及政治领域内联合的欧洲联盟机制，一直到 21 世纪在东扩及机制建设宪法化的新型治理模式发展的历程之后，欧洲大陆 27 个国家成为了作为区域治理机制性机构代表的欧洲联盟的成员，共同遵守以最新的《里斯本条约》为框架的国际协约规定下的行为准则。纵观欧洲一体化的进程，其区域治理的演化主要集中体现在超国家性机构的建设及区域性决策体系的程序之中。遵循国家主权为首要基石的辅助原则，欧洲区域治理的超国家性机构在制定对各国及各类行为体具有约束力的政策性法规条例的过程中，以部长理事会为最终的决策者，辅之以委员会的提议权和欧洲议会的监督及参与权，在以各国首脑及委员会主席构成的欧洲理事会的方向性指导下，构筑出区域治理的新的行动规范及约束性的秩序体系。

区域治理的成效一个突出的考察方面，在于国家行为体内部的经济社会发展，是否在新的治理框架下有所改善，以及区域范围内的国家行为体之间的行动方式及关系的改善。文章由此选取了共同农业政策为分析领域，考察了欧洲国家在各自农业领域内经由区域化的治理之路所获得的经济进展，以及在国际关系中合作事项的变化。其中突出的实例来自法国的农业现代化历程与法德之间的和解。前者体现的是欧洲国家在区域性的经济合作，特别是一种超越单个国家自身权力运作范围内的部门产业化的机制性建设，提升国民经济产业结构良性运作与转化的例证；后者体现的是遵循传统的现实主义国际关系均势，以及权力斗争的国家在区域治理的框架模式下，借助国内产业结构的融合，遏制彼此间经济政治战略性冲突的可能，增进斗争性国家之间和平共处几率的新型国际关系存在方式的案例。最后得出结论，欧洲区域治理的功能在于，以国家之间内部经济社会的结构性合作来提升国际政治关系的新秩序效能，从而在赢取全球经济的集团化发展竞争上，获得相对优势及国家自身经济与社会水平的发展。

从全球治理的面向上来看，欧洲的区域治理有其独特的文化及地理政治经济环境，但是反过来这种基于对自身地理环境背景和人文价值观念的认知，以及共识基础上的区域性的机构建设，更加凸显了欧洲民族国家所在一体化进程中的主体性，并且促使欧洲的区域治理拥有了更为坚实的社会意识形态上的根基。由此得到的在区域及全球层面上国际关系中国家共治问题的启示在于，一方面不可轻易否定国家行为体的存在及其维持存在所必需的客观的人文地理政治经济背景环境，另一方面国家内部及国家之间的国际关系事务上，又必须超越单独发展的思维禁锢，依靠区域治理的机构性建设，提升国家内部社会经济结构的产业化升级水平和民众参与国际合作的合法程序。在国际和国内综合的实际性因素的建设中，国际关系的斗争与冲突的一面得以缓和，而国际政治经济新秩序中，平衡大小国家间利益矛盾、促进民众间的认知理念与调和治理进程中不同行为体参与程度、水平与绩效的可能性才能得到提升。

参考资料

一、著作文献

[1] 中共中央编译局. 马克思恩格斯选集（第一卷）[M]. 北京：人民出版社，1995.

[2] 中共中央编译局. 马克思恩格斯选集（第二卷）[M]. 北京：人民出版社，1995.

[3] 中共中央编译局. 马克思恩格斯选集（第三卷）[M]. 北京：人民出版社，1995.

[4] 中共中央编译局. 马克思恩格斯选集（第四卷）[M]. 北京：人民出版社，1995.

[5] 刘雪莲. 经济全球化的政治影响 [M]. 长春：吉林人民出版社，2000.

[6] 刘雪莲. 欧洲一体化与全球政治 [M]. 长春：吉林大学出版社，2008.

[7] 程光泉. 全球化理论谱系 [M]. 长沙：湖南人民出版社，2002.

[8] 苏长和. 全球公共问题与国际合作：一种制度的分析 [M]. 上海：上海人

民出版社，2000.

[9] 刘德斌 . 当代国际关系问题 [M]. 长春：吉林大学出版社，2003.

[10] 刘德斌 . 国际关系史 [M]. 北京：高等教育出版社，2003.

[11] 畅征，刘青建 . 发展中国家政治经济概论 [M]. 北京：中国人民大学出版社，2001.

[12] 池元吉 . 世界经济概论 [M]. 北京：高等教育出版社，2003.

[13] 蔡拓 . 全球问题与当代国际关系 [M]. 天津：天津人民出版社，2002.

[14] 蔡拓 . 国际关系学 [M]. 天津：南开大学出版社，2005.

[15] 华晓红 . 国际区域经济合作：理论与实践 [M]. 北京：对外经济贸易大学出版社，2007.

[16] 王家福，徐萍 . 国际战略学 [M]. 北京：高等教育出版社，2005.

[17] 黄硕风 . 综合国力论 [M]. 北京：中国社会科学出版社，1992.

[18] 曹俊汉 . 全球化与全球治理：理论发展的建构与诠释 [M]. 台北：韦伯文化国际出版有限公司，2009.

[19] 谈毅 . 国际区域经济合作 [M]. 西安：西安交通大学，2008.

[20] 卢进勇，杜奇华 . 国际经济合作 [M]. 北京：对外经济贸易大学出版社，2005.

[21] 王逸舟 . 全球政治和中国外交 [M]. 北京：世界知识出版社，2003.

[22] 李少军 . 国际政治学概论 [M]. 上海：上海人民出版社，2002.

[23] 俞正樑 . 国际关系与全球政治 ——21 世纪国际关系学导论 [M]. 上海：复旦大学出版社，2007.

[24] 上海国际关系学会 . 战后国际关系史讲义（1945-1969）[M]. 上海：第二军医大学，1982.

[25] 纪胜利，郝庆云 . 战后国际关系史（1945-2000）[M]. 哈尔滨：黑龙江人民出版社，2002.

[26] 惠一鸣 . 欧洲联盟发展史（上、下）[M]. 北京：中国社会科学出版社，2008.

[27] 胡瑾，郇庆治，宋全成 . 欧洲早期一体化思想与实践研究（1945-1967）[M].

济南：山东人民出版社，2000.

[28] 胡瑾，郇庆治，宋全成. 欧洲当代一体化思想与实践研究（1968-1999）[M]. 济南：山东人民出版社，2000.

[29] 李世安，刘丽云. 欧洲一体化史 [M]. 石家庄：河北人民出版社，2003.

[30] 戴炳然，译. 欧洲共同体条约集 [M]. 上海：复旦大学出版社，1993.

[31] 黄伟峰. 欧洲联盟的组织与运作 [M]. 台北：五南图书出版股份有限公司，2007.

[32] 兰天. 欧盟经济一体化模式 [M]. 北京：中国社会科学出版社，2006.

[33] 周敏凯. 国际政治学新论 [M]. 上海：复旦大学出版社，2004.

[34] 李道刚. 欧洲：从民族国家到法的共同体 [M]. 济南：山东人民出版社，2003.

[35] 雷建锋. 欧盟多层治理与政策 [M]. 北京：世界知识出版社，2011.

[36] 李道刚. 欧洲：从民族国家到法的共同体 [M]. 济南：山东人民出版社，2003.

[37] 刘秀文，埃米尔•J.科什纳. 欧洲联盟政策及政策过程研究 [M]. 北京：法律出版社，2003.

[38] 刘文秀. 欧盟的超国家治理 [M]. 北京：社会科学文献出版社，2009.

[39] 程卫东，李靖堃，译. 欧洲联盟基础条约: 经《里斯本条约》修订 [M]. 北京：社会科学文献出版社，2010.

[40] 王彩波. 欧盟政体与政治 [M]. 长春：吉林大学出版社，2007.

[41] 徐大同. 西方政治思想史 [M]. 天津：天津教育出版社，2000.

[42] 王坚. 欧盟完全手册 [M]. 北京：中央编译出版社，2010.

[43] 吴志成. 治理创新 —— 欧洲治理的历史、理论与实践 [M]. 天津：天津人民出版社，2003.

[44] 陈玉刚. 超国家治理 —— 国际关系转型研究 [M]. 上海：上海人民出版社，2009.

[45] 王义桅. 超越均势：全球治理与大国合作 [M]. 上海：上海三联书店，2008.

[46] 孙定东 . 市场一体化的欧盟治理：CAP 与地区政策的借鉴研究 [M]. 北京：时事出版社，2010.

[47] 程极明 . 欧洲共同体共同农业政策 [M]. 南京：译林出版社，1994.

[48] 孙中才 . 世界农业发展与欧盟共同农业政策 [M]. 北京：法律出版社，2003.

[49] 赵昌文，Nigel Swain. 欧盟共同农业政策研究 [M]. 成都：四川财经大学出版社，2001.

[50] 阎小冰，邝杨 . 欧洲议会：对世界上第一个跨国议会的概述与探讨 [M]. 北京：世界知识出版社，1996.

[51] 康拉德•阿登纳 . 阿登纳回忆录（三）[M]. 上海：上海人民出版社，1976.

[52] 约翰•平德 . 联盟的大厦：欧洲共同体 [M]. 潘琪，译 . 沈阳：辽宁教育出版社，1998.

[53] 皮埃尔•热贝尔 . 欧洲统一的历史与现实 [M]. 丁一凡，程小林，沈雁南，译 . 北京：中国社会科学出版社，1989.

[54] 法布里斯•拉哈 . 欧洲一体化史：1945-2004[M]. 彭姝祎，陈志瑞，译 . 中国社会科学出版社，2005.

[55] 英瓦尔•卡尔松，什里达特•兰法尔 . 天涯成比邻 —— 全球治理委员会的报告 [M]. 北京：中国对外翻译出版公司，1995.

[56] 星野昭吉 . 全球政治学 —— 全球化进程中的变动、冲突、治理与和平 [M]. 刘小林，张胜军，译 . 北京：新华出版社，2000.

[57] 詹姆斯•多尔蒂，小罗伯特•普法尔茨格拉夫 . 争论中的国际关系理论（第五版）[M]. 阎学通，陈寒溪，等，译 . 世界知识出版社，2003.

[58] 詹姆斯•罗西瑙 . 没有政府的治理 [M]. 张胜军，刘小林，等，译 . 江西人民出版社，2001.

[59] 约翰•米尔斯海默 . 大国政治的悲剧 [M]. 王义桅，唐小松，译 . 上海：上海人民出版社，2003.

[60] 斯蒂芬•克莱斯勒 . 结构冲突 —— 第三世界对抗全球自由主义 [M]. 李

小华 译 . 杭州：浙江人民出版社，2001.

[61] 赫德利•布尔 . 无政府状态与世界秩序 [M]. 张小明，译 . 北京：世界知识出版社，2003.

[62] 斯塔夫里阿诺斯 . 全球通史（上、下）[M]. 吴象婴，梁赤民，译 . 上海：上海社会科学院出版社，1999.

[63] 托马斯•弗里德曼 . 世界是平的：一部二十一世纪简史 [M]. 长沙：湖南科学技术出版社，2006.

[64] 约翰•罗尔克 . 世界舞台上的国际政治 [M]. 宋伟，等，译 . 北京：北京大学出版社，2005.

[65] 约瑟夫•S• 奈，约翰•D• 唐纳胡 . 全球化世界的治理 [M]. 王勇，门洪华，等，译 . 北京：世界知识出版社，2003.

[66] 伊曼纽尔•沃勒斯坦 . 现代世界体系（卷三）[M]. 庞卓恒，等，译 . 北京：高等教育出版社，2000.

[67] 罗伯特•W• 考克斯 . 生产、权力和世界秩序 —— 社会力量在缔造历史中的作用 [M]. 林华，译 . 北京：世界知识出版社，2004.

[68] 约瑟夫•格里科，约翰•伊肯伯里 . 国家权力与世界市场：国际政治经济学 [M]. 王展鹏，译 . 北京：北京大学出版社，2003.

[69] 英瓦尔•卡尔松，什里达特•兰法尔 . 天涯成比邻 —— 全球治理委员会的报告 [M]. 北京：中国对外翻译出版公司，1995.

[70] 肯尼思•华尔兹 . 国际政治理论 [M]. 信强，译；苏长和，校 . 上海：上海人民出版社，2003.

[71] 莱斯利•里普森 . 政治学的重大问题 —— 政治学导论 [M]. 刘晓，主译 . 北京：华夏出版社，2001.

[72] 约瑟夫•A• 凯米莱里，吉米•福尔 . 主权的终结 [M]. 李东燕，译 . 杭州：浙江人民出版社，2001.

[73] 戴维•赫尔德，安东尼•麦克格鲁 . 治理全球化：权力、权威与全球治理 [M]. 北京：社会科学文献出版社，2004.

[74] D. 赫尔德，J. 罗西瑙，等 . 国将不国 [M]. 俞可平，等，译 . 南昌：江西

人民出版社，2004.

[75] 约翰•米尔斯海默. 大国政治的悲剧 [M]. 王义桅，唐小松，译. 上海：上海人民出版社，2003.

[76] 曼纽尔•卡斯特. 认同的力量（第 2 版）[M]. 北京：社会科学文献出版社，2006.

[77] 巴里•布赞，维夫. 地区安全复合体与国际安全结构 [M]. 潘忠歧，等，译. 上海：上海人民出版社，2010.

[78] 约瑟夫•格里科，约翰•伊肯伯里. 国家权力与世界市场：国际政治经济学 [M]. 王展鹏，译. 北京：北京大学出版社，2003.

[79] 彼得•罗布森. 国际一体化经济学 [M]. 戴炳然，等，译. 上海：上海译文出版社，2001.

[80] 威廉•内斯特. 国际关系：21 世纪的政治与经济 [M]. 姚远，汪恒，译. 北京：北京大学出版社，2005.

[81] 熊玠. 无政府状态与世界秩序 [M]. 余逊达，张铁军，译. 杭州：浙江人民出版社，2001.

[82] 肯尼思•华尔兹. 国际政治理论 [M]. 信强，译；苏长和，校. 上海人民出版社，2003.

[83] 麦金德. 民主的理想与现实 [M]. 北京 商务印书馆，1965.

[84] 赫德利•布尔. 无政府社会 [M]. 张小明，译. 北京：世界知识出版社，2003.

[85] 约翰•平德. 联盟的大厦：欧洲共同体 [M]. 潘琪，译. 沈阳：辽宁教育出版社，1998.

[86] 让•莫内. 欧洲第一公民 —— 让•莫内回忆录 [M]. 孙慧双，译. 成都：成都出版社，1993.

[87] 尤利•德沃伊斯特. 欧洲一体化进程 —— 欧盟的决策与对外关系 [M]. 门镜，译. 北京：中国人民大学出版社，2007.

[88] 玛格丽特•撒切尔. 撒切尔夫人回忆录•唐宁街十号 [M]. 呼和浩特：远方出版社，1997.

[89] 贝娅特·科勒-科赫，托马斯·康策尔曼，米歇勒·克诺特. 欧洲一体化与欧盟治理 [M]. 顾俊礼，潘琪昌，周弘，等，译. 北京：中国社会科学出版社，2004.

[90] 约翰·米尔斯海默. 大国政治的悲剧 [M]. 王义桅，唐小松，译. 上海：上海人民出版社，2003.

[91] 塞缪尔·亨廷顿. 文明的冲突与世界秩序的重建 [M]. 北京：新华出版社，1999.

[92] 约瑟夫·格里科，约翰·伊肯伯里. 国家权力与世界市场：国际政治经济学 [M]. 王展鹏，译. 北京：北京大学出版社，2003.

[93] 罗伯特·基欧汉，约瑟夫·奈. 权力与相互依赖（3 版）[M]. 门洪华，译. 北京：北京大学出版社，2002.

[94] 戴维·赫尔德，等. 全球大变革 [M]. 杨雪冬，等，译. 北京：社会科学文献出版社，2001.

[95] A.M. 阿格拉. 欧洲共同体经济学 [M]. 伍贻康，戴炳然，等，译. 上海：上海译文出版社，1986.

[96] Robert O. Keohane, International Institutions and State Power, Boulder: Westview Press, 1989.

[97] Joel Krieger. Globalization and State Power: a reader[M]. Wellesley College, 2006.

[98] Mette Kjaer Anne. Governance[M]. UK: Polity Press, 2004.

[99] Van den Bruck. The Guardian[M]. 5 November 1994.

[100] Andrew Moravcsik. The Choice for Europe : Social Purpose and State Power From Messina To Maastricht [M]. New York: Cornell University Press, 1998.

[101] Neill Nugent. The European Union: Volum 1:Perspectives and Theoretical Interpretations. In. Hants: Dartmouth, 1997.

[102] Gary Marks Fritz W. Scharph, Philippe C. Schmitter and Wolfgang Streeck. Governance in the European Union[M]. London: SAGE Publications, 1998.

[103] Ian Bache and Matthew Flinders, "Themes and Issues in Multi-level Governance", in Ian Bache and Matthew Flinder,(eds.), Multilevel Governance, Oxford University Press, New York, 2004.

[104] Alan Greer. Agricultural Policy in Europe[M]. Manchester: Manchester University Press, 2005.

[105] Fritz W. Scharph Gary Marks, Philippe C. Schmitter and Wolfgang Streeck. Governance in the European Union[M]. London: SAGE Publications, 1998.

[106] Marjoleine Hennis. Globalization and European Integration — the Changing Role of Farmers in the Common Agricultural Policy[M]. New York: Rowman & Littlefield Publishers, 2005.

[107] William Wallace, Mark A.Pollack Helen Wallace. Policy-Making in the European Union, Fifth Edition[M]. 2005.

[108] Robert O. Keohane, Stanley Hoffmann ed. The New European Community-Decisionmaking and Institutional Change[M]. San Francisco: Westview Press, 1991.

[109] Alan W. Cafruny & Carl Lankowski. Europe's Abiguous Unity:Conflicts and Consensus in the Post-Maastrich Era[M]. London: Lynne Rienner Publishers, 1997.

[110] Ben Rosamond. Theories of European Integration[M]. New York: Palgrave Macmillan, 2000.

[111] Andreas Hasenclever, Peter Mayer, Volker Rittberger. Theories of international regimes[M]. New York: Cambridge University, 1997.

[112] Charles W. Kegley. Jr, Eugen R. Wittkopf. World Politics: Trend and Transformation[M]. New York: St Martin's Press, 1993.

[113] Andreas Hasenclever; Peter Mayer; Volker Rittberger. Theories of international regimes[M]. New York: Cambridge University, 1997.

[114] Oran Young. International Cooperation: Building Regimes for Natural Resources and the Environment[M]. Ithaca: Cornell University Press, 1989.

二、期刊或文集析出文献

[1] 王运思．全球化的概念和特征 [J]．理论前沿，2001 .13：21-22.

[2] 杨曦宇．国际垂直分工和水平分工 [J]．经济师，2001.（2）：146-147.

[3] 张文朗．贸易创造与贸易转移论的再思考 [J]．世界经济研究，1996.（2）：61-64.

[4] 刘雪莲．全球化背景下国家中心地位的变迁 [J]．社会科学战线，2007.（5）：285-288.

[5] 刘雪莲．全球化与国家主权 [J]．东北亚论坛，1998.（1）：23-27.

[6] 俞可平．引论：治理和善治 [M]// 俞可平（主编）．治理与善治，北京：社会科学文献出版社，2000：1-15.

[7] 俞正梁．区域化、区域政治与区域治理 [J]．国际观察，2001 .6：1-3.

[8] 杨毅 李向阳．区域治理：地区主义视角下的治理模式 [J]．云南行政学院学报，2004.（2）：50-53.

[9] 苏长和．非国家行为体与当代国际政治 [J]．欧洲，1998.（1）：4-9.

[10] 贾修磊．非国家行为体的缘起 [J]．当代世界，2010.（4）：60-62.

[11] 李金祥．非国家行为体的分类 [J]．当代世界，2008：56-58.

[12] 苏长和．重新定义国际制度 [J]．欧洲，1999.（6）：23-25.

[13] 徐明棋．欧洲联盟扩大对欧洲一体化及世界经济的影响 [J]．财经研究，1995.（5）：44-48.

[14] 张胜玉，关晓铭．欧洲联盟第五次扩大的完成——罗马尼亚与保加利亚的入盟及其影响 [J]．法制与社会，2009：193-194.

[15] 张丽华．规范、制度与国际秩序 [J]．吉林大学社会科学学报，2007.47.（6）：47-52.

[16] 张尧均．结构、秩序和意义——对《行为的结构》的主题分析 [J]．同济大学学报（社会科学版），2009.（1）：11-17.

[17] 梅荆 . 里根 "经济复兴计划" 剖析 [J]. 现代国际关系，1981.（1）：27-28.

[18] 王展鹏 . 全球治理视野下欧盟规范力量探析 —— 以欧盟国际货币基金组织代表权改革为例 [J]. 欧洲研究，2011.（1）：57-71.

[19] 伍贻康 戴炳然 . 欧洲一体化进程的新里程碑 ——《单一欧洲文件》评析 [J]. 世界经济文汇，1986：67-71.

[20] 易小明 . 欧盟《里斯本条约》[J]. 国际资料信息，2007.（12）：5-12.

[21] 梁远 . 欧盟理事会表决权及决议规则进化过程探析 [J]. 牡丹江大学学报，2010.19.（6）：74.

[22] 孙珺 . 欧盟理事会制度析论 [J]. 中德法学论坛，2003：324-342.

[23] 蓝玉春 . 欧盟尼斯条约评析 [J]. 问题与研究，2004 年 7、8 月 .43.（4）：77-78.

[24] 朱仁显 . 欧洲议会的立法程序 [J]. 人民政坛，1999.（2）：36.

[25] 朱贵昌 . 试析欧盟多层次的政策执行机制 [J]. 国际论坛，2009.11.（2）：60-80.

[26] 张晓静 . 欧盟凝聚政策的演变及其收敛效应 [J]. 国际经贸探索，2009.25.（10）：34-39.

[27] 李朝晖，邓翔 . 欧盟共同区域政策的历史演进与经验 [J]. 学习与探索，2010.187.（2）：152-154.

[28] 李玲飞 . 试论欧洲一体化进程中的辅助原则 [J]. 辽宁大学学报，2011.39.（3）：61-67.

[29] 苗静 . 欧盟宪法辅助原则的历史发展与当代含义 [J]. 广西社会科学，2007.140.（2）：85-89.

[30] 杨森林 . 欧盟农业保护主义的历史与现实根源 [J]. 世界农业，1996. 9：9-12.

[31] 姜南 . 试析欧盟共同农业政策的改革 [J]. 世界历史，2002.（4）：38-49.

[32] 裘元伦 . 欧盟共同农业政策改革 [J]. 求是，2003.（8）：57-59.

[33] 李忠 . 浅析欧盟共同农业政策改革 [J]. 欧洲，2001.（4）：56-110.

[34] 李忠.简析麦克萨里改革 [J].欧洲，2001.（1）：51-108.

[35] 宋波.欧盟共同农业政策的改革及其特点 [J].国际经济合作，2003.（5）：20-23.

[36] 田菊莲.欧盟共同农业政策改革过程探析 [J].世界经济情况，2009.（7）：20-24.

[37] 周延召、谢晓娟.全球治理与国家主权 [J].马克思主义与现实，2003.（3）：65-69.

[38] 郑春荣.从里斯本战略到"欧洲2020"战略：基于治理演进视角的分析 [J].欧洲研究，2011.（3）：81-92.

[39] 王展鹏.全球治理视野下欧盟规范力量探析 —— 以欧盟国际货币基金组织代表权改革为例 [J].欧洲，2001.（1）：57-71.

[40] 何平.欧洲文化特征刍议 [J].首都师范大学学报，2005.（6）：1-7.

[41] 殷桐生.欧洲文化与欧洲联合 [J].西欧研究，1991.（4）：6-13.

[42] 肖振伟.浅析欧盟法中的辅助原则 [J].法制与社会，2007.（3）：17.

[43]Francesc Morata；赵欣红 译.欧盟的区域治理 [J].欧洲问题研究论坛，2003.（2）：1-7.

[44] 汉斯·莫尔.未来全球安全与经济秩序中的欧盟 [J].世界经济与政治，2009.（2）：67-76.

[45] 杰夫里·弗兰克.经济全球化 [M]// 约瑟夫·S·奈，约翰·D·唐纳胡，主编；王勇，门洪华，等，译.全球化世界的治理.北京：世界知识出版社，2003：42.

[46] 迈克尔·爱德华兹.公民社会与全球治理 [J].王玉强，陈家刚，编译.马克思主义与现实，2002.（3）：49-56.

[47] 河泰庆.欧洲煤钢联营及其对东北亚经济一体化的启示[J].东北亚论坛，2004.13.（2）：47-51.

[48] 姜南.麦克萨里改革与关贸总协定 [J].中国社会科学院研究生学报，2004.（1）：81-85.

[49] 王小进，何奇频.欧盟区域经济合作机制的经验与教训[J].教育经济研究，2008.（7）：166-175.

[50] 项冲. 从西欧两个对立的经济集团来看帝国主义国家之间的矛盾 [J]. 经济研究，1961.（3）：59-71.

[51] 王苹. 治理五性：近年来国内治理研究状况简评 [J]. 长春教育学院学报，2009.（1）：48-50.

[52] 傅勇. 世界政治中非国家主体的地位与作用 [J]. 社会科学，2005.（8）：39-46.

[53] 秦亚青. 关系本位与过程建构：将中国理念植入国际关系理论 [J]. 中国社会科学，2009.（3）：69-86.

[54] Winston S. Churchill. The Tragedy of Europe[A] //Brent F. Nelsen, Alexander C-G.Stubb. The European Union-Readings on the Theory and Practice of European Integration. London: Lynne Rienner Publishers, 1998.

[55] Christian Schmidt-Haeuser. In der Warteschlange. Die Osterweiterung der EU ist ein gigantisches Unterfangen, in:Die Zeit, Nr.42.1999. 转自方雷. 欧盟东扩与利益均衡 [J]. 国际观察，2003.（3）.

[56] Stephan D. Krasner. Structural Causes and Regime Consequences: Regimes as Intervening Variables[J]. International Organization, 1982.36. (2): 186-189.

[57] Liesbet Hooghe Gary Marks, Kermit Blank. European Integration from the 1980s: State-Centric v. Multi-level Governance[J]. Journal of Common Market Studies, 1996.34. (3): 342-378.

[58] Tannelie Blom Elissaveta Radulova, Christine Arnold. Theorizing Modes of Governance in the EU: Institutional Design and Informational Complexity[J]. European Governance Papers, 2008.8.12.(No. C-08-04).

[59] Dieter Kerwer Burkard Eberlen. New Governance in the European Union: A Theoretical Perspective[J]. JCMS, 2004.42: 245-264.

[60] Ernst B. Haas. On Systems and International Regimes[J]. World Politics. 1975.27: 147-174.

[61] Markus Jachtenfuchs. The Governance Approach to European Integration[J]. Journal of Common Market Studies, 2001, 39(2): 245-264.

[62] Robert O. Keohane. International Institutions: Two Approaches[J]. International Studies Quarterly, 1988.32: 379-396.

[63] Beate Kohler-Koch. European governance and system integration[J]. European Governance Paper, 2005.No.C-05-01.

[64] Stephan D. Krasner. Structural Causes and Regime Consequences: Regimes as Intervening Variables[J]. International Organization, 1982.36. (2): 185-205.

[65] Rittberger Beate Kohler-Koch and Berthold. Review Article: The 'Governance Turn' in EU Studies[J]. JCMS, 2006.44.

[66] Weiss Thomas. Governance, Good Governance and Global Governance: Conceptual and Actual Challenges [J]. Third World Quarterly, 2000.21. (5): 795-814.

[67] Gary Marks, Doug McAdam. Social Movements and the Changing Structure of Political Opportunity in the European Union[A]// Governance in the European Union[M] London: SAGE Publications, 1998: 95-120.

[68]James N. Rosenau. Governance, Order and Change in World Politics[M]// James N. Rosenau and Ernst-Otto Czempiel. Governance Whithout Government. New York: Cambridge University Press, 1992.

[69] Knudsen Anne-Christina Lauring. European Integration in the Image and the Shadow of Agriculture[A]// Origins and Evolution of the EU[M]. New York: Oxford University Press, 2006: 191-217.

[70] Ulrike Rueb ed. European Governance—Views from the UK on Democracy, Participation & Policy-making in the EU[M]. London: the Federal Trust, 2002.

[71] James N. Rosenau. Governance in 21Century[J]. Global Governance, 1995.

[72] Alice D. Ba. The politics of regional and global governance[A]//Alice D. Ba, Matthew J. Hoffmann. Contending Perspective on Global Governance[M].New York: Routledge, 2005.

[73] Richard Higgott. Contested Globalization: The Changing Context and Normative Challenges [A]// Friedrich Kratochwil; Edward D. Mansfield. 国际组织与全球治理读本（影印）[M]Beijing: Peking University Press, 2007.

[74] Stephan D. Krasner. Structural Causes and Regime Consequences: Regimes as Intervening Variables[J]. International Organization, 1982.36. (2): 185-205.

[75] Qin Yaqing. International Society as a Process:Institutions, Identities, and China's Peaceful Rise[J]. The Chinese Journal of International Politics, 2010. 3: 129-153.

三、官方报告与条约

[1] The Single European Act. Luxembourg. 17 February 1986.

[2] European Governance: A White Paper. Commission of the European Communities. 25.7.2001.

[3] The Development and Future of the CAP:Reflections Paper of the Commission. 1. February 1991. COM(91)100 final, http://aei.pitt.edu/3415/1/000566_1.pdf

[4] Eureopean Security Strategy(A Secure Europe in a Better World European Security Strategy). Brussels. 12 Dec 2003.

[5] Treaty on European Union. Offical Journal of the European Communities. No.35, C191. 1992.7.29.

[6] Treaty of Amsterdam Amending the Treaty on European Union, the Treaties establishing the European Communities and Certain Related Acts. Offical Journal of the European Communities. 1997.11.10. C340.

[7] European Union(consolidated versions)-of the Treaty on European Union and of the Treaty Establishing the European Community. Official Journal of the European Union. 2006.12.29. C 321.

[8] Treaty of Nice: Amending the Treaty on European Union, the Treaties Establishing the European Communities and Certain Related Acts. Official Journal of the European Communities. C 80/1. 2001.3.10.

四、学位论文

[1] 王妍 . 欧盟东扩：中东欧候选国家入盟谈判解析 [D]. 长春：吉林大学历史系，2004.

[2] 罗秦伯 . 欧洲一体化进程的政治分析 —— 兼论欧洲共同外交及安全政策 [D]. 长春：吉林大学行政学院，2009.

[3] 张嵩 . 欧盟决策机制研究 [D]. 长春：吉林大学，2005.

[4] 曲直 . 论欧盟共同农业政策的贡献及存在问题 [D]. 长春：吉林大学，2009.

[5] 王靖宇 . 欧盟共同农业政策的改革及变化趋向 [D]. 南京：南京农业大学，2004.

[6] 刘莎 . 冷战后欧盟共同农业政策改革问题探析 [D]. 石家庄：河北师范大学，2006.

[7] 赵清梅 . 欧盟共同农业政策研究 [D]. 沈阳：东北财经大学，2004.

[8] 蒋书怀 . 东扩背景下的欧盟共同农业政策改革研究 [D]. 上海：华东师范大学，2009.

五、电子文献

[1] 全球化维基百科解读 http://en.wikipedia.org/wiki/Globalization#cite_note-oed-3

[2] 西奥多·莱维特词条 http://wiki.mbalib.com/wiki/Theodore_Levitt

[3] 欧洲联盟百度百科 http://baike.baidu.com/view/19788.htm

[4] 舒曼宣言原文 (Declaration of 9 May 1950) http://europa.eu/abc/symbols/9-may/decl_en.htm

[5] 索拉纳演说

① http://www.iss.europa.eu/uploads/media/solanae.pdf Http://www.consilium. europa.eu/ueDocs/oms_Data/docs/pressData/en/discours/99116.pdf. http://www.g-l-f. org/index.cfm?pagepath=Members/Speech_Bin/Speech__Javier_Solana__Europe_s_ global_role_what_next_steps__&id=29429.

② http://baike.baidu.com/view/962766.htm

[6] "王新艳: 开放协调方式与欧盟社会治理" http://www.pkusoftlaw.com/ Contents.aspx?cId=6&ID=258&pId=4